EL ARTE DE LA IMAGINACIÓN

Quiero dedicar este libro a nuestro *Creador*. Sin *Su* ayuda, nunca podría hacer nada en mi vida. Aunque es solo un personaje imaginario, también quiero agradecer a mi *Futuro Yo* por darme las respuestas que necesitaba al momento de escribir este libro. Además, quiero agradecer a mi alma gemela Aleksandra. ¡Tu amor, apoyo y ayuda significan para mí más de lo que puedes imaginar!

Por último, pero no menos importante, quiero agradecer a mis editores Cecilia Hernández y Milomir Jovanovic por traducir este libro al español y hacerlo realidad. Sin ustedes esto no habría sido posible

Esta obra de arte es para mi familia, que no me ha visto por años. Quiero que sepan que mientras escribía este libro, pensaba en ustedes todo el tiempo. Aunque hay miles de millas entre nosotros, siempre estaré mirando hacia ustedes. Siempre los estaré vigilando. ¡Significan para mí más de lo que siempre sabrán! ¡Los quiero!

Contents

Introducción

Hola, mi nombre es *Srdjan Bogicevic*, o puedes llamarme *Sergio*, la preferencia de mis amigos América Latina. Lo que estás a punto de leer es una entrevista completa con mi **Futuro Yo** (de ahora en adelante, me referiré a él simplemente como **Futuro)**. Si, lo lees correctamente. Sé que puede sonar imposible tener una entrevista con su *Futuro*, pero eso es exactamente lo que estaba haciendo: entrevistar a mi *Futuro* o tal vez sea mejor decir que tuve una conversación extraña con mi *Futuro*. Déjame explicarte algo; Se ha dicho que somos creados a imagen y semejanza de nuestro *Creador*. Ya sea que lo llames Dios, Buda, Jesús, Universo, Shiva, Origen, lo que sea. La etiqueta puede ser diferente, pero la esencia es la misma. Somos creados por un Creador, lo que significa que tenemos las cualidades divinas y el mismo poder que nuestro Creador. Puede que no lo sepas porque no lo has experimentado, al menos no todavía. Estoy aquí para decirte que tu mayor poder es tu **Imaginación.**

"Podemos crear cualquier cosa que podamos imaginar".

En tu *Imaginación,* puedes vivir la vida que realmente deseas. Primero, cree lo suficiente en tus pensamientos, luego fortalece esta convicción poniendo tus pensamientos en palabras, y finalmente, pon estas palabras en acción. Si perseveras y no te rindes, vivirás la vida de tus sueños precisamente como el pensamiento inicial que imaginaste. La herramienta más poderosa que tienes en este momento en tu vida es tu *Imaginación*. Así es como pude ir al futuro y hablar con mi *Futuro Yo*; en mi *Imaginación*. Ese es el *propósito de este libro*: **estimular tus pensamientos. Hacerte pensar en tu vida y el futuro que quieres crear.** Comencé a escribir este libro para mantener mi mente positiva en todo momento y para recordarme a mí mismo que puedo crear lo que quiera. La idea parecía buena y decidí seguirla.

Pero mientras escribía, me di cuenta de que había mucho más que esto; hay personas en este mundo que todavía necesitan respuestas a las muchas preguntas que tienen. Decidí hacerle a mi *futuro* algunas de las preguntas que tendrán los mayores beneficios para ti.

Cuando estaba usando mi *Imaginación* para ir al futuro (en mi mente, mi futuro), a veces tenía miedo de perder el contacto con el momento presente. Estaba tan inspirado con esta idea que a veces, por ejemplo, cuando estaba con mis amigos en un restaurante, me sorprendía a mí mismo pensando en el futuro en lugar de estar presente, porque ese es el único momento que realmente existe, *ahora*. Sin embargo, de alguna manera logré separar estas dos cosas y lo que descubrí es que, cuando piensas en tu futuro e imaginas cómo te gustaría vivir, todo el *Universo* funciona alineado para cumplir el sueño que tienes. Notarás que las personas, los eventos, recursos, libros y cualquier otra fuerza concebible funcionarán para ayudarte a alcanzar tus objetivos.

Cuando comencé a escribir este libro, ya había logrado muchas cosas con las que había soñado, y así es como sé que podemos hacer, ser o tener lo que realmente queremos si ponemos nuestra *Imaginación* a trabajar junto con nuestros pensamientos, palabras, sentimientos y acciones. No tenía ningún orden para hacer las preguntas. Estaba preguntando y, al final, lo armé de la forma que creo que sería más útil para que lo leas. Debo señalar que estas preguntas no son nuevas. Fueron preguntadas por las primeras personas de este planeta, y han sido respondidas una y otra vez. Por alguna razón, las personas no recibieron estos mensajes, y por eso creo que nuestro *Creador* los enviará a perpetuidad a través de personas, lugares, eventos, circunstancias, canciones, libros hasta que entendamos el mensaje.

Quiero aclarar algo. Todo lo que estás a punto de leer es lo que ya sabes. Está dentro de ti. Es parte de quien eres. No te atraería este libro, y definitivamente no invertirías tu dinero, tiempo y energía en comprarlo y leerlo, si esto no representara al menos una parte de quién eres, que esté alineada con tu sistema de valores y tu filosofía de vida. Además, algunos de los temas que estás a punto de leer, probablemente los hayas leído o escuchado anteriormente en otros grandes libros o de otras grandes personas que han caminado en este planeta. Esta es solo una forma única más de entregar el mensaje para que recuerdes quién eres realmente. Por eso creo que Dios te enviará el mismo mensaje una y otra vez a través de diferentes fuentes que traducirán ese mensaje de manera única hasta que lo recibas. No me malinterpretes, no me considero un mensajero de Dios ni nada por el estilo. Creo que tal vez, este libro sirve como otra forma de recibir el mensaje que necesitas escuchar en este momento.

En el texto verás que, durante esta entrevista, se invirtieron los roles. En lugar de hacer que a mi *Futuro Ser* responder mis preguntas, fui yo quien respondió. Creo que mi Imaginación me estaba jugando algunos trucos interesantes. Toda la idea de hablarle a mi *Futuro* parecía buena, así que decidí seguir el flujo de mis pensamientos.

No fui a un lugar tranquilo e intenté meditar o visualizar esta entrevista. Simplemente lo hice tomando mis audífonos; puse buena música, agarré mi laptop y comencé a escribir. Me hacía preguntas y buscaba las respuestas en mi *Imaginación,* pensando cómo respondería mi *Futuro Yo a* las preguntas que tenía. Fue divertido. Toda esta idea y concepto me inspiraron para poner todos mis esfuerzos y energía en escribir todo para proporcionar el mayor valor posible para ustedes, mis lectores y mis queridos seres humanos.

Mi deseo para ti es que encuentres lo que estás buscando y te conectes en una conversación como tal con tu propio *Futuro Yo* imaginado. Las palabras que estás a punto de leer estimularán tu *Imaginación* para trabajar en tu mejor interés, y te sentirás inspirado a hacer algo con tu vida porque sé con certeza que merecemos vivir una vida espiritualmente abundante en todas las áreas.

Ahora vamos a la entrevista.

Mi primer encuentro con mi futuro

A mediados de agosto de 2018, fue una hermosa tarde de verano cuando decidí abrir mi computadora portátil, puse un poco de música épica hermosa y usé mi *Imaginación* para ir al futuro para hablar con mi *Futuro Yo*. Aunque no sabía por dónde iría esta entrevista y cuál sería el resultado. Estaba inspirado para poner todo mi esfuerzo y usar mi Imaginación para hablar con el *Futuro* que me podría proporcionar todas las respuestas que necesitaba. Hice estas preguntas porque quería mejorar mi situación actual. Sin embargo, a medida que estas preguntas evolucionaron, me di cuenta de que hay tantas personas en este mundo que quisieran saber cómo mejorar sus vidas en cada área. Entonces comencé esta entrevista:

Sergio: Veo que estás sorprendido de verme, pero he venido a ti porque necesito algunas respuestas para mejorar mi vida. ¿Te interesaría tener una entrevista conmigo?

Futuro: Wow, antes que nada, me alegro de que hayas venido a mí. Me trae recuerdos de cómo me veía en ese entonces. Maldición, era guapo y un joven muy atlético a esa edad (risas).

Sergio: Jaja, no te halagues demasiado a ti mismo.

Futuro: sólo un poco, se siente bien. De todas formas, viniste a mí porque estás buscando algunas respuestas. ¿Por qué ahora? ¿Cuál es el propósito de esta visita sorpresa? Sabes que esta es solo tu *Imaginación* y que tu *Futuro*, como tú me llamas, es solo un personaje imaginario que estás utilizando para expandir tu sabiduría y conocimiento.

Sergio: Bueno, para ser honesto, quiero escribir un libro que proporcionará algunas respuestas que necesitan las personas de hoy que aún no saben quiénes son ni a dónde quieren ir. Incluso los adolescentes que están a punto de comenzar la vida adulta necesitan saber esto para tener la vida que desean. ¿Por qué ahora? No lo sé. Probablemente porque *ahora* es el momento adecuado para hacer esto. Si hubiera querido hacerlo hace 3 o 5 o 10 años, probablemente no estaría preparado para ello.

"La razón por la que no hiciste algo que querías antes es que no estabas listo en ese entonces. Si esa cosa que quieres hubiera sucedido unos años antes, probablemente no podrías manejarlo. Sin embargo, creo que todo sucederá en el momento correcto, en el lugar correcto, con las personas adecuadas ". - **Srdjan Bogicevic**

Entonces sí, quería escribir un libro hace cuatro años. Tuve esta idea, pero ahora sé por qué no lo hice. En pocas palabras, no estaba listo para eso. Ahora siento que lo soy. Me siento feliz ahora. Hace unos meses, sin ninguna razón, me di cuenta de que me sentía feliz y comencé a apreciar todo lo que tengo en mi vida. Empecé a disfrutar la vida misma. Probablemente esa sea una de las razones por las que me sentí listo para escribir este libro ahora.

"La lógica te llevará de A a B. La Imaginación te llevará a todas partes".
- **Albert Einstein**

Además, estoy muy consciente de que esto es solo mi *Imaginación* en el trabajo, pero eso es exactamente lo que quiero hacer por mis lectores. Estimular sus pensamientos y usar su *Imaginación* como la herramienta más poderosa para crear la vida que desean vivir. Como dijo **Albert Einstein**: *"**¡La Imaginación puede llevarte a todas partes!**"*

Futuro: Esa parece ser una buena razón para tener esta entrevista. Puedo ver que estás entusiasmado con este libro y lo estás dando todo para usar tu *Imaginación* lo mejor que puedas.

Sergio: Confía en mí; ¡Me muero por estar al servicio! Quiero contribuir a este mundo. Conozco muchas maneras diferentes de hacerlo, pero creo que este libro puede ser una de las mejores herramientas para cambiar la vida de otras personas.

Futuro: Eso es muy noble de tu parte. Estoy inspirado para escuchar tus preguntas y daré lo mejor de mí para brindarte las respuestas más valiosas para que cada lector encuentre algo que mejore su vida de una vez mediante la aplicación de algunos principios que discutiremos aquí. ¿Por dónde quieres empezar?

Sergio: Ah, ahora estamos llegando a la parte más difícil.

Futuro: ¿Me estás diciendo que no sabes lo que me vas a preguntar?

Sergio: En realidad, sé de qué quiero hablar. Es solo que no sé por dónde empezar.

Futuro: Tu problema es que estás pensando en qué orden formular las preguntas, para que sea lógico para tus lectores y más fácil de consumir.

Sergio: ¿Cómo supiste eso?

Futuro: ¿Has olvidado que esta es solo tu *Imaginación?*

Sergio: Oh sí. Bueno, eso es cierto. Quiero hacer estas preguntas en un orden particular, pero parece que no tengo idea de cómo ponerlas de esa forma.

Futuro: no intentes hacerlo de esa manera porque perderás el flujo de las ideas. Escucha a tu corazón y haz una pregunta a la vez, y al final, todo va a encajar. Al principio, dijiste que crees que todo está sucediendo en el momento correcto, el lugar correcto, con las personas adecuadas, ¿estoy en lo cierto?

Sergio: Sí, lo estás. Gracias por recordarme. Seguiré tu consejo, pero el otro problema es que tengo un millón de preguntas.

Futuro: Bueno, ya que decidiste usar tu *Imaginación* y venir aquí, en esta dimensión (llamémosla), voy a cooperar contigo y te brindaré todas las respuestas que pueda. Quiero aclarar que nadie puede dar todas las respuestas al mismo tiempo, porque incluso si tienes 70, 80 o 90 años, todavía hay algunas cosas que puedes aprender. Aprender, o mejor decir, recordar puede durar para siempre. Muy pocas personas recordarán quiénes son durante su vida.

Sergio: Hay muchos otros grandes libros que enseñan a la gente sobre la vida eterna, Dios o asuntos similares. Entonces, si no te importa, hablemos de temas que creo que serán de gran beneficio para todos los que lean esto.

Futuro: ¡Vaya, hombre! Estás impaciente por escuchar algunas respuestas.

Sergio: Justo como eras hace muchos años.

Futuro: Cierto, no puedo negar eso. Tú eres yo y yo soy tú. Bien, entonces, ¿por dónde quieres comenzar?

Sergio: Tengo curiosidad por ti o mejor aún, mi *Futuro Yo*; ¿puedes decirme algo sobre ti? ¿Cómo quién eres ahora?

Futuro: creo que sabes mucho de mí al menos hasta tu edad.

Sergio: Sí, lo sé, pero de alguna manera, quiero saber qué sucede más adelante en mi vida. Aunque estoy plenamente consciente que, si quiero experimentar tu historia, tendré que poner todo mi corazón y alma para vivir la vida que quiero. Creo que tengo curiosidad sobre en qué me he convertido.

Futuro: creo que es un buen punto de partida. Comencemos desde allí. Mencionaré una vez más que esta es tu *Imaginación* y no significa que lo que voy a decir ahora sucederá en tu vida real. Es lo que tu corazón y tu *Imaginación* desean ser cuando tengas más o menos 80 años.

Nota: Este fue el primer momento en que imaginé mi futuro, y se sintió tan bien que pude sentir que el futuro ya está aquí. Mientras estás leyendo estas palabras, me gustaría que te detengas por un momento e imagines lo que tu *Futuro Ser* te dirá sobre en quién te convertirás y lo que has logrado. Solo cierra los ojos e imagínate a ti mismo como una persona de 70 a 80 años y mira de qué se tratará tu vida y siéntela. Puedes llamar a esto tu primera tarea; ponerse en la posición de su *Futuro Ser*.

Me llamo Srdjan; Soy de un pequeño pueblo en Serbia llamado Pozega. Tengo 84 años, y esta es una pequeña parte de mi historia, que espero te inspire a ser tú mismo y a vivir la vida que deseas. Con gratitud y felicidad, puedo decir que he vivido mi vida plenamente todos los días. He experimentado la alegría de lograr todos mis sueños y la bendición total de este regalo llamado *vida* que nuestro querido Dios nos dio. Dediqué esta historia a nuestro querido Dios porque sin Su ayuda; nunca lograría nada en mi vida. Asumo que lo que leerás en este libro es una verdadera obra maestra, y por eso, quiero compartir algo contigo que desafortunadamente, la mayoría de las personas no se dan cuenta durante su vida. Sin embargo, estoy seguro de que lo harás y que aceptarás los principios que este libro te proporcionará para ayudarte a recordar quién eres y que nunca estás solo. Pasé más de 50 años con el amor de mi vida (sé que a mi *Ser Presente* le gustaría saber quién es ella, pero es algo que pronto descubrirá), quien me dio dos hermosos hijos y ellos me dieron aún más alegría con mis nietos. Estaba viajando por todo el mundo, más de 100 países. He estado en lugares con los que la mayoría de las personas sueña, comí todo tipo de comidas diferentes, disfruté de todo tipo de aventuras y, lo que es más importante, donde sea que estuve, mi objetivo principal siempre fue tener el impacto más positivo en esa comunidad y cambiar la vida de otras personas para el mejor.

Mi negocio principal nunca fue un negocio porque estaba trabajando con todo mi corazón y pasión. Mi deseo de ayudar a los demás era mayor que recibir un beneficio personal. Esa pasión no puede ser descrita con palabras. Estoy encantado y agradecido que he cambiado millones de vidas a través de discursos inspiradores, libros, proyectos y trabajo diario con todo tipo de personas de 6 a 86 años. ¡Debo señalar que no lo hice solo! ¡He podido hacer todo esto gracias a mi mejor amigo! Gracias a Él que siempre estuvo allí para abrir las puertas, para ayudarme cuando más necesitaba ayuda, quien me levantó cuando me caí, me animó cuando estaba perdiendo la esperanza, siendo mi amigo incluso cuando pensaba que estaba solo. Puedes decir que este es otro mensaje de este libro; *no estás solo*. ¡Nunca! Dios siempre está ahí. Puedes nombrarlo como quieras; Yo lo llamo Dios. Todo lo que hice y la persona en que me convertí fue gracias a Él. Para algunos, solo esta parte del libro será suficiente para ir y comenzar a cambiar para mejor; te hará recordar quién eres y que no estás solo. Para otros, esto no es suficiente, y puedo entenderlo completamente. Así que sigue leyendo, y estoy seguro de que esta entrevista será suficiente para cambiar tu forma de pensar; para cambiar tu forma de funcionar; para cambiar la forma en que te sientes; para cambiar la forma en que manejas la vida.

Tal como lees, he vivido una vida feliz y plena. Sin embargo, no siempre fue así, como mi *Presente* lo sabe. Como la mayoría de ustedes que leen este libro, estaba solo en un momento de mi vida. Solo en mis pensamientos. Solo en mis sentimientos. Solo en todas las batallas constantes que tuve que pelear. ¡Solo en todo! Mi corazón estaba vacío. Estaba solo. Pensé que nunca lograría nada significativo; siempre solo, y nunca encontraría el amor de mi vida, no tendría hijos, no iba a mis padres. Pensé que iba a ser miserable para siempre, infeliz y muchas otras cosas negativas.

Una cosa que creo firmemente es que, si alguien quiere un cambio real para hacerse cargo de sus vidas, y le piden ayuda a Dios, tendrán éxito en esa intención. Entonces alguien hace la pregunta: ¿Dónde comenzó todo esto? ¿Cuándo obtuve estos pensamientos miserables y negativos? ¿Cuándo perdí mi confianza, esperanza y fe? ¿En qué momento empecé a pensar que no soy digno? ¿Que nunca podré hacer nada con mi vida, que estoy solo? ¿Que nadie me quiere? ¿Que no pertenezco a ningún lado?

Todavía recuerdo claramente el momento (tenía unos 15 años) cuando mi hermosa abuela me dijo: *"Si no terminas la universidad, nunca harás nada significativo en tu vida"*. ¡Vaya! Desearía que supiera cuánto estaba equivocada. Estas palabras *"Nunca harás nada significativo en tu vida"* estaban tan profundamente grabadas en mi mente que me dije a mí mismo *"Voy a tener éxito sin mi título universitario, pase lo que pase"*. Terminé la universidad, pero nunca he usado ese diploma porque estaba seguro de que nunca lo necesitaría, lo cual es una verdad que verás en todo el libro. Por supuesto, nunca lo he usado como algo negativo, sino más bien como una motivación para hacer algo extraordinario con mi vida. Cada vez que estaba pasando por momentos difíciles y quería rendirme, cuando no sabía qué hacer, a dónde ir, cómo lidiar con las situaciones en las que he estado o lidiar con problemas de la vida; de alguna manera, sus palabras siempre encontraron un lugar en mi mente. Realmente creo que, desde esta perspectiva, estas palabras, *"Nunca harás nada significativo en tu vida"* fueron una bendición. Al mismo tiempo, estas palabras podrían haber tenido un efecto opuesto en mi vida si las hubiera aceptado como la verdad. Por ahora, dejaré de hablar de mi vida porque estamos llegando a un tema crítico del que quieres hablar y que es ***"el poder de las palabras"***, *¿estoy* en lo cierto?

Sergio: ¡Sí, lo estás! Debo admitir que me sorprendió que todavía recuerdes todo de tu infancia y, de hecho, traes a mi mente algunas de estas cosas. Sin embargo, no perdamos el flujo de la conversación. Quiero que expliques todo lo que sabes sobre este tema y que nos des algunos pasos o ideas que nuestros lectores puedan usar de inmediato para su beneficio. Así que por favor sigue adelante.

El poder de las palabras

*"Las palabras pueden inspirar y las palabras pueden destruir. Escoge bien las tuyas. "- **Robin Sharma**

F*uturo:* no hay problema. Como dije, estas palabras, *"Nunca harás nada significativo en tu vida"* podrían haber tenido un efecto diferente en mí si no las usaba como motivación. Déjame explicarte lo que quiero decir con eso. Usaré quizás una de las historias más famosas sobre el poder de las palabras. Dice así:

Era el año 1855. Un niño pequeño llegó a casa de la escuela y le dio un papel a su madre. Él le dijo: *"Mamá, mi maestro me dio este papel y me dijo que solo tú deberías leerlo. ¿Qué dice?* Sus ojos se llenaron de lágrimas mientras leía la carta en voz alta a su hijo. Ella dijo: *"Tu hijo es un genio. Esta escuela es demasiado pequeña para él y no tiene maestros suficientemente buenos para entrenarlo. Por favor enséñale tú misma".* Muchos años después, su madre murió. Un día estaba revisando un armario y encontró la carta doblada que su viejo maestro le escribió a su madre *"ese día".* La abrió. El mensaje escrito en la carta era: *"Tu hijo tiene una deficiencia mental. Ya no podemos dejar que asista a nuestra escuela; está expulsado".* ¡El nombre de este chico era **Thomas A. Edison!**

Esta fascinante historia es quizás el mejor ejemplo del *poder de las palabras.* Imagínate si su madre le hubiera dicho lo que estaba escrito en la carta ese día. ¿Cómo le afectaría ese mensaje? ¿Qué impacto dejaría en él? Aunque no podemos predecir el futuro, de alguna manera estoy seguro de que, si ella le decía la verdad, nunca podríamos haber escuchado sobre sus grandes inventos y el tipo de genio que era. Por suerte, ella hizo exactamente lo que creo que todos tenemos que hacer; y eso es ***alentar a las personas que nos rodean a ser quienes son y compartir su genio con el mundo.***

*"Haz todo lo posible para compartir tu genio con el mundo. ¡El mundo necesita tu mensaje!"- **Srdjan Bogicevic***

Tu palabra es el regalo que viene directamente de tu *Origen*. Lo que sea que estés pensando en este momento, lo que sea que sueñes, los sentimientos que tengas dentro, todo se manifestará a través de las palabras. *La palabra no es solo un sonido o un símbolo. Es el poder que tienes para expresarte a ti mismo y comunicarte y para crear los eventos en tu vida. Es una de las herramientas más poderosas para la creación.* Dependiendo de cómo se usen, las palabras pueden liberarte, o pueden esclavizarte más de lo que sabes. Las palabras pueden cambiar la vida de alguien o incluso destruirla. En el caso de Thomas Edison, las palabras que su madre le dijo tuvieron un impacto positivo en su vida.

Debes de tener cuidado con las palabras que eliges decir; especialmente en situaciones críticas o cruciales donde estás en medio de una discusión, o en el momento de tomar algunas grandes decisiones. Las palabras crean convicción.

Si te digo que eres estúpido y no eres lo suficientemente fuerte en tu mente, puedes comenzar a creer que eres realmente estúpido. Tal vez estábamos en medio de una tonta discusión sobre algo completamente irrelevante y, sin ninguna razón, te dije que eres estúpido (incluso si no lo pensé). Como consecuencia, comienzas a pensar en ello. Debido a los pensamientos constantes que tenías sobre esto, has comenzado a creerlo. Aunque mi intención no era lastimarte o insultarte, mi uso inconsciente de estas palabras te afectó y tuvo un impacto en tus pensamientos, lo que te llevó a creer esas palabras. Entonces ahora, cuando hagas algo mal, cometes un error o no entiendes algo, te recordarás a ti mismo una y otra vez que eres estúpido hasta que rompas tus patrones y cambies tus creencias. En este ejemplo, mis palabras tuvieron un impacto negativo en tu vida.

Cuando te encuentras en ese tipo de situaciones donde otra persona está diciendo este tipo de palabras, lo primero que debes hacer es estar atento al momento; estar presente y no responder con palabras similares. Tienes que entender que lo que sea que esa persona te está diciendo, no es nada personal (incluso si crees que lo es) y no tomes esas palabras en serio. Si sabes quién eres, no tendrás problemas para escuchar las cosas malas que otras personas dicen sobre ti. Si no sabes quién eres, alguien te puede atribuir cualquier identidad y luego te convertirás en quien ellos quieren que seas. Vas a fingir ser alguien que no eres y, cuando te dejan, te confundes porque no entiendes realmente quién eres. Y esa será tu realidad hasta que finalmente descubras quién eres.

Recuerdo cuando era muy joven; Traté de aprender a tocar la guitarra. Comencé a escuchar rock y metal cuando tenía unos 11 años (mi primera y una de mis bandas favoritas fue Iron Maiden). Cada vez que escuchaba grandes melodías, quería aprender a tocar la guitarra para que algún día quizás pudiera tener mi banda. Mi padre tocó la guitarra durante años y mi abuelo también. Cuando comencé, sabía que no tenía el talento para nada, pero no me importaba, quería aprender. Un día, mientras practicaba, mi padre vino a ver y escuchó lo que estaba haciendo. Él vio cuánto estaba luchando, y nunca olvidaré sus palabras que luego repetiría varias veces, lo que se convirtió en mi convicción. Esas palabras fueron: *"Eso no es para ti; debes renunciar. No tienes el talento suficiente"*. Lo dijo tantas veces cuando era joven que me llevó años cambiar esas falsas creencias. Creo que todavía no sabe cuánto quería patearlo en la cara en ese momento. Me dijo que no era lo suficientemente bueno para la guitarra, el folklore, el fútbol y el balonmano. Pero, sinceramente, no lo culpo ni lo juzgo. Simplemente no sabía cuáles eran mis potenciales. Qué talentos y habilidades tengo. Como puedes ver, sus palabras tuvieron un efecto significativo y un impacto negativo en mí en ese momento.

"La sabiduría se encuentra solo en la verdad".
- Johann Wolfgang von Goethe

Las palabras más claras son palabras que contienen la verdad. Una cosa que realmente creo es que siempre tenemos que decir lo que queremos decir. Puede decir que es mejor mentir si cree que alguien cercano a ti no podrá aceptar la verdad. Al final, una mentira dolería más que la verdad. Además, si todos decimos lo que realmente queremos decir, podemos evitar posibles situaciones desagradables, resolver algunos problemas que tenemos entre nosotros y alguien que nos importa. Tenemos que tener cuidado con cómo las decimos. Las palabras pueden doler más que cualquier otro dolor físico. Creo que todos experimentamos esto en algún momento de nuestra vida.

Déjame darte otro ejemplo. Te levantas por la mañana y te sientes emocionado. Te sientes tan maravilloso. Te quedas una o dos horas frente al espejo, poniéndote hermosa. Luego vas a la escuela, y una de las chicas de tu clase viene a ti y te dice: *"¿Qué demonios te pasó? Te ves tan fea. ¡Mira cómo estás vestida! Es ridículo".* Esto es suficiente para hundirte en el infierno. Tal vez esta chica dijo esto para lastimarte. Y ella lo hizo. Ella te dio su opinión con todo el poder de sus palabras detrás de eso. Si aceptas la opinión, se convierte en tu convicción, y cuando pones toda tu energía en esa opinión, se convierte en tu realidad. Esta creencia sólo puede romperse adoptando una nueva convicción. Dite a ti misma que eres hermosa y lo genial que eres. Di a ti misma cuánto te amas. Usa el poder de tus palabras para romper esa falsa opinión que te hace sufrir.

¿Cuántas veces te has encontrado a ti mismo en una situación devastadora hasta que tu mejor amigo vino a ti con palabras de esperanza y te animó a seguir adelante? ¿Cuántas veces has visto en la televisión el poder de las palabras cuando alguien salva a una persona que quería suicidarse? ¿Cuántas veces has fallado en la vida, y tu madre vino a ti con palabras como, *"no te preocupes bebé; todo estará bien?"* No puedo describir cuán poderosas son las palabras. Cuando tuve la idea de mi primera compañía, uno de mis amigos me dijo que era una gran idea seguir mi pasión en ese momento y me animó a tomar acciones de inmediato. Eso me ayudó mucho porque siempre es un buen sentimiento cuando tienes apoyo. No solo me animó a hacer algo; me ayudó a crear un sitio web y me dio algunas herramientas de marketing fantásticas para promocionar mi empresa y mi negocio. Me siento agradecido de tenerlo todos estos años como mi amigo y particularmente por escuchar estas palabras de aliento cuando más las necesitaba.

No conoces el poder de las palabras hasta que desarrollas tu mente y tu conciencia lo suficiente como para darte cuenta y tenerlo en mente. Ahora dejaré que mi *Presente* te diga cómo las palabras negativas te pueden afectar a través de un ejemplo personal.

Sergio: ¿puedes ayudarme a entender de qué ejemplo específico quieres que hable? ¿Por qué no hablas de eso ya que tú eres el que proporciona las respuestas?

Futuro: no importa quién hable. Esta es una entrevista mutua, acostúmbrate. Quiero que hables sobre el *"evento"* que sucedió cuando estabas en cuarto grado; que dio forma a tu infancia.

Sergio: esa es una de las cosas más dolorosas que me han pasado. ¿Necesito hablar de eso?

Futuro: quieres ayudar a tus lectores; ¿cierto? Entonces sí, tienes que hacerlo. Por favor continua.

Sergio: bien, esto es algo de lo que no estoy particularmente ansioso por hablar, pero sé cuántas personas están pasando actualmente o han pasado por experiencias similares, así que, para ayudar a alguien más, hablaré sobre eso.

En cuarto grado, experimenté un evento que cambió mi vida por completo y marcó la línea de mi vida en los años venideros. Fue el primero de los grandes desafíos de mi vida. Fue mi introducción al acoso. Fui etiquetado como (lo que se traduce como) un *chico apestoso* por uno de los niños que quería molestarme. Lo que comenzó como una broma lo cambió todo; por ese momento mi vida comenzó a desmoronarse. ¿Cómo? Aunque tenía solo 11 años en ese momento, ese *"chico apestoso"* pronto se convirtió en un apodo *"famoso"* que me persiguió durante los siguientes 11 años. Me etiquetaron, y desde entonces, todos los niños que conocía se burlaban de mí y me llamaban todo tipo de nombres. La intimidación me hizo comenzar a separarme de mis compañeros. Luché por encontrar a alguien a quien pudiera llamar un amigo, y sentí que no pertenecía *"allí"*. Estaba pensando en maneras de abandonar la ciudad y encontrar un lugar donde me aceptaran por lo que era.

Mi primera oportunidad para *"escapar"* llegó en sexto grado en forma de un juego de computadora llamado Counter-Strike. Por primera vez, encontré *"amigos"*. Digo *"amigos"* tentativamente porque todos eran amigos virtuales. Sé que puede sonar loco, pero fue la primera vez que tuve un *"sentimiento de pertenencia"*. Sin embargo, en el mundo real, batallé por encontrar una novia debido a mi apodo. Tuve muchos problemas con chicos que abusaron de mí cada vez que me veían. Aunque tenía amigos virtuales, en el fondo, mi corazón anhelaba encontrar un amigo y una novia *"reales"*. A medida que pasaron los años y la saga continuó, me preguntaba una y otra vez *"¿Qué he hecho para merecer esto? ¿Qué necesito hacer para mostrarles a los demás quién soy realmente y encontrar una relación? En* aquel entonces, mis padres todavía estaban en una situación de lucha con sus vidas y sus problemas. Hasta donde puedo recordar, siempre estaban demasiado ocupados trabajando y preocupándose por cómo llegar a fin de mes, pagar facturas, proporcionar comida y ropa, etc. Créeme cuando digo que no había nadie que me entendiera, me escuchara lo suficiente para intentar ayudarme a superar estos desafíos y me mostrara la forma de comenzar a amarme y aceptarme como una persona valiosa en esta sociedad, en este mundo.

Cambié de ciudad nuevamente cuando comencé la secundaria. ¿Adivina qué? Nada ha cambiado. Empeoró. No tenía idea de qué hacer, más que esperar y rezar para que un día, esta pesadilla llegara a su fin. El tiempo pasó y, en 2012, finalmente tuve la oportunidad de mudarme lejos donde podría comenzar de nuevo, y eventualmente ser quien era. Me mudé a otra ciudad, a otro país y a otro continente. Nueva vida, nueva gente, ¡SÍ! Finalmente seré yo mismo por primera vez en mi vida (o al menos eso creí). Habían pasado algunos meses en mi " *nueva"* vida, y allí estaba otra vez. Tuve los mismos problemas con la gente. Parecía que la gente ni siquiera necesitaba saber mi pasado. No podía encontrar amigos, no sentía más amor que antes, y ahora estaba aún más solo porque no solo no tenía amigos, estaba al otro lado del mundo y era completamente diferente de todos. Pero hay una razón subyacente para esto; fueron los años de suicidarme con pensamientos negativos y decir que no era digno; No era lo suficientemente bueno; y que no le gustaba a nadie; Todo esto tradujo mis pesadillas en realidad. ¡La razón por la cual todo continuó fue por las cosas que llenaban el interior de mi cabeza! Estaba enojado y resentido. La palabra "amor" ni siquiera estaba en mi vocabulario, entonces, ¿cómo podría esperarla de los demás? ¿Puedes ver cuán ENORME es el impacto que las palabras pueden tener?

Decidí regresar a mi país de origen, y luego sucedió algo. Accidentalmente o no, estaba buscando un trabajo, y cuando estaba en la entrevista para una compañía, me mostraron algo llamado *"desarrollo personal"*. Esto provocó algo en mi cabeza y, por primera vez, comencé a leer libros sobre crecimiento personal. En la compañía de la que formaba parte; ¡Conocí personas interesadas en aprender sobre mí! Recuerdo que me dije a mí mismo: *"¡Lo encontré!"*. ¡Encontré mi *"sentido de pertenencia"* y encontré amigos! ¡No podría estar más feliz! Eso fue solo el comienzo de mi nuevo viaje o lo que me gusta llamar mi *"nueva vida"*. No fue fácil. Tuve muchos desafíos en el camino; mucho atribuido a mi estado mental, que estaba condicionado por eventos / convicciones pasadas. Me llevó cinco años de arduo trabajo a tiempo completo para finalmente, finalmente, sí, finalmente comenzar a sentir, realmente sentir amor por mí mismo. En ese momento, me abrí para que el resto del mundo me pudiera amar.

"La palabra" responsabilidad "significa que puedes cambiar tu respuesta. ¡Es una cuestión de que algo te suceda y puede que no tengas control sobre eso, pero tienes control total sobre tu actitud y cómo responderás a ello depende solo de ti!
*"- **Srdjan Bogicevic***

Como dije antes, mi vida fue un infierno durante más o menos 11 años. Solo cuando asumí la responsabilidad de mis pensamientos, palabras y acciones, pude cambiar mi realidad. Así que ese es el ***primer paso*** si quieres cambiar tu vida. ***Toma el control total de tus pensamientos, palabras y acciones***. Como estamos hablando del poder de las palabras en esta sección, ¿qué más puedes hacer para mejorar no solo tu vida sino también las vidas de los demás?

Sé amable con todas las personas y di palabras que sirvan como modelos de inspiración, entusiasmo y aliento para todos. Te debes disciplinar a ti mismo para hablar de una manera que transmita respeto, gentileza y humildad. Siempre habla la verdad. Evita las mentiras. Evita los dobles estándares al dirigirse a las personas Sé impecable con tus palabras. No uses tus palabras para manipular a otros, insultar o menospreciar a nadie. No olvides que todos queremos escuchar palabras amables y dulces porque son música para nuestros oídos.

Yehuda Berg dijo: ***"Las palabras tienen energía y poder con la capacidad de ayudar, sanar, obstaculizar, dañar, humillar y humillar"***. Siempre di las palabras que deseas escuchar.

Futuro: bien, lo has dicho perfectamente.

Sergio: bueno, me llevará un tiempo darme cuenta de que dije estas palabras. A veces no puedo creer que estoy hablando de esta manera. ¡Se siente bien!

Futuro: No dejes que tu ego se eleve demasiado ahora y no olvides que estas palabras son tuyas.

Sergio: no te preocupes, no lo hará, y sí, lo sé, pero aun así es difícil creer que vienen de mi mente. Cuando dijiste lo que otros podrían hacer para cambiar la forma en que hablan de inmediato, me di cuenta de que es más fácil decirlo que hacerlo.

Futuro: puede ser así al principio. Con práctica, te darás más cuenta de lo que estás hablando y cómo. Sin embargo, con sólo estas palabras, tus lectores no lograrán nada. Necesitan practicar, y pueden hacerlo comenzando a ser conscientes de lo que están diciendo.

Sergio: ya veo. Por lo tanto, uno debe estar presente en el momento y siempre consciente de las palabras que está eligiendo. ¡Me gusta!

Futuro: ¿eso significa que estás satisfecho con esta historia sobre el poder de las palabras? ¿Tienes alguna pregunta al respecto?

Sergio: sí, las tengo. Mencioné que cuando tomamos el control total de nuestros pensamientos, palabras y acciones, entonces podremos cambiar nuestra realidad y nuestras vidas. ¿Puedes ampliar al respecto?

Futuro: es imperativo revisar los pensamientos que tienes a lo largo del día y observar lo que piensa sobre usted y su vida en general. Ten cuidado de las palabras que usas cuando habla sobre ti mismo y las imágenes que guardas en tu mente sobre tus relaciones y tu vida. ¿Alguna vez te has preguntado, *"¿Cómo me veo a mí mismo?"* ¿Te ves a ti mismo como alguien que no vale la pena, como alguien que siempre falla en lo que hace? ¿Te has vuelto cínico y crítico con los demás, miserable y sin propósito? ¿Estás luchando con cómo cambiar tu vida?

Sergio: bueno, en las últimas semanas, tuve estos pensamientos sobre escribir este libro, dudando si realmente era yo quien estaba hablando y cuestionando si se supone que debo escribir.

¿Cómo te ves a ti mismo?

Futuro: eso es normal. En cada acción que tomas hacia tu sueño, siempre hay momentos de duda. Sin embargo, no permitas que tu voz negativa te diga que no eres digno de escribir el libro. Eres digno y tienes el mensaje que estás a punto de compartir. Continuemos. Todas estas preguntas anteriores son esenciales porque:

"¡Tu visión del mundo es un reflejo de cómo te ves a ti mismo!"

¿Qué pasaría si cambiaras estos pensamientos y vas a comenzar a verte como una persona digna y valiosa, como alguien gentil, inteligente, responsable y auténtico? ¿Un ser humano que siempre está creciendo y expandiéndose? ¿Qué pasaría si te vieras a ti mismo como alguien que quisiera ayudar a otros, inspirar cambios y compartir tu amor? ¿Por qué te estoy haciendo todas estas preguntas? La razón es sencilla: *tu visión del mundo es un reflejo de la forma en que te ves a tu mismo.*

Quiero que te des cuenta de que tienes el poder de elegir. Tienes control total de los pensamientos que piensas, las palabras que dices y la forma en que te comportas. ¿Porque es esto importante? Siempre tendrás dos voces dentro de tu mente que te dirán cosas contradictorias. Una te dirá que puedes hacer algo; la otro que no puedes. Una dirá que eres hermoso, mientras la otra que no lo eres, etc. Lo bueno es que puedes elegir qué voz escuchar. Puedes elegir qué palabras dirás en cualquier momento y el comportamiento que demostrarás en cada situación que encuentres durante el día.

Los pensamientos que tienes

El aspecto de tu vida pronto dependerá de los pensamientos que tengas acerca de ti mismo y de cómo veas tu vida en cada momento de cada día. Sólo puedes beneficiarte si comienzas a tener pensamientos positivos y alentadores sobre ti mismo. Recuerdo hace años cuando era joven; mi ex novia me dijo que era hora de terminar nuestra relación. Sentí que todo el mundo se estaba desmoronando. Nunca olvidaré los pensamientos que tuve sobre mí mismo. Me destruyeron; y durante los siguientes meses, esas palabras arruinaron mi confianza para encontrar una nueva pareja. Era como si hubiera olvidado quién era yo. Pensé que soy uno de los peores tipos en el mundo. Sentía que no era lo suficientemente bueno, que no era digno y que no merecía a nadie. Algunos de ustedes que leen esto podrían haber compartido una experiencia similar.

Me llevó casi 2 años y medio encontrar paz conmigo mismo sobre mi relación pasada y finalmente perdonarme. Hacerlo me dio la oportunidad de comenzar a pensar de manera diferente, lo que me ayudaría a encontrar una nueva relación y mejorar la relación que tenía conmigo mismo. Lo que aprendí fue que "*tus pensamientos sobre ti mismo pueden afectar todo tu cuerpo*". Los pensamientos negativos pueden hacer que tu cuerpo sienta dolor incluso cuando no está allí; porque el cuerpo y la mente están conectados, creando una confusión entre Imaginación y realidad. Es la misma razón por la cual los pensamientos negativos pueden debilitar tu cuerpo y hacerte sentir cansado y sin energía.

Te sugiero que comiences a monitorear los pensamientos que tienes sobre ti mismo, y cuando descubras que tienes pensamientos negativos, cambies el tema mental. Encuentra algo que anime tu mente a comenzar a pensar de inmediato en algo que amas; algo que te llena de emociones positivas.

Un ejemplo de cómo trato con esto es cuando tenía tu edad, cada vez que estaba en casa y me sorprendía a mí mismo con pensamientos negativos; Encendía YouTube y buscaba un discurso inspirador para escuchar o prendía música y escuchaba algunas de mis canciones favoritas. Hubo momentos en que comencé a cantar para cambiar mis pensamientos y mi estado de ánimo. Puedes descubrir lo qué funciona mejor para ti. Intenta algunas cosas. Si sigues esforzándote por encontrar una manera de reemplazar los pensamientos negativos por positivos, los pensamientos que tienes sobre ti mismo comenzarán a cambiar lentamente y tu vida comenzará a mejorar al volverse más alegre.

Quiero aprovechar esta oportunidad para recomendar un libro fantástico para leer, que creo que puede mejorar significativamente tus pensamientos, se llama ***"El poder del pensamiento positivo"*** por *Norman Vincent Peale*. Ese libro me ayudó a cambiar la forma en que veo las cosas, y creo que ese libro, al igual que este, mejorará tu forma de pensar sobre ti mismo.

Las palabras que dices

Ya he dicho mucho sobre el poder de las palabras; pero como los pensamientos y las palabras son parte del proceso de creación, diré algunas cosas más al respecto.

Me uní a *Toastmasters* (creo que fue el año 2014) para mejorar mis habilidades de comunicación y oratoria en público. Una de las cosas que aprendimos fue cómo hablar frente a una audiencia (grande o pequeña) y cómo perder el miedo a hablar en público. Te asignan todo tipo de proyectos que te llevarán paso a paso a organizar tu discurso; vaya al grano, use su voz y lenguaje corporal, y los gustos. Por supuesto, lo más importante es practicar. ¡Práctica! ¿Y adivina qué? - ¡Práctica! Es esencial hacer esto tanto como puedas porque ***con la práctica viene el dominio***. Algunos de mis primeros discursos (en mi opinión) no fueron tan buenos como quería que fueran. Nunca olvidaré cuando tuve un discurso titulado *"Sentido de pertenencia"* y lo malo que fue. Tan pronto como terminé, inmediatamente comencé a juzgarme y comencé a decirme algunas palabras que eran lo opuesto a lo positivo; *¡Sergio, fue terrible, hombre! ¡Eres un inútil! Ni siquiera sabías lo que estabas diciendo. ¡Parecías miserable y sonaba horrible! Nunca serás un orador; ¡esto no es para ti!"* etc. (créeme, dije mucho más que eso, pero creo que captas la esencia). Aunque tenía todos estos pensamientos, también recibí comentarios alentadores de personas que me dijeron que era un buen discurso. No les creí. Me tomó un tiempo revertir mis pensamientos y comencé a hablar de manera diferente hacia mí mismo.

*"Mejor que mil palabras vacías, es una palabra que trae paz". - **Buda***

Tus pensamientos sobre ti mismo afectan tus palabras. No subestimes el poder de las palabras. Las palabras que te dices a ti mismo pueden elevarte e inspirarte a hacer lo que te gusta hacer y ser quien quieres ser o como me hicieron en aquel momento, pueden desanimarte por completo; haciendo que necesites algún tiempo para recuperarte. Cómo hablas contigo mismo después de hacer algo mal, cometer errores o decir algo terrible a los demás es una decisión crítica. Tienes que ser consciente de las palabras que te dices a ti mismo en ese momento; y con suficiente práctica y una selección constante de palabras poderosas que se oponen a la negatividad, eventualmente comenzarás a descubrirte a ti mismo naturalmente, eligiendo la alternativa (palabras positivas) cuando ocurra una situación incómoda.

El comportamiento que demuestras

*"Si no aprendes a controlar tus pensamientos, nunca aprenderás a controlar tu comportamiento". - **Joyce Meyer***

Me gusta esta cita porque es muy cierta. ***Primero debes aprender a controlar tus pensamientos, luego tus palabras y luego juntas dictarán tu comportamiento.*** Piensa en ello como si fueras a construir una casa; no puedes esperar que el techo sea estable y fuerte si los cimientos y las paredes no están construidos correctamente. Intenta recordar un momento en que tuviste pensamientos negativos y les diste respaldo con todo tipo de malas palabras sobre ti mismo. ¿Tu conducta fue positiva en ese entonces? ¿Estos pensamientos y palabras negativas ayudaron a tener una reacción positiva que te hizo tomar alguna medida hacia tus metas o sueños? Creo que no lo hicieron, y fue porque estar en ese estado emocional malo / negativo te impedía tomar medidas positivas.

Cuando mi primer negocio comenzó a caerse, no sabía qué hacer. En ese momento, no trabajaba en mí mismo, no sabía cómo manejar las cosas que me sucedieron. Tenía tantos problemas que mi cabeza explotaba al pensar en ellos, ni hablar de tratar con ellos. Junto con mi negocio cayéndose, mi vida personal comenzó a descarrilarse. Aunque cambié mi comportamiento y estaba tratando de hacer algo al respecto, el verdadero problema era que mis acciones no estaban alineadas con mis pensamientos y palabras. Estaba teniendo pensamientos negativos sobre mí mismo, usando y pensando palabras que no eran positivas en absoluto; así que, por supuesto, mis acciones fallaron. Mi sistema de creencias estaba equivocado; No creía que lo que estaba pensando me ayudaría a salir de la situación. Me tomó un tiempo calmarme; y poco a poco, comencé a tener mejores pensamientos, a decir palabras de positivas de esperanza, y después de unos meses, volví a ponerme de pie. ¡Solo que esta vez, mi estructura de creencias estaba alineada! Yo era diferente en mis pensamientos. Hablaba diferentes palabras y tomaba acciones que estaban en alineación con quien era en ese momento. Naturalmente, mi vida cambió.

En cada circunstancia en la que tengas el control total de tu comportamiento, debes estar presente en el momento y elegir conscientemente cómo vas a pensar, hablar y reaccionar en esa situación.

Es imperativo comenzar a tener pensamientos positivos sobre ti mismo porque eres perfecto tal como eres ahora, y tienes que entender eso. Piensa en ti mismo como alguien hermoso, humorístico, siempre sonriente y positivo; alguien que hace cumplidos e inspira a otros a ser la mejor versión de sí mismos. Piensa en ti mismo como alguien que es capaz de hacer y ser lo que quieras. Enfoca tus emociones en esos pensamientos porque eso creará una convicción positiva dentro de ti y te pondrá en un estado positivo que eventualmente hará que comiences a vivir según esos pensamientos.

Cuando comiences a tener los pensamientos que te agraden, debes traducirlos en palabras que representarán quién eres; comienza a decirte a ti mismo que puedes hacer, ser y tener lo que desees y cree en esas palabras. Si puedes creer en tus pensamientos, no tendrás ningún problema para creer tus palabras. Imagina cómo será tu vida en breve si comienzas a vocalizar lo que quieres hacer, en quién quieres convertirte y lo que quieres tener. ¡Hablar!

Finalmente, cuando pones tus pensamientos y palabras en alineación con quién eres, te sentirás inspirado y guiado desde adentro para tomar una acción que produzca los resultados que deseas porque tus pensamientos son creativos y tus palabras productivas. Tus pensamientos y palabras van a preparar el escenario para tu acción, que será magníficamente efectiva. Vas a manifestar todos tus deseos, y esto, mi amigo, es *el proceso de creación*. Compórtate de una manera que represente tus pensamientos y palabras sobre ti mismo.

Sergio: ya estoy en el proceso de cambiarme a mí mismo, durante los últimos cinco años más o menos. Trabajé constantemente en desarrollar mi mente, cuerpo y conciencia; pero por alguna razón, siempre parece que no puedo manifestar lo que quiero. No importa cuánto intente aplicar todos los principios que he aprendido hasta ahora, todavía parece que no estoy haciendo algo bien. Al final del último párrafo, mencionaste el proceso de creación. Intelectualmente sé cómo funciona, pero no experimentalmente. Para ser más específico, he usado este proceso para atraer tantas cosas en mi vida, pero parece mucho más difícil hacerlo ahora que antes. Como eres yo y yo soy tú, sabes exactamente de lo que estoy hablando, y estoy seguro de que hay muchas personas que leerán esto y están en la misma situación que yo. ¿Puedes explicar por qué es eso?

Futuro: ¿recuerdas la primera vez que usaste el proceso creativo para atraer lo que quieres?

Sergio: sí, lo recuerdo, fue en enero de 2014 después cuando leí el libro *"La Ley de la Atracción"* *(por Esther y Jerry Hicks)* y decidí aplicar los principios descritos en él.

Futuro: bien, ahora explica a tus lectores cuáles fueron los principios y cómo funciona el *proceso de Creación*.

Sergio: esperaba que tú hablaras sobre eso.

Futuro: ¿por qué lo haría, cuando tú lo sabes perfectamente? Hagamos un trato, vas a explicar el proceso y cómo funcionó para ti, y te diré exactamente por qué estás luchando ahora para hacer lo mismo. ¿Es eso justo?

¿Cuál es tu visión?

> *"Donde no hay visión, no hay esperanza".*
> *- George Washington Carver*

Sergio: creo que lo es. Bueno, lo que sé es que lo primero que tienes que hacer es **decidir qué quieres hacer, ser y tener.** Tenemos que detenernos y ver cuál es nuestra visión; aunque la mayoría de las personas ni siquiera saben cuál es su **Visión.**

Futuro: lamento interrumpir, pero este es un tema muy crítico y sé que sabes algo al respecto.

Sergio: ¿te refieres a **Visión**?

Futuro: Sí. Dile a tus lectores algo sobre ese tema porque es fundamental aclararlo, y luego volveremos al *proceso de Creación* porque sin una *Visión* probablemente no podrás manifestar lo que quieras.

Sergio: eso es verdad. Bueno, sé con certeza que todos tienen un sueño, una visión, un llamado y una inspiración dentro de ellos.

La Visión se trata de quién has decidido ser. Es algo que amas, te entusiasma, te da energía y te hace sentir lo suficientemente apasionado como para comprometerte con ello. Cuando tienes una visión clara, ocurren cosas magnéticas y atraes a tu vida una sincronía asombrosa: las personas, los lugares, las cosas, las ideas y los eventos comienzan a sincronizarse en tu vida para ayudarte a cumplir tus sueños. Si puedes soñar y comprometer todo su ser con esa visión y dar toda su energía, puede tener éxito en lograr todos sus deseos.

Cuando estableces una meta, debes poder **visualizarla** (será descrito en el siguiente capítulo) como si ya se hubiera logrado. Debes verla poderosamente. La visión clara no necesariamente proviene de tu cabeza. A veces necesitas escuchar a tu corazón. El problema es que la mayoría de las personas no tienen esa visión clara. Siempre sienten que están permitidos a tener una visión, y necesitan vivir el sueño y la visión de otra persona. Necesitas silenciar tus pensamientos inquietos y detenerte para preguntarte a ti mismo: *"¿Qué quiero? ¿Cómo me siento realmente? ¿A dónde quiero ir?"*

Deberíamos vivir de la inspiración. Eso es algo que debería guiarnos y ayudarnos a crear nuestra visión. Si deseas alcanzar su objetivo rápidamente, necesitas tener claridad de por qué lo quieres y por qué lo necesitas en tu vida. Cuanto más fuerte y más importante sea tu *por qué*, más poder tendrás para perseguir ese objetivo.

Si deseas saber cuál es su visión, debe tomarse el tiempo para pensarlo. Descubre lo que te hace feliz y te da energía. Analiza lo que te apasiona y busca 'esa cosa' en la que no puedes dejar de pensar antes de acostarte porque no puedes esperar para despertarte y comenzar a hacerlo. Será una buena idea tomarse un día, tal vez una semana entera o incluso un mes para pensar qué es lo que te gustaría ser. Pregunta a las personas a tu alrededor que te aman; tus amigos, familiares o tu alma gemela, para ayudarte a determinar en qué eres bueno. Pregúntales si alguna vez notaron algún talento único que ni siquiera sabes que tienes; algo único en lo que estás dotado. Recuerdo cuando estaba hablando con mi amigo sobre comenzar un nuevo negocio, y una parte de la compañía se trataba de hablar en eventos y capacitaciones. Me dijo que siempre estaba sorprendido de lo bueno que yo era como comunicador y de lo bien que hablaba frente a la gente. Esto me sorprendió porque nunca me di cuenta y nadie nunca me dijo que era un buen orador. No digo que tengas que escuchar a otras personas sobre cuál debería ser tu visión, pero simplemente preguntarles porque a veces no puedes ver lo que otros pueden.

Cuando finalmente decidas lo que quieres, escríbelo en un papel o en el mapa de visión. Escríbelo en tiempo presente, como si ya estuviera sucediendo. Ponlo en un lugar donde puedas verlo constantemente porque quieres impresionar a tu mente subconsciente para pensar en tu objetivo todo el tiempo. Haz que tu visión sea grande, porque no hay diferencia en el esfuerzo para que la mente piense en sueños pequeños que en grandes sueños. Tienes que soñar con metas *imposibles* porque son emocionantes; pueden estirar tu cerebro, alentar tu *Imaginación* para encontrar recursos para tu sueño, etc. Cuando decidí cambiar mi vida, puse mis objetivos en un cuaderno mágico que creé. Puse las fotos de la ciudad y el país donde quería vivir, el auto que quería conducir, la persona en quien me quería convertir, la imagen de mi alma gemela ideal, el tipo de personas de las que quería estar rodeado, donde yo quería ir de vacaciones, etc. Además, debajo de las imágenes, escribí el texto en tiempo presente como si ya hubiera sucedido. Sé específico y ponga tantos detalles sobre sus objetivos como pueda, porque el subconsciente comenzará automáticamente a buscar formas de atraer lo que necesitas para lograr ese objetivo.

¡Aquí hay algo bueno! Si puedes imaginarlo, no importa cuán pequeña o grande sea tu visión, eso significa que hay un recurso para lograrla y todo lo que necesitas hacer es permitirte el acceso a estas herramientas. Todo lo que la mente puede concebir, lo puede lograr. No es cosa tuya pensar en cómo sucederá eso. El *cómo* aparecerá en el proceso. Yo nunca pensé en cómo lo haré. Tienes que creer que puedes y que encontrarás la manera de hacerlo.

Todo lo que existe en este planeta (excepto el agua y la tierra) es creado dos veces; primero en los pensamientos humanos, luego en la realidad física. Si quieres algo en tu vida, primero necesitas una visión y enamorarte de ella para poder comenzar a atraer no necesariamente una casa (por ejemplo), sino los libros, recursos, personas, seminarios, etc. que te ayudarán a que logres esa meta; y eventualmente lo harás.

Puede descubrir tu visión a una edad temprana o posterior, no importa cuándo la vayas a descubrir. No importa qué tan joven o que tan viejo puede que seas. ¡Lo único que importa es que comiences a vivir tu visión y creas que sea lo que sea esa visión, puedes hacerlo! Lo sé porque tú y yo estamos aquí para hacer cosas magníficas y magnánimas.

Futuro: eso está bien. Has descrito muchas cosas. Y has mencionado que para lograr algo; sería genial crear algo llamado ***mapas de visión***. ¿Puedes ampliar eso porque creo que tus lectores querrán saber más al respecto?

Sergio: pensé que tú debías ser entrevistado por mí y no al revés.

Futuro: ¿por qué? ¿No te gusta hablar? En lo que respecta a mi memoria cuando era tú, a tu edad, quería hablar y escribir mucho. ¿Estoy en lo cierto?

Sergio: sí, lo estás, pero sería mejor para ti hablar de eso ya que eres una persona más experta que yo en este momento.

Futuro: no tiene nada que ver con los logros. Tu *Imaginación* te hace creer que soy más exitoso, pero tu corazón dice que pronto serás mucho más exitoso de lo que creías. Tú ya sabes mucho al respecto porque has usado esa herramienta para atraer lo que querías antes. Cualquiera que haya experimentado algo como tú puede hablar y enseñar al respecto. Entonces habla libremente. Por favor, explícanos a qué te refieres con *mapas de visión.*

Mapas de visión

Sergio: creo que no tengo otra opción.

Futuro: este es TU libro. ¿Correcto?

Sergio: entiendo tu punto.

"El hombre que no tiene Imaginación no tiene alas".
- Muhammad Ali

Un ***Mapa de Visión (o vision board traducido al inglés)*** es aquel en el que juntas imágenes, pensamientos y textos que representan lo que quiera ser, hacer o tener en su vida.

Cuando escuché sobre los tableros de metas en la película ***"El secreto"*** hace unos años, recuerdo haber pensado: *"¿De qué demonios están hablando estos chicos?"*. Me preguntaba cómo este tablero podría ayudarme a cambiar mi vida y conseguir lo que quería. Parecía demasiado fácil, así que no podía creer que algo tan simple pudiera tener un impacto significativo (si hubiera uno) en mi vida. En ese momento, mi ego era tan grande que pensé que ya sabía todo lo que había que saber; y debido a esto, yo era una persona de mente cerrada. Mi ignorancia no me permitía aprender nada sobre el subconsciente y los principios de cómo podíamos influir en él. Yo era negativo. De hecho, pensé que toda esta información sobre los tableros de metas era falsa. (¡Hombre, estaba equivocado!)

Unos años más tarde, la vida me derribó. A veces, eso es exactamente lo que necesita para llegar al punto en que escuche y esté dispuesto a aprender algo nuevo. Cuando la vida te derriba y lo pierdes todo, ¿qué más hay? Cuando estás solo, sin trabajo, sin dinero, amigos, familia, sin ningún tipo de apoyo, ¿qué puedes hacer? Puede optar por darse por vencido y sentir pena por usted mismo, ser negativo, triste o deprimido (lo que no cambiará nada, pero lo pondrá en un estado aún peor). Por el contrario, puede decidir hacer algo al respecto e intentar cambiar su vida sin importar cuán difícil o locas puedan parecer. En cuanto a mí, decidí no rendirme y me di la oportunidad de cambiar mi vida.

Poco después de tomar mi decisión, decidí probar la idea de la cual alguna vez fui tan ignorante al respecto. Iba a hacer mi mapa de visión donde pondría fotos de mis objetivos y sueños que quería atraer y lograr en mi vida. Quería poner el tablero en algún lugar donde pudiera verlo todo el tiempo. Me tomó unos días pensar qué era lo que quería hacer, ser y tener en mi vida. Comencé a buscar imágenes en internet y comencé a imprimirlas y ponerlas todas en mi mapa de visión. Algunos de los objetivos que puse en él fueron:

- La ciudad y el país donde quiero vivir.
- El cuerpo que quiero tener
- El auto que quiero comprar
- La chica ideal que quiero encontrar.
- El tipo de personas de las que deseo estar rodeado
- La casa ideal que quiero tener.
- La persona que quiero ser
- Cuánto dinero quiero tener en mi cuenta bancaria
- Lo que quiero darle al mundo
- Qué legado quiero dejar, etc.

Puse las fotos, y debajo de ellas, escribí un breve texto como si ya tuviera todas estas cosas. Entonces, todos los días pasaba un tiempo en mi habitación y esperaba hasta que hubiera silencio en la casa o salía y encontraba un lugar tranquilo en la naturaleza. Ponía música (no siempre la misma canción ni el mismo tipo de música), me relajaba y me ponía en un hermoso estado de ánimo positivo. La música fue la mejor herramienta que usé para ponerme en ese estado *elevado*; puedes descubrir que algo diferente funciona mejor para ti. Algunas personas lo encuentran dando un paseo o incluso acariciando a sus mascotas. Sea lo que sea, usa lo que funcione mejor para ti para ponerte en un estado superior donde te sentirás feliz y positivo sin motivo. Cuando te sientas cómodo y positivo, es el momento de comenzar el proceso de visualización.

Lo que quiero decir con eso es que simplemente apaga la música o deja de hacer lo que estás haciendo y mira a tu tablero de visión (si estás afuera, asegúrate de tener una foto de este a la mano). Observa tus sueños. Pon atención a cada detalle y después de unos minutos de observación, cierra los ojos y comienza a visualizar tus sueños como si ya estuvieran allí; como si los hubieras logrado. Intenta tocarlo, sentirlo, olerlo, y comenzarás a disfrutar porque puede sentirse tan real en ese momento. Te sientes feliz y tu cuerpo reacciona, entonces sientes las emociones positivas de tener esas cosas, incluso si aún no las tienes. Haz esto durante diez a quince minutos diarios, pero no te obligues a hacerlo, porque lo más importante es sentirte bien cuando imaginas tus sueños como si ya estuvieran aquí. Para mí, este ejercicio fue tan poderoso que todavía lo hago todos los días. Es una de mis herramientas favoritas para atraer mis objetivos.

Desde la primera vez que comencé a visualizar mis objetivos en mi mapa de visión hasta ahora (cinco años), estoy feliz y agradecido de decir que he logrado muchas de las cosas de ese tablero. Sin embargo, no se ha detenido; Ahora estoy trabajando en los objetivos restantes y los nuevos que establecí en mi *Mapa de Visión*. Ahora no me malinterpretes. No digo que, con tan solo visualizar tus sueños, estos aparecerán. Ese proceso es un poco diferente, y espero que mi *Futuro* lo explicará eventualmente, pero esta es una de las herramientas más poderosas para alcanzar tus sueños. Piensa en ello como tus primeros pasos. Primero debes aprender a caminar antes de poder correr.

Muchos de los amigos que han visto la transformación de mi vida y lo que he logrado en un período corto de tiempo siempre pensaron que yo solo soy *"afortunado"*. No digo que no tuve un poco de suerte durante ese proceso, pero lo que ellos no vieron fue el tiempo que pasé leyendo, escribiendo mis objetivos, meditando, visualizando y haciendo lo necesario para cambiar mi vida. No vieron cuántas horas pasé solo mirando mi mapa de visión e imaginando el tipo de vida que quería vivir. Esta herramienta ha marcado una gran diferencia en mi vida y ha tenido un impacto significativo en ella.

Esto fue solo una pequeña parte de mi historia y cómo esta herramienta me ayudó. Así que ahora déjame desglosarlo y darte un resumen de cómo puedes comenzar tu *Mapa de visión*:

1. *Piensa en lo que te gustaría ser, hacer y tener*

2. *Busca imágenes (o créalas) de lo que quiere tener, ser y hacer (¡SEA CRE-ATIVO!)*

3. *Busca un tablero (quizás 32 × 32 o 40 × 40) y coloca las imágenes en él.*

4. *¡Coloca el mapa de visión en tu pared para que puedas verlo a primera hora de la mañana cuando despiertes!*

Haz múltiples mapas de visión para que puedas colocarlos en algunos lugares como tu cuarto, baño, automóvil, oficina, cocina, etc. *¡**Quieres pensar en tus objetivos todo el tiempo!***

Tu subconsciente trabaja con imágenes. Cuando piensas en sus sueños y te sientes inspirado, te dará ideas sobre cómo estar más cerca de ellos o lograrlos de inmediato. Y cuando lo recibes, tienes que creer y actuar según esa idea, o desaparecerá.

Recuerde que el ***propósito de los mapas de visión*** es hacer realidad todo lo que deseas en su vida. Puedes decidir cuál es tu objetivo, pero cuando lo pones en el mapa de visión, se convierte en una visión. Los mapas de visión sirven como recordatorios de tus sueños. Cada vez que miras uno, te recordará por qué estás haciendo lo que sea que haces. Te pueden entusiasmar y motivarte a hacer más de lo que has planeado. Pueden inspirarte a seguir adelante cuando te sientas atrapado o cuando estés perdiendo la esperanza; ¡y, quizás, lo más importante es que te mantienen enfocado y emocionado!

Futuro: Te dije que ya sabes mucho al respecto.

Sergio: Tal vez creo que todavía no debo escribir sobre eso, y seguro que tú sabes mucho más sobre esto.

Futuro: Confía en mí, esto es más que suficiente por ahora. Como puedes ver, casi has descrito el *proceso* completo *de Creación* y de dar vida a las cosas, o, mejor dicho, de atraer lo que deseas. Así que haré mi parte y lo explicaré tan claramente como pueda.

Cómo conseguir lo que quieres

*"He llegado a saber que lo que queremos en la vida es el mejor indicativo de quiénes somos realmente". - **Richard Paul Evans***

Hay algunos pasos que debes seguir para obtener lo que deseas.

El primer paso es *decidir qué es lo que quieres*. Lo has dicho perfectamente, así que no profundizaré en eso. El *segundo paso* será describir eso (lo que quieres) con tantas palabras como sea posible; ponlo en un papel y escríbelo en tiempo presente como si ya estuviera sucediendo. Cuanto más específico seas, más detalles pondrás en ese pensamiento. Estos detalles te hacen desarrollar más sentimientos que te permitirán estar más abierto a obtener lo que deseas. Cuando pongas eso en papel, encuentra las imágenes de tus objetivos y haz lo que mi *Presente* ha dicho, haz un *Mapa de Visión* y ponlo en un lugar donde puedas verlo durante todo el día. Puedes tenerlo en tu habitación, tu baño, en tu teléfono, en tu oficina, ponlo en todas partes porque quieres pensar en ellos durante todo el día. Se ha dicho que *"el hombre se convierte en lo que piensa todo el día"*. Para visualizarlo clara y poderosamente, ¡debes *SENTIRLO*! Ni siquiera puedo expresar lo importante que es esto. La única razón por la que mi Presente pudo transformar su vida fue porque lo sintió antes de que sucediera. Hay una verdad fundamental de la que la mayoría de la gente no se da cuenta, y es que no obtienes lo que quieres en la vida: ¡obtienes lo que eres! Es por eso que los sentimientos son esenciales cuando piensas en tus metas y sueños.

Cuando decides lo que quieres y creas tu mapa de visión o pones eso en la hoja de papel, hay un paso muy crítico: *creer*. Tienes que convencerte de que lo que quieras ya está en camino hacia ti. Este es el paso donde la mayoría de las personas se atascan porque la última etapa para obtener lo que quieres es **actuar y estar abierto a recibirlo**. Regresaré un poco más tarde al paso de *creer*, pero el último paso para obtener lo que quieres es salir y hacer algo sobre ese sueño.

Sí, puedes soñar con tener ese cuerpo de verano, sexy y en forma. Puedes encontrar una imagen de cómo te gustaría lucir exactamente, visualizarla todo el día e incluso creer que la obtendrás. Pero si no sacas tu trasero de la cama y vas al gimnasio y haces ejercicio, ¿qué crees que sucederá?

Digamos que sueñas con esa chica que quieres invitar a salir; la conoces y sabes que la quieres. Siempre estás visualizando a ustedes dos juntos, pero puedes perder la oportunidad de estar con ella a menos que actúes cuando la veas y hagas algo al respecto. Sí, siempre existe la posibilidad de que no obtengas exactamente lo que esperas, pero esa es la belleza de la vida. Obtendrás exactamente lo que eres en ese momento. Al mismo tiempo, esa es la belleza y el misterio de la vida, porque estabas esperando algo, pero obtuviste una cosa completamente diferente. Es posible que te sientas decepcionado para darte cuenta más tarde de que fue incluso mejor de lo que esperabas.

Permíteme contarte una historia sobre cómo mi *Presente* estableció la meta de mudarse a una ciudad en Canadá, pero terminó en otra y el milagro que sucedió en el camino. O tal vez usted (mi *Presente*) quiera contarnos al respecto.

Sergio: Creo que no importa quién hablará de eso, ya que ambos tuvimos la misma experiencia.

Futuro: ¡Exactamente! Ahora, ¿podría ser amable y contarnos esa historia?

Sergio: Supongo que no tiene sentido tratar de discutir conmigo mismo.

Futuro: (Risas) Vamos, ahora mismo, tus lectores ya descubrieron que te encanta hablar y escribir mucho. El escenario es tuyo.

Sergio: Gracias, mi querido *Futuro*. Quiero mencionar que probablemente escucharás la misma historia dos veces a lo largo del libro, pero será contada de tal manera que va a describir el principio que estoy a punto de enseñarte o ilustrar. Así que esta es la historia que mi *Futuro* quiere que te cuente.

Era el 6 de junio de 2014 (exactamente seis meses después de que decidí mudarme a Canadá) cuando llegué a Montreal. Pasé el control de seguridad y bajé a recoger mi equipaje. Descubrí que no llegó con mi avión y me pidieron que les dijera la dirección de dónde iba a estar para que pudieran entregarlo en dos días. Les di la dirección del hostal donde tomé una habitación en Ottawa porque, por alguna razón; decidí pasar siete días allí antes de ir a mi destino (final) planeado: Calgary, en Alberta. Pero déjame decirte algo antes de continuar.

Anteriormente, para ser precisos seis meses antes de venir a Canadá, tuve este pensamiento de que quería mudarme aquí; por una razón desconocida, decidí ir a Calgary. No tenía ninguna familia allí, ni en ningún otro lugar de Canadá, y no tenía trabajo, y ni mencionar que no tenía suficiente dinero para quedarme por mucho tiempo. La única información que tenía era que la industria petrolera en Alberta estaba en expansión y que necesitaban muchos trabajadores allí y pensé que alguien me daría un trabajo sin importar qué. Esa es una historia real. No tenía ni idea de dónde iba a vivir ni a quién pedir ayuda; y mucho menos dónde buscar trabajo. Pero de alguna manera no estaba preocupado en absoluto porque tenía una extraña fe dentro de mí que me empujaba a creer que todo estaría bien. Decidí quedarme en Ottawa simplemente porque quería prepararme mentalmente para lo que creía que vendría. Esa es la única explicación sobre mi mudanza a Calgary. Mis amigos todavía creen que yo era la persona más loca en ese momento. Yo también lo creo.

Para regresar donde paré antes, entré esa noche a Ottawa y me registré en el hostal; y dos días después, llegó mi equipaje. Después de dos días de caminar y disfrutar del ambiente tranquilo en Ottawa, llegó el momento de irme. Compré un boleto a Calgary. Fui a la estación de autobuses Greyhound (porque el boleto de autobús costaba alrededor de $170, y el boleto de avión costaba $420, y solo llevaba $2000 conmigo, lo que me hizo querer ahorrar dinero. Aunque, se suponía que debía un paseo de dos días), y por alguna razón quise quedarme en Ottawa un poco más. Entonces, compré el boleto para el lunes, lo que me permitió permanecer seis días más en Ottawa. Ahora, por primera vez, estaba pensando en qué hacer y dónde ir cuando llegara a Calgary. Debo admitir que fue aterrador. Empecé a experimentar un poco de miedo. Pasó un día, el segundo día, un tercer día, cuarto, y todavía estaba pensando en lo que iba a hacer cuando llegara. Estaba asustado. Realmente lo estaba. Pero cada vez que experimentaba esta sensación de miedo, tenía una voz invisible dentro de mi cabeza que me decía: *"no te preocupes, todo estará bien"*.

"¡La vida tiene una forma extraña de sorprenderte y llevarte por una ruta completamente nueva que ni siquiera sabías que existía!"

El domingo por la noche, creo que fue alrededor de las 9:00 p.m. Sonó mi teléfono y era un mensaje recibido en Viber. Era de mi amigo de la infancia. El mensaje era: *"Tú, afortunado bastardo; ¡No puedo creer que te abran las puertas, incluso si acabas de llegar a Canadá! "*. Estaba mirando el mensaje confundido y respondí: *" Hermano, ¿de qué demonios estás hablando? "*. Él dijo: *" Realmente no puedo creer lo afortunado que eres! "*, le respondí: *"Todavía no sé de qué estás hablando. ¿Me lo puedes explicar? "*. Él escribió: *"Te encontramos un trabajo en Toronto. Te llamaré mañana para explicarte todo "*.

Mi corazón comenzó a latir rápido. Estaba sorprendido y confundido porque sabía que él no estaba bromeando. Lo llamé de inmediato y le pregunté: *"¿Qué está pasando? ¿Qué trabajo? ¿De qué demonios estás hablando?* Estaba nervioso, no sabía lo que estaba pasando. Él dijo: *"Hermano, conocí a un tipo hoy en el bar y nos dijo que te dijéramos que vayas a Toronto, y que puedes trabajar en su compañía. No sé todos los detalles, y estoy cansado porque son las 4 am y acabamos de cerrar el bar, pero te llamaré mañana cuando averigüe toda la información y te contaré exactamente lo que está sucediendo. Le pediré a mi amigo, a su sobrina, que me dé su número para que puedas llamarlo también. Te llamaré por la mañana, no te preocupes. ¡Bastardo suertudo! (risas). "*Y colgó el teléfono. Sabía que no estaba bromeando. Hablaba en serio, pero yo tenía tantas preguntas como *"¿Quién le dijo que tengo un trabajo? ¿Es eso cierto? ¿Qué está pasando? ¿Qué se supone que debo hacer ahora?" Etc.*

Estaba lleno de preguntas, intenté llamar a mis padres, pero estaban desconectados porque eran las 4:00 am y estaban durmiendo. Les envié un mensaje de texto para llamarme en el momento en que vieran el mensaje. Eran las 4:00 am en Serbia, pero alrededor de las 10:00 pm en Ottawa. En toda esa confusión, revisé en Google hasta cuándo estaría abierto el Greyhound, y decía que hasta las 2:00 am. Corrí a la estación de autobuses de inmediato. ¡Decidí ir y cambiar mi boleto hacia Toronto! Tuve la sensación de que era exactamente lo que necesitaba hacer. Había puesto toda mi fe en mi instinto, o puedes decir *"sexto sentido"* y dije: *"¡Espero que esto sea cierto!"* Cuando llegué a la estación de autobuses, les pregunté: *"¿Podría cambiar mi boleto para Toronto, en lugar de*

Calgary?" y dijeron que sí. Así que lo cambiaron y el viaje fue programado para el lunes a las 7:00 a.m.

Tomé el boleto y, en mi camino de regreso al hostal, pensaba: *"¿Qué demonios estoy haciendo? ¿Es lo correcto cuando ni siquiera sé si todo esto sea posible ...?"* Pero tenía el presentimiento de que todo estaría bien. Llegué al hostal, y estás en lo cierto al suponer que no dormí en toda la noche. Estuve mirando mi teléfono todo el tiempo esperando que mi papá o mamá me llamaran. De repente, no voy a un lugar para el que me había preparado mentalmente en los últimos seis meses. Comencé a reírme de mí mismo, pensando en cómo la vida puede sorprenderte cuando no lo esperas.

Finalmente, alrededor de la 1:30 a.m. (eran las 7:30 a.m. en Serbia) mi papá me envió un mensaje de texto *"Hola, estoy despierto, ¿estás bien? ¿Qué está pasando?"* Lo llamé de inmediato y le dije *"Papá, por favor llama a Marinko (mi amigo de la infancia que me habló de Toronto y el trabajo) de inmediato y pídele que te cuente todo sobre el tipo que aparentemente vive en Toronto, pero ahora está en Pozega llámame tan pronto como puedas. No voy a ir a Calgary. Voy a Toronto por la mañana"*. Papá estaba sorprendido y no entendía lo que estaba pasando; pero él dijo: *"Está bien hijo, no te preocupes, te llamaré tan pronto como averigüe lo que está sucediendo"*. Respondí: *"Llámame hasta que me despierte. No puedo dormir, pero si me quedo dormido, llámame hasta que responda "*. Papá dijo: *" Descansa, hijo, y yo te llamaré, no te preocupes "*. *La* paz vino a mi mente y me quedé dormido. Mi despertador sonó a las 5:30 am, me levanté de la cama, revisé mi teléfono, no pasó nada.

Fui a darme una ducha rápida, puse todas mis cosas en el equipaje y estaba listo para ir a la estación de autobuses. Justo antes de irme del albergue, mi papá me llamó y me dijo: *"Hijo, ve a Toronto. Llamé a Marinko y él me explicó todo. Sí, tienes un trabajo allí. Te daré toda la información más tarde, pero por ahora, no te preocupes. Solo ve allí y envíame un mensaje de texto cuando llegues. Para entonces, sabré todo lo que necesitas.* Así lo hice.

Yo estaba emocionado. Estaba feliz. No podía creer que tuve la suerte de tener puertas abiertas tan rápido. Llegué a Toronto y ¡vaya! Estaba impresionado de lo grande que es esta ciudad. ¡No podía creer que estaba realmente en Toronto! Al momento en que entré en hostal, encendí el WiFi y llamé a mi padre, quien me explicó quién era esa persona, a dónde ir por un trabajo y a quién llamar. Era un trabajo en la empresa constructora en Mississauga. Pero estoy seguro de que quieres saber cómo sucedió esto. Entonces, volveré a la historia que me contó mi amigo y verás ***cómo funciona el Universo para traer a tí todo lo que realmente deseas y sueñas.***

Mi amigo estaba trabajando el turno de noche en el bar de mi ciudad natal. Él y algunos otros amigos estaban sentados en el bar y hablaban de lo loco que estaba por ir a Canadá sin tener a nadie allí, sin inglés (no sabía cómo armar una oración), sin trabajo, sin suficiente dinero, etc. El tipo que me ofreció un trabajo es en realidad de mi ciudad natal y yo no sabía que él existía, ¡mucho menos vive en Toronto! Vino de vacaciones y sucedió que estaba en el bar detrás de mis amigos, escuchó la historia y les dijo que me hicieran saber que tengo un trabajo en Mississauga si estoy interesado. ¡Creo que es un milagro! Quiero decir, ¿cuáles eran las posibilidades de que él estuviera allí en ese bar, en ese momento, sentado detrás de mis amigos y escuchando mi historia? A veces, la ***suerte*** llega a quienes creen en lo que están haciendo. Es parte de la vida, parte del proceso, y realmente creo que tienes que merecerlo.

Fui a esa compañía al día siguiente y comencé a trabajar allí dos días después. Una semana después de eso, mi jefe regresó a Mississauga. Nos conocimos y nos reíamos de la posibilidad de que ocurrieran este tipo de cosas. Esta es mi historia sobre cómo la vida puede jugar contigo. A veces, puede darte lo que deseas de una forma diferente, mucho mejor de lo que esperabas.

Futuro: estoy seguro de que muchos de ustedes que lean esto se darán cuenta de que algo similar les ha sucedido si miran más profundamente en su vida. Hay una ***cosa*** que yo al igual que mi *Presente*, teníamos guardado dentro de nosotros durante este periodo, y esa *cosa* es la ***clave*** para conseguir lo que desea. Se llama ***convicción***. Así que pasemos a ese tema por ahora.

Convicción

*"Si crees que vale la pena vivir, tu convicción te ayudará a crear esa realidad". - **William James***

Ya he dicho que debes decidir lo que quieres, crear un mapa de visión y, cada día, visualizar ese objetivo como si ya se hubiera logrado. Toma medidas para lograrlo y estarás en el camino para conseguirlo. Sin embargo, si no crees en lo que estás haciendo, puedes retrasar la manifestación de tus sueños. La convicción es una cosa muy importante.

La convicción *es una idea en la que sigues pensando una y otra vez.* ***Es un hábito de pensamiento***. Es una filosofía por la que vives. Es importante saber que cuando quieres algo y no crees que puedes tenerlo; ¿Cuáles son las probabilidades de que lo consigas sin creerlo?

Te pediré que digas algo *ahora*, y eso es *"¡**Puedo hacer todas las cosas!**"*

Sergio: ¡PUEDO HACER TODAS LAS COSAS!

Futuro: ¿realmente dijiste eso?

Sergio: lo hice.

Futuro: ¿cómo se siente?

Sergio: ¡se siente fantástico! Lo he dicho con poder y convicción.

Futuro: ¿pusiste tus emociones en eso mientras lo decías?

Sergio: sí, lo hice. Por eso se sintió tan bien.

Futuro: me alegra escuchar eso. Discutiremos más adelante en este libro sobre la importancia de usar tus sentimientos cuando está pensando en algo o hablando de ello. Por ahora, sigamos hablando sobre este tema (convicción).

Además, quiero que (lector) lo digas ahora con poder y convencimiento: *"¡Puedo hacer todas las cosas!"*

¿Lo dijiste? Si lo hiciste, dilo una vez más, dilo en voz alta: *"¡Puedo hacer todas las cosas!"* ¿No sería increíble si creyeras eso? ¿Dormirías bien esta noche si crees eso?

Imagínate si te hubieran enseñado eso desde el momento en que naciste en este mundo. Que lo primero que te dijo tu madre cuando te vio fue: *"Bebé, quiero que sepas que lo que sea que decidas hacer o ser en esta vida, ¡puedes hacerlo!"* *Imagina* que la primera vez que cometiste un error o fallaste, tus padres hubieran venido a ti con sus brazos sobre tu hombro y te hubieran dicho:" No te preocupes bebé, solo levántate y sigue adelante porque puedes hacer todas las cosas". Imagina la primera vez que te fue mal miserablemente en tu relación; tu matrimonio; trabajo; negocio; o en tu vida; pero tienes este pensamiento, tienes esta convicción, que no importa cuántas veces caigas; has fallado; fuiste rechazado te levantarás. Seguirás adelante. Continuarás. Avanzarás ¡Nunca te rendirás porque sabes y crees que *puedes hacer todas las cosas!*

¡Tienes que entender que no importa cuán joven o cuántos años tengas en este momento, no importa cuáles sean tus circunstancias, no importa la situación en la que te encuentres, no importa lo que esté sucediendo en tu vida en este momento, no define quién eres! ¡La razón por la que no cambiaron algunas de las cosas que están sucediendo en tu vida en este momento es porque no cambiaste tus creencias!

Lo que sucedió hasta ahora ha terminado. Está en el pasado. *Lo que sucederá en el futuro depende de las convicciones que tengas en tu mente ahora mismo.* Ahora es el momento de cambiar esas creencias falsas que tienes. Tienes el poder para hacer eso. ¡Puedes hacerlo! Las creencias que tienes en tu mente dictarán tu comportamiento. Si quieres conseguir un trabajo y vas a la entrevista; pero dentro de ti mismo, no crees que conseguirás ese empleo, ¿qué crees que sucederá? O imagínate si vas a una entrevista de trabajo y te preguntan qué puedes hacer, y tú respondes *"¡Puedo hacer todas las cosas!"* ¿Caminarías con la cabeza en alto y la espalda recta si crees eso? Déjame preguntarte de nuevo; ¿tus creencias actuales te sirven? ¡Si no, cámbialas!

No creíste que eres tonto hasta que lo escuchaste. No creíste que puedes aprender hasta que escuchaste que puedes. ¡No creíste que no eres atractivo hasta que escuchaste eso! ¡No creíste que no puedes hacerlo hasta que escuchaste que no podías! Donde sea que escuches esas voces, ya sea que provengan de personas a tu alrededor o que vengan de tu mente, debe responderles y decir ¡*CÁLLATE*!

¡Habla contigo mismo! ¡Habla con tu mente! ¡Habla con tu infancia! ¡Habla con tu dilema! ¡Habla con tu crisis! ¡Cambia tu historia! ¡Dite a ti mismo que eres lo suficientemente inteligente! ¡Suficientemente valiente! ¡Digno! ¡Que tienes todo lo que necesitas para conseguir lo que quieres! ¿Sabes por qué? *¡Porque es verdad!*

¡Eres inteligente! ¡Eres valiente! ¡Eres hermoso! ¡Eres digno! ¡Tienes todo lo que necesitas! ¡Dilo a ti mismo todos los días! En la mañana, cuando te levantas. Antes de irte a la cama. ¡Mírate al espejo y dilo en voz alta! ¡Tienes que hacer todas estas cosas si quieres cambiar tus creencias, primero sobre ti y luego sobre todo lo demás! ¡Recuerda, ***la convicción es una idea en la que piensas continuamente!***

¿Qué más puedes hacer para cambiar tus creencias? Déjame darte algunas sugerencias:

- ❖ ***Afirmaciones***
- ❖ ***Imágenes mentales***
- ❖ ***Técnica del espejo***
- ❖ ***Libros***
- ❖ ***Audiolibros***

Las afirmaciones *se* hicieron tan populares en esta filosofía de la nueva era que estoy seguro de que la mayoría de ustedes ya saben qué son y cuáles son sus propósitos. Es simplemente una frase; puedes redactar eso en lo que quieres creer, y al repetir esas palabras que escribes una y otra vez, vas a impactar la mente subconsciente que te llevará a crear una convicción. Aunque estoy finalizando mis 80's, todavía tengo algunas afirmaciones que repito todos los días para recordar mientras aún estoy vivo. Hay una afirmación que quiero compartir con ustedes que todavía guardo en mi billetera y creo que mi *Presente* lo tiene consigo mismo en este momento y trata acerca de comenzar tu día por buen camino. Simplemente dice:

"Creo que este será un maravilloso y dichoso día. Creo que puedo manejar con éxito todos los desafíos que surgirán hoy. Me siento bien física, mental y emocionalmente. Estar vivo es maravilloso. Estoy agradecido por todo lo que he tenido, por todo lo que tengo ahora y por todo lo que tendré. Dios está aquí y Él está conmigo. Él verá por mí. Sé que puedo hacer todas las cosas a través de Cristo, lo que me fortalece. Mantén tu corazón libre de odio, tu mente libre de preocupaciones. Vive simplemente, espera poco, da mucho. Llena tu día y tu vida de amor. Olvídate de ti mismo, piensa en los demás. Haz lo que tengas que hacer. Dios es grande. Con Dios todo es posible. Y nunca olvides: cada día que te levantas por la mañana, es una señal: ¡lo mejor está por venir!"

Este es solo un ejemplo de cómo puedes escribir una afirmación. Creo que algunos de ustedes quieren escribir una afirmación sobre atraer dinero. La que yo solía decir fue tomada probablemente del mejor libro jamás escrito sobre el tema del Desarrollo Personal, y es ***"Piensa y Hazte Rico"*** por *Napoleón Hill* (si no leíste ese libro te sugiero que corras a la librería más cercana y compres una copia), que dice:

"Para el primer día de enero de 20__, tendré en mi poder 1 millón de dólares que vendrán a mí en varias cantidades de vez en cuando. A cambio de este dinero, daré el servicio más eficiente del que soy capaz, brindando la mayor cantidad posible y la mejor calidad posible (y aquí describes el servicio que vas a brindar, por ejemplo, yo escribí: orador y escritor motivacional). Creo que tendré este dinero en mi poder. Mi fe es tan fuerte que ahora puedo ver este dinero ante mis ojos. Puedo tocarlo con mis manos. Ahora está esperando transferirse a mí en el tiempo y proporción en que entregue el servicio que pretendo prestar a cambio de ello. Estoy esperando un plan por medio del cual acumular este dinero, y seguiré este plan cuando sea recibido".

Tenía algunas afirmaciones más en mi pared como *"Cree que puedes y lo harás"* o *"Sí, tú puedes"*, etc., pero puedes crear la tuya propia. Aquí está la parte complicada. No es suficiente decir esas afirmaciones. Quiero explicar esto porque es crucial y, con las afirmaciones, son necesarios tres ingredientes:

1. ***Escoge conscientemente las palabras positivas***

2. ***Visualización clara***

3. ***Usa tus sentimientos***

Esto es lo que la mayoría de la gente no entiende acerca de las afirmaciones; hablan las palabras sin visualización ni sentimientos. Déjame darte un ejemplo; si dices *"Me encantan las manzanas"*, es una elección concisa de palabras positivas. Cuando digo la palabra " *yo* ", mi mente sabe que estoy hablando de mí. Cuando digo la palabra *"amor"* mi mente sabe que me gusta y lo disfruto. Pero cuando digo la palabra *"manzanas"* mi mente se confunde porque está buscando en todo mi disco duro, mi subconsciencia desde el día en que nací para cada idea de la palabra *"manzana"* como manzana redonda, manzana jugosa, manzana roja, manzana verde, manzana dulce, etc.

"¿De qué manzanas está hablando él?" Mi mente no tiene idea. La analogía anterior significa que **"las palabras solas no son suficientes"**. Por eso tenemos **visualización**. Entonces, cuando digo *"Me encantan las manzanas"* y visualizo la brillante manzana verde, mi mente dice *"¡Ah! De eso estaba hablando él. Le encantan las brillantes manzanas verdes"*. Las palabras y la visualización son esenciales y luego viene la **sensación.**

Sentir es emoción, y la emoción es energía. Todo está compuesto de energía en este Universo que vibra a una particular frecuencia. Lo que creo es que, cuando tu subconsciente está lleno de patrones que vibran a una frecuencia específica, por ejemplo; la ira podría estar vibrando a 20 kHz, la felicidad a 40 kHz, no sé cuáles son las cifras, solo estoy haciendo algo en términos numéricos, pero todo está vibrando a cierta frecuencia. Si puedes ir a tu subconsciente, crear un patrón, e infundirlo con energía que vibra a una frecuencia particular, entonces puede atraer cosas de naturaleza similar hacia él.

Entonces, si vas a tu subconsciente y repites una afirmación que tiene una elección concisa de palabras positivas, una visualización clara e infundes un sentimiento en ella; ahora estás en la misma frecuencia de lo que quieres atraer a tu vida.

Es por eso que los mapas de visión son una herramienta tan poderosa para atraer lo que quieres. Si combinas tus afirmaciones con tus mapas de visión, estarás en camino de manifestar tus objetivos.

No es necesario volver a hablar sobre los mapas de visión ya que ya está documentado.

La técnica del espejo es una herramienta potente para cambiar tus creencias. Puedes mentirles a tus colegas, puedes mentirles a tus amigos, a tu familia, pero nunca puedes mentirle a la persona que ves en el espejo. Mírate en el espejo todos los días y haz contacto visual contigo mismo y di lo que quieras creer de ahora en adelante. Pero mira por unos segundos, mira con claridad y siente todo tu ser. Siente la confianza que está creciendo dentro de ti. Di: ***"¡PUEDO HACER TODAS LAS COSAS!"*** Dilo con poder y convicción. Cuando te despiertes y vayas a lavarte los dientes, mírate al espejo y di: *"Te amo"*. Di: *"Estoy feliz y agradecido de estar vivo, y hoy será el mejor día de mi vida"*. "Hazlo durante los próximos 30 días y verás lo que sucederá. Te sorprenderás cuando te encuentres a ti mismo con un sistema de creencias diferente.

Los libros y ***audiolibros*** son herramientas potentes para impresionar tu subconsciente. Hablaremos de ellos un poco más en capítulos separados, pero por ahora; lee los libros que pueden inspirarte a cambiar tus pensamientos y tu sistema de creencias. Escucha audiolibros que van a motivarte a hacer lo que crees que es imposible.

Lo que sea que elijas hacer, no importa si se trata de una técnica de espejo o afirmación, o de leer libros, comprométete a hacerlo durante al menos 30 días porque ese es el tiempo que le tomará a tu mente adoptar estas cosas como un hábito. Quieres tener el hábito de pensar de manera diferente. Dilo ahora; ***¡PUEDO HACER TODAS LAS COSAS! ¡Lo sé y lo creo!***

El enemigo interior

Por supuesto, tendrás que enfrentar esa pequeña voz negativa dentro de ti que te dice todas las razones por las que no puedes hacer ciertas cosas. Por qué no puedes tener lo que quieras. Todos tienen esta voz dentro de su mente. Es por eso que puede parecer mentira cuando dices las afirmaciones. Puedes sentir que te estás mintiendo a ti mismo. Puedes decir: *"Pero acabas de hablar sobre las afirmaciones positivas, los mapas de visión y las creencias y cómo podemos hacer, ser y tener lo que queramos si simplemente lo creemos, y ahora está diciendo que en realidad puede que no sea para nada tan fácil como suena"*, y eso es correcto. Estoy seguro de que mi *Presente* sabe de lo que estoy hablando.

Sergio: lo estoy. Estoy muy consciente de estas dos voces.

Futuro: ¿te gustaría contarnos algo sobre el único enemigo que existe en tu vida?

Sergio: en lugar de eso, te concederé la delicada tarea de hablar sobre ello, ya que tienes mucha más experiencia que yo.

Futuro: soy tu *Imaginación*. No pierdas eso de vista.

Sergio: lo sé. Hablando de las voces, ¿qué lado representas ya que puedo verte como una *voz*?

Futuro: del lado que quieres que esté.

Sergio: ¿entonces eres una buena voz?

Futuro: si eso es lo que crees.

Sergio: bueno, me estás ayudando a escribir este libro y proporcionando toda esta sabiduría. Así que creo que eres una buena. Sigue adelante, por favor.

Futuro: ¿tienes alguna meta importante en tu vida que quieras alcanzar?

Sergio: sí, la tengo.

Futuro: ¿qué es?

Sergio: convertirme en un orador motivacional y el autor más vendido. Enseñar a otros todo lo que sé y compartir mis conocimientos, especialmente con las generaciones futuras y jóvenes, en cada área en la que nuestro sistema escolar les ha fallado. Estar al servicio de este mundo.

Futuro: si pudieras vivir tu vida de nuevo, ¿qué harías de forma diferente?

Sergio: ¿hay algún propósito detrás de estas preguntas? Quiero decir, sabes todas mis respuestas, y estoy tratando de averiguar a dónde vas con ellas.

Futuro: pregunto porque quiero extenderme acerca de esa voz negativa invisible que cada uno de nosotros tiene que enfrentar en casi cada momento crítico de nuestras vidas, cuando tenemos que hacer una decisión difícil. Entonces sé que tienes algo que decir; y aunque tú deseas que yo hable, te dejaré a ti porque tú puedes brindarles a tus lectores todo lo que necesitan saber.

Sergio: lo entiendo. Bueno, sé que mis objetivos fueron diferentes a lo largo de los últimos años porque estaba tratando de descubrir quién soy y cuál es mi propósito en este viaje de la vida. En el pasado, el significado de la palabra *objetivo* tenía una definición completamente diferente para mí. Pensé que mi propósito en la vida era terminar la universidad, encontrar un trabajo, convertirme en jefe y hacerlo por el resto de mi vida. Sin mencionar, casarme, tener hijos e irme de vacaciones una vez al año solo para finalmente jubilarme y esperar hasta que termine la vida.

Futuro: te aseguro a ti y a tus lectores que la vida no debe ser imaginada de esa manera.

Sergio: bueno, ahora sé que la vida no necesita ser imaginada de esa manera. Hace algunos años no lo sabía, y estoy seguro de que la mayoría de la gente todavía no lo sabe. Desafortunadamente, debido a que estamos condicionados con la idea de lo que debería ser una vida feliz, creamos barreras dentro de nosotros mismos que hacen que sea más difícil salirnos de estos objetivos *"normales"*. Recuerdo que, inmediatamente después de establecer mis metas reales por primera vez, escuché esa voz invisible dentro de mi cabeza que decía: *"No puedes hacerlo, no vales la pena, ni tienes las habilidades que necesitas para lograr estas metas."* También recuerdo haber pensado: *"¿Qué sabe esta voz sobre mí y por qué sigue diciéndome que no puedo hacer lo que quiero?".* Después de un tiempo, esta voz se calló, pero tan pronto como comencé a trabajar en mis sueños o tomar cualquier acción, la voz inmediatamente regresó a mí con todo tipo de palabras desalentadoras, *"¡Deja de hacer esto! ¡No es para ti! Regresa a tu antiguo trabajo y gana lo suficiente para pagar tus facturas. ¡No puedes hacer esto!",* Pero una segunda voz, antes callada, me convenció de ser constante y siempre respondió: *"¡No sabes lo que puedo o no puedo hacer, así que cállate!".*

"El único enemigo que tienes en tu vida es tu voz negativa ..."

¿Alguna vez has experimentado este conflicto interno entre estas dos voces? ¿Alguna vez has notado que el único enemigo que tienes en tu vida es tu propia voz maliciosa? Recuerdo haber trabajado en una empresa de mercadeo en red; teníamos un seminario al mes sobre el crecimiento de nuestro negocio, pero también teníamos grandes eventos anuales y fines de semana sobre el desarrollo de liderazgo. En estos eventos, la compañía reconoce a los más destacados del mes o año, etc., y yo miraba a estos gigantes de nuestra industria y me decía a mí mismo: *"¡Puedo hacer eso! ¡Puedo ser como ellos! ¡Puedo tener una organización grande, llegar a ser orador y tener éxito como ellos!"* Siempre me entusiasmaron estos eventos. Durante estos momentos, me convencía de que podía hacer lo mismo que los líderes de nuestra empresa. Pero tan pronto como dejaba los eventos, mi voz interior comenzaba a perseguirme diciéndome: *"Sergio, no puedes hacer eso. No tienes ese tipo de conocimiento y experiencia para lograr lo que ellos hicieron. ¿Qué te hace pensar que puedes ganar 50 mil, 200 - 300 mil al mes cuando apenas ganas quinientos ahora ..."* y debido a que estaba tan débil en ese momento, inmediatamente me ponía frustrado y de mal humor

Una de las grandes armas que usa el enemigo interior es la **procrastinación**. Cada humano tarde o temprano tendrá que enfrentarse a este enemigo. ¿Cuándo crees que es la primera vez que ese enemigo te ataca? Tienes razón. Cuando escuchas la alarma, y tus primeros pensamientos son *"Quiero dormir cinco minutos más"*, y luego presionas el famoso botón de intervalo. Tu primera decisión en la mañana, e inmediatamente lo haces de manera incorrecta. Lo creas o no, si puedes romper este hábito y dejar de volver a dormirte cada mañana que despiertes, cambiará tu día y tu vida. Porque si te levantas inmediatamente después de que suena la alarma, habrás vencido temprano al enemigo y estás listo para enfrentarlo durante todo el día. Hay un buen truco para luchar contra la procrastinación que he aprendido de *Mel Robbins*; se trata de contar hacia atrás cada vez que te sorprendas a ti mismo con ganas de postergar algo. Por ejemplo, cuando escuches la alarma y oigas esta voz que dice *"duerme un poco más"*, aun cuando sepas que tienes que despertarte, cuenta 5, 4, 3, 2, 1 y levántate de inmediato. Se llama *"regla de 5"*, *lo* que significa que tienes exactamente 5 segundos para decidir antes de que tu mente te destruya. Si no llegas a una decisión, escucharás la voz que te enviará pensamientos de duda, baja confianza, miedo, ansiedad, estrés, etc.

Además, una de las cosas que el enemigo interno está decidido a hacer cuando te encuentras en el punto de quiebre de tu vida es aislarte. ¿Te das cuenta de que cuanto más estás abrumado por la vida, más quieres separarte de los demás? Esto es especialmente cierto para los hombres. Cuanto más les molestan las cosas, más se aíslan.

Las mujeres tienen un enfoque diferente. Cuando algo les molesta, ellas quieren hablar y verbalizar eso, pero los hombres no verbalizan, lo internalizan. Comprendo muchas veces cuando me sentí abrumado por algo; lo primero que quería hacer era encerrarme en mi habitación y no hablar ni ver a nadie. Pero tienes que entender que **cada vez que te aíslas, desechas tus sueños**. Eso es precisamente lo que el enemigo quiere que hagas. No te aísles por mucho tiempo.

Está bien estar solo y tomarte el tiempo para pensar por tu cuenta, pero no te separes a ti mismo del resto del mundo solo porque no sabes cómo manejar los problemas temporales. Arréglate, sal y disfruta de los momentos que tienes frente a ti. Cada día es una bendición si aprendes cómo apreciar la vida. Tus amigos quieren ayudarte, tus padres, tu cónyuge, tu hijo, tu hija. Algunas personas quieren ayudarte a superar cualquier adversidad temporal. Así que no te aísles. Si no lo haces, vas a apagar esa voz que te dice que vayas al lado oscuro.

"¿Qué puedo hacer para apagar esta voz?"

Cada vez que quiero hacer algo, por defecto, esta voz mala me recuerda todas las razones por las que no pude hacerlo. Me pregunté muchas veces: *"¿Qué puedo hacer para apagarla?"*. Esta voz siempre estará ahí. ¿No has notado cuando despiertas en un día oscuro, viendo el clima a través de la ventana, que de inmediato eso causa que oigas tu voz negativa diciendo, *"Bueno, el clima es miserable hoy, entonces probablemente tú deberías ser miserable también"* ¿Cuántas veces has querido presentarte con esa persona a la que le has echado el ojo, pero no lo hiciste porque las voces en tu cabeza seguían diciendo *"No puedes hacerlo"*? No importa cuánto dinero ganes, no importa lo que logres, esta voz nunca te dejará. ¿Entonces, qué puedes hacer?

Lo que yo hice y sugeriría que tú hicieras: ***ignora esta voz y elige escuchar la voz buena*** que dice: ***"¡Puedes hacerlo! Te mereces vivir la vida que deseas"***. Sin embargo, para hacer esto, debes trabajar en ti mismo todos los días. Es un monitoreo constante de tus pensamientos, palabras y acciones a cada momento; cada minuto, cada hora, cada día, y elegir conscientemente los pensamientos, palabras y acciones que te hacen sentir bien e inspirar lo mejor en ti. Al principio no será fácil, pero, con práctica y persistencia, eventualmente llegarás al punto en que sabrás naturalmente qué pensamientos y palabras elegir porque se convertirá en tu segunda naturaleza.

Futuro: siento interrumpir, pero ¿no te agotará el monitoreo constante de tus pensamientos?

Sergio: puede parecer así al principio, pero les aseguro a todos los lectores que después de un tiempo, se convertirá en su segunda naturaleza. Podrán elegir instintivamente qué pensamientos permitirán que fluyan en su mente y cuáles simplemente dejarán ir o borrarán.

Futuro: perfecto. Por favor continúa.

Sergio: te animo a que comiences a leer libros como este, que estimularán tu mente para tener pensamientos positivos. Comienza a verbalizar palabras que inspirarán, que van a empoderar a otros y ti. Di lo que te representa por quien tú eres. Por último, comienza a comportarte como la persona que quiere ser. La meditación también ayuda a silenciar esta maliciosa voz interior y te permite enfocarte en recordar continuamente que tienes una voz buena dentro de ti, a la que puedes elegir escuchar. Hay muchos métodos diferentes que puedes usar para desarrollar tu mente y tu conciencia para callar las voces negativas. ¡Todos tenemos la libertad de tomar una decisión! ¡Elige escuchar una voz buena!

Si miras cuidadosamente, nunca se trata de lo que sucede en el exterior; nunca se trata de las circunstancias o las personas que te rodean. Siempre se trata de lo que sucede en tu cabeza. *¡El campo de batalla está en TU MENTE!* Ese es el verdadero sitio de combate. Todos tus problemas vienen de tu mente. La voz mala no tiene que amarrarte externamente; solo tiene que atar tu cabeza. Con estrés, preocupación, dudas personales, enojo, rebelión, dudas, miedo y baja autoestima. Te puedes enfermar físicamente porque tu mente está enferma. Pero mi pregunta es, ¿tienes una mente para cambiar?

Las herramientas más poderosas que tienes ahora mismo en tu vida, en tu cuerpo son tu mente y tu **Imaginación**. Si puedes cambiar tu mente, puedes cambiar tu vida. Si puedes tener una mente nueva, tendrás una perspectiva nueva; tendrás una nueva forma de ver tu situación, tendrás una nueva forma de ver tus circunstancias. No tienes que salir de los problemas; solo tienes que sacar tu mente de ellos. Con una mente nueva viene; una voz nueva, mejor y más positiva.

"No puedes mentirte a ti mismo ..."

Lo que sé y he experimentado hasta ahora es que tendrás muchos momentos solitarios en tu vida. Puedes mentirles a tus amigos; puedes mentirles a tus hijos, a tu familia sobre por qué no hiciste algo, pero hay una persona a la que nunca podrás mentirle, y esa es la persona que ves en el espejo. La única emoción que no quieres tener cuando tienes 70, 80 o 90 años es la emoción del arrepentimiento. Cada mañana, cuando te levantas, puedes elegir qué voz escuchar. Te animo a escuchar la voz que te inspira, que te dice que puedes hacerlo, que te lo mereces y que eres una persona digna y valiosa. La voz que dice que puedes hacer y tener lo que quieras.

Futuro: voy a agregar que a veces las personas necesitan **anular cada voz** que dice *"no puedes hacerlo"*, *"no puedes serlo"*, *"no puedes tenerlo"*, *"nunca te levantarás"* "Etc., necesitan anular esa voz y echarla. ¿Todavía escuchas esta voz en tu cabeza?

Sergio: seguro. Casi todos los días. La única diferencia es que tan pronto como la escucho, trato de no pensarlo dos veces. Inmediatamente, busco palabras positivas o me obligo a mí mismo a tomar acciones que cambiarán la fisiología de mi cuerpo y me pondrán de buen humor sin importar lo que esta voz negativa tenga que decir.

Futuro: eso es interesante.

Sergio: ¿qué es eso?

Futuro: has mencionado que, al tomar medidas, puedes cambiar la fisiología de tu cuerpo y ponerte de buen humor. ¿Cómo puedes hacer eso?

Sergio: utilizando algunos métodos o herramientas que me ayudan a mantener mi mente positiva en todo momento, especialmente cuando esta voz negativa quiere hacerse cargo.

Futuro: continúa y describe estos métodos.

Sergio: parece que esta entrevista va en una dirección diferente a la que esperaba que fuera ...

Futuro: ¿en qué dirección esperabas que fuera?

Sergio: tú sabes, yo haré preguntas y tú darás respuestas. No viceversa.

Futuro: pensé que somos uno, ¿verdad? Y seamos claros porque quiero que tus lectores sepan algo sobre ti. En el fondo de tu corazón, quieres escribir este libro. Deseas encontrar una manera de escribir porque crees que tu libro cambiará vidas. ¡Y lo hará! Te encanta escribir. Te encanta hablar. Lo amas y disfrutas tanto que puedes hacerlo todo el día. Es tu pasión. Ciertamente, viniste a mí para buscar las respuestas que necesitas, pero, aun así, toda esta conversación está sucediendo en tu *Imaginación*. Si observas, tu *Imaginación* es un campo infinito de recursos ilimitados para pensar y crear lo que sea que quieras. Decidiste venir a mí y pedir orientación. La verdad es que no necesitas que yo escriba este material. Tienes todas las respuestas dentro de ti. Sólo tienes que buscarlas. Así que sigue adelante. Sigue escribiendo y hablando. Ya no quiero hablar de esto porque, para cuando termines este libro, esta entrevista será mutua. Ahora, ¿serías tan amable de decirnos los métodos para ponerte a ti mismo en un estado mental positivo cuando lo deseas?

Sergio: sí, sé de lo que estás hablando y tienes razón. Me encanta hablar y escribir, pero sigo pensando que no soy alguien a quien la gente escuchará o de quien leerá lo que escriba. Aunque mi confianza está a un nivel alto, todavía tengo estos pensamientos de duda, inseguridades o incompetencia.

Futuro: eso es lo que te hace humano. Y está bien. Realmente lo está. Estoy seguro de que la mayoría de los lectores se identificarán contigo. No importa el nivel de confianza que tengas, siempre existirá esta voz de duda, miedo e inseguridad, pero como dijiste, tienes una opción, y sé que siempre estás escogiendo los pensamientos que te servirán mejor. Así que volvamos al tema actual de nuestra entrevista.

Sergio: bien, hablemos de ponerte de buen humor a ti mismo.

# Cómo cambiar tu estado de ánimo al instante

¿Alguna vez te levantaste por la mañana solo para ver por la ventana que el clima es miserable, y sin ninguna razón, también comenzaste a sentirte igual? A lo largo del día, seguiste hablando de lo miserable que era el clima y diciéndole a la gente que te sentías miserable. Incluso los eventos en las noticias lo eran, haciendo que todo lo demás fuera más miserable. Creo que todos hemos experimentado esto en algún momento u otro.

Siempre habrá situaciones durante nuestro día que pueden impactar y a veces incluso arruinar nuestro buen humor, pero debes comprender que puedes elegir cómo responderás a estas situaciones. Tal vez no puedas hacerlo todo el tiempo, solo con la práctica y consistencia al tomar una decisión consciente, que cada vez que enfrentes un desafío durante el día (¡pase lo que pase!) te mantendrás de buen humor.

Personalmente, todas las mañanas cuando me levanto, hago una clara intención de que *"quiero sentirme bien"* y todos los días me apego a esa intención. Puedes decirte lo mismo, o formar una afirmación que inmediatamente te pondrá en el estado de ánimo correcto. Por supuesto, solo soy humano y a veces todavía me sorprendo a mí mismo de mal humor durante todo el día. Así que déjame decirte cómo manejo estos momentos para lograr sentirme positivo nuevamente:

- *Ejercicio:* ¿Tú te ejercitas? Como parte de mi estilo de vida saludable, tengo mi programa de ejercicios y voy al gimnasio al menos cinco veces a la semana. Hago ejercicio cardiovascular y levantamiento de pesas; me hace sentir muy bien una vez que termino (aunque es doloroso durante el entrenamiento). Si no te gusta ir al gimnasio, puedes hacer un plan para hacerlo en casa o afuera. Simplemente haz algo de ejercicio, te mantendrá saludable y en buena forma y condición.

- *Comer saludablemente:* si vas al gimnasio o haces algún deporte, entonces sabes la importancia de una alimentación saludable. Incluso si no haces ejercicio, debes comer sano para evitar enfrentar consecuencias negativas más adelante en tu vida. Si deseas tener más energía durante el día, un plan de alimentación saludable puede ayudarte mucho. Hay mucha información en Internet sobre alimentos sanos y planes de nutrición. ¡Así que no seas perezoso! Investiga y haz tú mismo el plan que mejor se adapte a tu presupuesto y que te hará feliz.

- *Replantear los pensamientos negativos:* mi forma de hacer esto es leyendo libros de desarrollo personal y escuchando audiolibros o discursos inspiradores. Hay tantas personas pesimistas y tanta información negativa a la que te enfrentas todos los días. Tienes que encontrar una manera de poner siempre un aporte positivo en tu mente, que te ayudará a mantenerte de buen humor.

- *Sonreír:* los científicos han descubierto que, si pones una sonrisa en tu cara sin razón y la mantienes durante dos minutos, ¡cambiará tu estado de ánimo al instante! Sin mencionar que nunca se sabe cómo tu sonrisa puede afectar el día y el estado de ánimo de otra persona.

- *Escuchar música:* probablemente ya sabes cómo la buena música te puede influenciar y ponerte en un estado de ánimo fantástico. Es una de las formas más efectivas de cambiar tu estado de ánimo.

- *Meditación o silencio:* practicar la meditación marcó una diferencia espectacular en mi vida. Después de unos meses de práctica, noté cuán tranquilo me volví y cuán inmune era a todas las noticias, personas y eventos negativos que venían hacia mí. Si pruebas, la meditación puede crear un impacto positivo a largo plazo. Si no te gusta la meditación, puedes practicar el silencio. Pasa algún tiempo en silencio todos los días. Puede calmarte, ayudarte a pensar con claridad, concentrarte en el lado positivo de las cosas y puede mejorar tu estado de ánimo.

- *Servicio*: en trabajos anteriores, tuve el privilegio de servir a personas en restaurantes, y aprendí no solo cómo atenderlos adecuadamente, sino también cómo alegrarles el día. Con una breve conversación, algunas palabras o incluso una simple sonrisa, yo pude cambiar su estado de ánimo. Ahora, estoy ayudando a otros a encontrar su sentido de pertenencia y propósito en la vida. Cuando haces felices a los demás, eso te hará aún más feliz a ti. Servir a los demás mejorará completamente tu estado de ánimo y tu vida.

- *Unirse a una organización:* soy miembro de una organización sin fines de lucro llamada *Toastmasters* cuyo objetivo es *"capacitar a las personas para que se conviertan en comunicadores y líderes más efectivos"* a través de su atmósfera y programas de apoyo. Cuando estoy en ese entorno, me siento increíble porque estoy aprendiendo, me expando y conozco a todo tipo de personas interesantes. Lo importante de unirse a una organización es que nunca se sabe cuándo o cómo podrías ayudar a alguien o cómo alguien podría ayudarte. Puedes ser voluntario en iglesias, centros comunitarios o donde quieras. Créeme; Te dará otra forma de ver la vida. Te hará feliz y mejorará tu carácter y personalidad.

- *Ser amable*: nada puede cambiar tu estado de ánimo como un acto de bondad. Incluso si eres el observador de un acto de amabilidad, tocará tu corazón y cambiará tu estado de ánimo. Haz algo amable todos los días. Dile a tu amigo lo buenos que son. Cómprale a alguien una flor. Cuando vayas a interactuar con un extraño, sonríe y dale una oración en silencio.

Hay muchas maneras de mejorar tu estado de ánimo, y estos son los pasos que sigo cuando quiero ponerme de buen humor. El humor es un estado emocional, y sentirte bien es el regalo más importante que te haces todos los días. Toma la decisión consciente de sentirte bien en cada momento. Sé que puedes hacerlo, así que comienza ahora. Di a ti mismo: *"Hoy, pase lo que pase, no importa con quién me encuentre, me sentiré bien"*.

Estos son mis consejos para ponerme de buen humor cada vez que siento que no estoy en mi mejor momento. Por supuesto, a veces, no importa lo que haga, parece que no funciona, especialmente si tengo pensamientos negativos que son muy dominantes en ese instante. En ese caso, trato de respirar profundamente y entrar en la parte consciente de mi mente y preguntarme: *"¿De dónde vienen estos pensamientos?"* Hago estas preguntas hasta que encuentro cuándo fue que junté esos pensamientos, y luego me pregunto por qué me siento negativo al respecto. Si soy honesto conmigo mismo, encontraré la respuesta, y una vez que sepa cuándo y por qué tengo estos pensamientos, estaré abierto a revertirlos y cambiar mi estado de ánimo de inmediato.

Futuro: estos son métodos interesantes. Lo creas o no, los he estado usando toda mi vida, y nunca me fallaron.

Sergio: me alegra saber que los voy a usar toda mi vida y que funcionan. ¿Tienes algo que agregar a esto?

Futuro: creo que esto es suficiente para ayudar a tus lectores de inmediato. Es esencial construir o crear una buena relación contigo mismo.

Sergio: lo es. Si no tienes una buena relación contigo mismo, ¿cómo puedes esperar tenerla con alguien más? Ya que mencioné relación, ¿podrías decirnos algo al respecto? Quiero tomar un pequeño descanso y dejarte hablar un poco.

Futuro: Será un placer. Me alegra que lo hayas preguntado porque creo que este tema será de gran valor. También describiré técnicas que cualquiera que lea esto puede usar inmediatamente para crear una buena relación con cualquiera. Entonces, hablemos de eso.

Cómo construir una buena relación con cualquiera

Cuando observas las relaciones entre las personas, verás que las personas se relacionan rápidamente con gente similar a ellas, pero que no se conectan con las que no lo son. La razón de esto es que la mayoría de las personas ponen la mayor parte de su atención sólo en las palabras que hablan en lugar de otras variables relevantes. Sin embargo, las palabras no siempre crean una buena relación. En realidad, las palabras sólo representan el 7% de la comunicación, lo que significa que el 93% de esta depende de tus habilidades o de lo que llamamos comunicación no verbal.

Imagina que vas a un bar local y conoces a alguien (camarero, algún invitado al azar) y de repente te involucras en una conversación. ¿Qué vas a hacer? Probablemente empieces con preguntas como *"Hola, ¿cómo estás?" "¿Cómo te llamas?" "¿De dónde eres?"*, y luego, de la nada, no sabes qué decir o preguntar a continuación, y tan rápido como comenzó la conversación, así terminó. Quedas sintiéndote incómodo, estúpido, cualquier palabra que quieras usar. Si las preguntas o las palabras no crean una buena relación, entonces ¿qué lo hace? Hay algo llamado ***"adaptación y reflejo"***.

Escuché por primera vez sobre la adaptación y el reflejo hace años cuando estaba en un seminario de *Tony Robbins,* y me llamó la atención. Creo que fue en octubre de 2016. ¿Tengo razón?

Sergio: sí, la tienes. ¡Tienes una buena memoria!

Futuro: estas cosas nunca las puedes olvidar porque tienen una impresión eterna en ti. Para ser claros, ¡tu Imaginación tiene una memoria infinita! Por lo tanto, compartiré contigo este conocimiento que obtuve de uno de los mejores en el campo. Debo mencionar que la mayoría de las cosas que voy a decir en esta publicación fueron notas tomadas de ese seminario, y no todas las palabras o ideas son mías.

Nota: Estas palabras no son de mi *Futuro* imaginario. Mi Imaginación acaba de expresarlo de la manera más simple posible para que todos puedan tener una idea de estas técnicas dentro de su mente y las puedan aplicar de inmediato.

La adaptación y el reflejo aparecieron en 1981, y la persona que los señaló fue el *Dr. Milton Erickson,* quien era médico, psicólogo e hipnoterapeuta. El Dr. Erickson tenía muchos clientes que acudían a él con todo tipo de problemas que podía resolver con solo una sesión. ¿Cómo lo hizo? El Dr. Erickson entendía que tenemos tanto una mente consciente como una subconsciente, y él sabía que la mente subconsciente es más poderosa. Por lo tanto, sabía que, si podía influir en la mente subconsciente de un paciente, podía cambiar todo. Naturalmente, nos adaptamos y reflejamos durante toda nuestra vida, pero lo que observó el Dr. Erickson es que cuando dos personas se juntan, y si logran una buena relación, se vuelven una para la otra en una variedad de formas; lo que él llamó " *reflejarse* " entre sí.

La forma en que resolvió sus problemas fue con el reflejo. Cualquiera que fuera el lenguaje corporal que la gente le mostraba, él respondía con el mismo lenguaje corporal, los conectaba a él. Te daré ejemplos para que puedas entender mejor de qué estoy hablando.

Digamos que quieres reflejar a alguien en el teléfono. ¿Cuáles son algunos aspectos de la voz que puedes reflejar, que harán que se conecten de manera inmediata e inconsciente contigo?

- ***El tono de voz:*** ¡esto es grandioso! Si reflejas el tono de voz de alguien, se sentirá conectado a ti y ni siquiera sabrás por qué. Funciona aún mejor cuando estás afuera con alguien y cuando quieras conectarte con ellos, trata de reflejar el tono de sus voces. Seguramente, si la persona con la que estás hablando tiene un tono de voz bajo, no crearás una buena relación con un tono más fuerte. Entonces, pon tu tono un poco más bajo y conéctate con la persona en un nivel subconsciente y confía en mí; esa persona no sabrá por qué están en una buena relación.

- *Tempo* - Naturalmente, hablo un poco más rápido que la mayoría de las personas que conozco. Durante años, la gente siempre me pidió que bajara la velocidad para poder entenderme. Aunque era molesto para mí, eventualmente la reduje. Esa experiencia me enseñó a hablar con las personas a la misma velocidad que ellas hablan, y ahora siempre puedo sentir una buena relación.

- *Volumen:* ¿cuántas veces has oído hablar de una discordancia entre dos personas cuando una de ellas habla en voz alta y la otra tan bajo que ni siquiera puedes escuchar lo que dice? Ese es un ejemplo perfecto de cómo puedes romper el entendimiento en un segundo.

- *Terminología* - ¡Palabras clave! Hay ciertas palabras que las personas usan una y otra vez. Tengo un amigo que usa la palabra *"excelente"* más que cualquier otra palabra, y si respondo con " *asombroso* ", puede sonar igual para mí, pero esa palabra puede no tener el mismo significado para él, por lo tanto, causa una pérdida de entendimiento. Si reflejas las palabras que las personas usan con más frecuencia, se sentirán escuchadas, entendidas, y también pensarán que eres tan inteligente como ellas.

- Vamos a otro ejemplo. Si estás con alguien cara a cara, ¿qué podrías hacer para reflejar su lenguaje corporal?

- *Postura*: cuando reflejas el cuerpo de una persona, comienzas a entender más sobre ella. ¿Esa persona está sentada, de pie o relajada? Sería mejor si hicieras lo mismo. Si las piernas de esa persona están cruzadas o si ha puesto sus manos sobre una mesa, espera unos segundos y luego imita lo que está haciendo de la misma manera.

- *Gestos*: las personas a menudo usan gestos junto con su postura para dar una idea de cómo categorizan sus experiencias. Si alguien gesticula con las manos de una manera particular, espera unos segundos y haz los mismos gestos que usa.

- ***Expresión facial***: si alguien te cuenta una historia y realmente está inspirado, hará caras sutiles. ¿Vas a mirar a esa persona de una forma seria mientras está sonriendo? ¡Por supuesto que no! La mirarás con la misma cara feliz, estúpida, loca, extraña o de cualquier tipo que haya hecho.

- ***Contacto visual***: he escuchado tantas veces (especialmente en los negocios) cuando la gente dice que, si quieres influir en alguien, debes mirar directamente a sus ojos durante un cierto período y no romper el contacto visual. De esta manera, sabrán que hablas en serio. Solo hay un problema con eso. Si hablas con alguien y esa persona sigue mirándote a los ojos sin pestañear, a veces puede asustarte. Entonces, cuando miras a alguien en los ojos y parpadea, dale una pausa y aleja tu mirada.

- ***Respiración***: muy poderosa. Una de las herramientas más fuertes para reflejar a alguien. Si respiras al mismo ritmo que otra persona, sentirás lo que siente; te sentirás conectado con esa persona.

- ***Proximidad***: significa que todos tienen una cierta cantidad de espacio que necesitan para sentirse cómodos. Es diferente para todos. Conozco a muchas personas que necesitan estar tan cerca de ti que casi pegan su cara con la tuya (y a veces tienen mal aliento, ¿verdad?). Eso te puede enojar, pero si quieres construir una buena relación, tienes que " *aguantar* ", porque eso es lo que necesitan para sentirse cómodos.

- ***Tacto***: puede establecer una buena relación con esto más que con cualquier cosa que puedas decir. Puedes ver eso cuando le das la mano a alguien, y así tienes a esas personas que quieren mostrarte lo fuertes que son (como si fuera un hombre de verdad), y también tienes personas con " *mano de pez* ". Simplemente refleja su apretón de manos. e inmediatamente te vas a conectar con ellos.

Ahora, te puedes preguntar, ¿necesito hacer todo esto para construir una buena relación? La respuesta es no. Es importante comprender que puedes establecer una buena relación con la posición de las piernas, el tono de voz, tal vez con un simple gesto o con la respiración o el tacto. Te sorprenderá lo que puedes reflejar y ni siquiera ser notado. Te desafío a que pruebes estas técnicas de manera consciente, y con suficiente práctica, podrás establecer una buena relación con cada persona que se te presente.

(La conversación quedó "en espera" por un momento porque Sergio salió del "modo Imaginación")

Sergio: me escapé por un segundo.

Futuro: sí, lo noté. ¿Dónde fuiste?

Sergio: a encontrar un libro donde tomé estas notas y revisarlas, y me sorprende que aún recuerdes casi todo lo que escribí en aquel seminario. Te aplaudo por eso.

Futuro: no olvides que estás usando tu *Imaginación* y que estamos teniendo esta entrevista en tu mente subconsciente. Por eso sé todo esto. Por cierto, ¿puedes ver lo poderosa que es la *Imaginación*?

Sergio: Por supuesto que ya veo. En mi *Imaginación*, tuve algunas de las experiencias más agradables, así como algunas de las más dolorosas. Me imagino cuántas personas en este mundo no están usando su *Imaginación* para su propio bien. La están utilizando para revivir el dolor que sufrieron hace mucho tiempo una y otra vez. Desearía poder ayudarlos a dejar atrás las heridas del pasado. ¿Me puedes ayudar con eso?

Futuro: estoy profundamente abrumado por tu deseo de servir a la humanidad. Debes saber que probablemente no terminarás con el dolor en este mundo porque las personas eligen por sí mismas cómo se sentirán, pero al menos puedes ayudar a algunas de ellas que buscan orientación o formas de dejar atrás el pasado doloroso.

Sergio: *he pasado*, mejor dicho, ¡hemos pasado por mucho! Nos llevó años superar el dolor que hemos sufrido.

Futuro: efectivamente. Ahora tenemos la experiencia que podemos compartir con el mundo para ayudar a aquellos que necesitan dejar todo lo que los agobia de una vez por todas. Así que hablemos sobre las formas de dejar atrás las heridas del pasado. Hablaré sobre las cuatro formas que nos ayudaron a superar las heridas del pasado.

Cuatro maneras de dejar atrás las heridas del pasado

"Olvida lo que te lastimó, pero nunca olvides lo que te enseñó". - **Shannon L. Alder**

Podría ayudarte recordar que no hay nada que puedas hacer para cambiar tu pasado. Sin embargo, puedes cambiar el presente y crear tu futuro como ya fue dicho en un proceso creativo. No sirve de nada que te preocupes por algo sobre lo que no tienes control. Sé que duele. Todos hemos sido lastimados en algún punto de nuestras vidas; todos hemos experimentado algún dolor emocional. ¿Qué se puede hacer al respecto? Si sabes que tu pasado todavía te está pisando los talones, ahora es el momento de cambiar eso. ¿Por qué? Porque descubrirás llaves que pueden abrir la puerta a tu completa, desenfrenada, alegre e infinitamente racional expresión de ti mismo.

¿Cómo lo sé? ¿Recuerdas la historia que mi *Presente* contaba sobre el momento en que me etiquetaron como " el *chico apestoso?* "Bueno, me llevó 11 largos años, pero finalmente lo hice". Finalmente dejé ir toda la ira y el resentimiento que mantuve en mi corazón durante años. En un momento de revelación, asumí la responsabilidad de mi felicidad. Dejé de alimentar mi mente con pensamientos de enojo. Dejé de contar historias sobre lo que debería haber sido. En ese momento por primera vez, experimenté la paz.

Creo que la única forma en que puedes aceptar una nueva satisfacción y felicidad en tu vida es abriendo el corazón hacia ello. Si tu corazón está lleno de dolor e ira, ¿cómo puedes estar abierto a algo nuevo?

1. Decisión! - Déjalo ir

Mi momento de revelación fue el momento en que decidí dejar de centrarme en el pasado y comenzar a vivir en el presente. ¡Tienes que decidir eso! Nadie puede hacer eso por ti. Decide conscientemente que enfrentarás tu pasado, acéptalo tal como es y encuentra la manera de aprender de él. ¡Todo en la vida comienza con una *decisión!* Ese es un punto de partida si quieres cambiar algo. No te dejes engañar que será fácil porque no lo será. Tienes que dar lo mejor de ti para enfocar tus pensamientos y sentimientos para reestructurar tu razonamiento. Porque tendrás muchos momentos o situaciones que te recordarán tu pasado; y ese es el momento en que tienes que estar consciente y tomar una decisión en seguida que lo dejarás ir; que no vas a reaccionar emocionalmente sino racionalmente porque sabes lo poderosos que son tus pensamientos y palabras. Como todo en la vida, será más fácil con la práctica y, finalmente, lo dejarás ir. Pero tienes que decidir que lo quieres. Así que por favor hazlo. ¡Y hazlo ahora! ¡Ahora es el momento correcto! Ahora es el momento adecuado para tomar esa decisión. Escríbelo en una hoja de papel y léelo todos los días hasta que se convierta en parte de tus convicciones, una parte de tu mente subconsciente.

2. Deja de culpar a otros

Puedes imaginar a cuántas personas culpé por mi infelicidad. ¿Adivina lo que descubrí? ¡Toda culpa es una pérdida de tiempo y energía! No importa cuánta culpa encuentres en otros, e independientemente de cuánto los culpes, no te cambiará. Solo te haces daño a ti mismo al ser prisionero de tu amargura y resentimiento. Estaba culpando a todos por mi infelicidad. La gente a mi alrededor, la ciudad en la que vivía, todo el país, incluso Dios, porque permitió que otros me lastimaran. No sabía por qué tenía que pasar por todo eso; pero entonces, la vida me estaba preparando para que un día pueda enseñar a otros cómo superar estas cosas. Asume la responsabilidad de tu vida y deja de culpar a los demás. Concéntrate en lo que puedes cambiar para que tu pasado sea algo lejano.

3. Perdónalos a ellos y a ti mismo

Perdonar a otros a menudo lleva tiempo. Me tomó mucha valentía perdonar cada palabra mala que me dijeron y todos los abusos que experimenté durante años. Puede que no olvidemos los malos comportamientos de otra persona, pero prácticamente todos merecen nuestro perdón. Si deseas seguir adelante y dar la bienvenida a la alegría, el amor y la felicidad en tu vida, debes encontrar la manera de perdonarlos. Aunque, la parte más crítica es perdonarte a ti mismo, porque a veces podemos terminar echándonos la culpa a nosotros mismos de una situación. Recuerda que todos cometen errores y que tú también mereces ser perdonado. Cuando di ese paso y me perdoné, estaba abierto a recibir el amor que todos queremos experimentar. El perdón es una de las herramientas más poderosas para tener una mente tranquila. Realmente creo eso, y definitivamente, es una forma de dejar atrás tus heridas pasadas.

4. Concéntrate en el presente y lo que puedes hacer ahora

No puedes cambiar tu pasado, pero puedes crear tu futuro. *Puedes hacer que hoy sea el mejor día de tu vida.* Cuando me di cuenta de cuáles eran mi misión y mi propósito, inmediatamente estuve tan concentrado en hacer lo que se suponía que debía hacer por mis sueños, que no tuve tiempo para pensar en mi pasado. Descubre qué es lo que amas hacer. Concéntrate en tus sueños y mantente activo, y puedo garantizarte que estarás tan ocupado haciendo lo necesario para cumplir tus metas que tu pasado tendrá dificultad para ocupar tu mente.

Sé cómo se siente ser lastimado. Es difícil dejar de lado el dolor. Pero tienes que hacer todo lo posible para dejarlo ir. No es saludable. Se suma a nuestro estrés, perjudica nuestra capacidad de concentración e impacta cada relación que tenemos.

No trates de encajar, ¡sé tú mismo!

"Sé tú mismo y di lo que sientes porque a los que importan no les importa, y a los que les importa no importan."
- Bernard M. Baruch

¿Cuántas veces te has sorprendido a ti mismo en una situación en la que dijiste algo para complacer a alguien? ¿O hiciste algo porque querías ser aceptado por otros? ¿Alguna vez sentiste que no eras perfecto y que no pertenecías a ningún lado? ¿Cómo te sentiste después de decir o hacer algo que no te representaba quién eres o lo que estabas pensando? ¿Qué preguntas te hiciste a ti mismo en esos momentos?

Cuando era niño, me costaba encontrar un grupo de personas que me aceptaran por quien yo era. No pude encontrar un amigo; esa persona que siempre estaría ahí para mí y me aceptaría con todos mis defectos. Recuerdo cuando tenía unos ocho años, el hecho de nunca tener a alguien que caminara hacia y desde la escuela conmigo me causó tristeza en ese momento. Puedes decir, *"pero eras solo un niño en ese entonces"*. La verdad es que, desde una edad temprana, podemos comenzar a sentir algo que se llama *separación*, que ocurre por no tener a alguien a nuestro alrededor.

Crecer en una familia donde tus padres no tienen tiempo para ti o incluso cuando tienen tiempo, prefieren ver la televisión que pasar al menos diez minutos de su día contigo y tener solo ocho, diez o doce años. y todo el tiempo teniendo problemas para encontrar un amigo en la escuela o en tu vecindario; ¿Qué más puedes esperar que sentirte solo y apartado de todos los demás? Esto, en esencia, es lo que me sucedió, e inicialmente me llevó a pensar que había algo mal en mí. Entonces, lo que comencé a hacer, como puedes suponer, fue actuar como alguien que no era. Comencé a hablar y comportarme de una manera que complacería a los demás.

Este es un problema que puede comenzar en casa. Si no te comportas de la manera que a tus padres les gusta, entonces dicen que eres malo. Luego ellos intentan " *motivarte* " para que actúes de la manera que les parece apropiada. Si les agrada, te darán todo tipo de " *recompensas* ". Dicho esto, estar ocupado tratando de complacer a tus padres primero también puede reflejar el comportamiento que muestras fuera de tu hogar. Comienzas a tratar de complacer a todos los demás para sentirte notado y encajar.

Puedes ver la conexión aquí. Comienza a una edad temprana, y si no encuentras una manera de romper el patrón, te sentirás separado de todos los demás durante toda tu vida, y siempre pensarás que algo está mal contigo. Cuando te sientes aislado de todos, comienzas a sentir que estás separado de Dios. Sé que mis palabras no pueden cambiar tus creencias sobre ti con solo leerlas, pero te animo a que cambies la historia que estás escribiendo sobre ti mismo.

Cuando te miras al espejo, ¿qué ves? ¿Te ves como una manifestación perfecta de tu Origen o como un ser imperfecto que no pertenece aquí? ¡Cambia tu historia! Tienes que comenzar diciéndote a ti mismo que eres perfecto como eres ahora; que estás en el lugar correcto, en el momento correcto. No hay nada malo contigo. Si tú no estás rodeado de personas que te aceptan como eres, cámbialo. Encuentra nuevos amigos. Siempre estás atraído los que son como tú. Estoy seguro de que has escuchado la cita " *pájaros de una misma pluma vuelan juntos*", lo que significa que estás rodeado de personas que son exactamente como tú. Es lo mismo con todo lo demás en tu vida.

"No atraes en tu vida lo que quieres; ¡atraes lo que eres!

¡Toda mi vida intenté complacer a todos menos a mí mismo! Cuando finalmente decidí dejar de hacer eso, estaba abierto a que nuevas personas entraran en mi vida. Cuando comencé a valorarme a mí mismo y sentir el amor, comencé a recordar quién era y me sentí atraído por otros que eran como yo. ¿Adivina qué? ¡Encontré personas que me aceptaron como era! ¡Encontré amigos! No los falsos que quieren que seas lo que ellos quieren. No a los que les gustas solo cuando te comportas de una manera que les agrada. Me refiero a amigos que te aceptarán por lo que realmente eres. Gente que te animará a ser quien quieras ser y que estará allí sin importar qué.

Ahora, tengo la bendición de estar rodeado de personas que me aman, me aprecian y están agradecidos por tenerme en sus vidas. No estoy tratando de fingir que soy alguien en quien no creo. Si a alguien no le gusto, estoy bien con eso. No trato de convencerlos de que cambien la historia que tengan sobre mí, porque estoy consciente de que **lo que ves en los demás es solo un reflejo de lo que ves en ti mismo**. Cuando alguien dice algo negativo de mí, no lo juzgo. Silenciosamente le deseo toda la felicidad, y puedo estar en paz con eso. En un nivel más profundo, cada vez que dices algo sobre alguien (cosas malas), no lo estás etiquetando con tus palabras, te estás etiquetando a ti mismo como alguien que necesita decir ese tipo de cosas. Mi sugerencia es nunca juzgar a nadie y nunca decir nada negativo, incluso si tienes razón.

No es fácil reescribir la historia que tienes sobre ti mismo de la noche a la mañana, ni cambiar a tus " *amigos* ", pero debes encontrar la manera de hacerlo. Si no puede hacerlo solo, busca ayuda. Estoy seguro de que siempre habrá alguien que quiera ayudarte a convertirte en quien quieres ser. Por supuesto, puedes ser mejor de lo que eres ahora, pero tienes que trabajar en ti mismo todos los días. Recuerda, no trates de encajar. ¡Sé tú mismo!

Sergio: muy poderoso y verídico también. En el momento en que comiences a ser *tú mismo*, verás que otros qué estarán sorprendidos por el *"nuevo tú"*. Lo que no saben es que no hay nada "nuevo" en ti. Solo acabas de empezar a comportarte de una manera que representa quién eres realmente, y tienen esta imagen tuya que ya no es lo que quieren de ti.

Futuro: y de repente, las personas que no puedes complacer por más tiempo comienzan a desaparecer de tu vida.

Sergio: es verdad. Además, también puede ser aterrador. Debido a que todos sus miedos sobre estar solo se hacen realidad, y desafortunadamente, la mayoría de la gente piensa en la soledad como algo terrible, pero no lo es.

Futuro: entonces, ¿por qué no nos lo cuentas y nos explicas cómo la soledad no necesariamente tiene que ser algo malo?

Sergio: ese es uno de mis temas favoritos para hablar. Es algo que me apasiona compartir con otros para ayudarlos a superarlo.

Futuro: porque lo dominaste, y sé lo apasionado que eres por ayudar a otros a entenderlo y aprender también. Cuéntanos sobre eso.

Sergio: con mucho gusto lo haré.

Soledad

---

*"La soledad agrega belleza a la vida. Pone una llama especial en los atardeceres y hace que el aire nocturno huela mejor. "- **Henry Rollins***

Todos hemos estado solos en algún momento de nuestras vidas. Solos en nuestros pensamientos. Solos en nuestros sentimientos. Solos en todas las batallas internas que tuvimos que luchar. Yo también tuve ese sentimiento toda mi vida. Incluso ahora, todavía me siento así a veces; aunque tengo personas maravillosas en mi vida que estoy feliz de llamar mis amigos. ¿Cuál es tu historia? ¿Tienes la sensación de que estás solo? ¿De que tienes que pelear todas las batallas tú solo? ¿De que tienes que ir por la vida solo? Déjame decirte una cosa. Creo que no estás solo y que no tienes que ir solo en tu viaje hacia una vida mejor.

La soledad es un estado mental. Por lo tanto, como cualquier estado mental, puede ser desarrollado, cultivado o cambiado según tus necesidades o lo que deseas lograr. Puedes cambiarlo cambiando de opinión *primero. No hay nada tan poderoso como una mente cambiada. TD Jakes dijo: "Puedes cambiar tu cabello, tu ropa, tu número de teléfono, tu dirección, tu cónyuge, tu residencia, pero nada cambiará en tu vida hasta que cambies tu mente".* Permíteme explicarte lo que quiero decir con eso a través de una experiencia personal.

No repetiré mi historia ya que puedes encontrarla por todo este libro, pero te contaré una parte que es relevante para este tema. Creía que cuando cambiara mis amigos, dirección, empresa y país, sería feliz. Pensé que cuando encontrara nuevos amigos, un nuevo trabajo y mejores oportunidades, nunca más me sentiría solo. Bueno, como puedes adivinar, no funcionó de esa manera. Nada cambió hasta que empecé a cambiar mi mente. Sabía que hasta que yo cambiara mi mundo interior, nada cambiaría en el exterior. Cuando descubrí que la soledad es solo un estado mental y que tengo control total sobre mis actitudes hacia ella, todo comenzó a encajar; lentamente, pero al menos se había hecho progreso.

Ahora es posible que desees saber cómo llegué a ese punto. En primer lugar, todavía no he llegado al punto en que siento que no estoy completamente solo, pero puedo asegurar que me estoy acercando. Siempre creí en Dios. En los últimos doce meses (fue en agosto de 2018 cuando este libro estaba en proceso de ser escrito, pero esta " *conversación* " con Dios comenzó un año antes, en marzo de 2017) Empecé a hablar con Dios más de lo que lo había hecho antes. No tenía ninguna razón en particular, pero sentía que necesitaba hacerlo. Y lo que descubrí (repito esto es solo mi experiencia, no tienes que creer en ella o aceptarla como la verdad) fue que **nunca estás solo porque Dios siempre está contigo**. ¡SIEMPRE! Escuché en uno de los discursos del *Dr. Wayne Dyer* que él leyó algo en *"Un Curso de Milagros"* que realmente me atrapó, y es esto: ***"Si supieras quién camina a tu lado en todo momento, en este camino que has elegido, nunca vas a experimentar dudas o miedo de nuevo "***. Eso significa que si tenemos este entendimiento y fe de que nunca estamos solos y que hay alguien que siempre camina al lado de nosotros, nunca sentiremos que estamos solos y nunca tendremos miedo de nada.

Si queremos llegar a ese punto en el que sentiremos la presencia de Dios en cada momento, una de las principales cosas que creo que debemos hacer es **desarrollar la fe**. Así que vamos a eso brevemente porque creo que es muy importante hablar de ello.

A veces, debido a que la falta de fe afecta tu actitud cuando dejas de creer que Dios va a operar en tu nueva vida, te vuelves amargado y no te permites ninguna ayuda que restablecerá tu fe. Te rendiste demasiado pronto y lo que deseas es la unción de Dios, y llévala a ese lugar problemático de tu vida donde te resulta difícil creer que las cosas saldrán bien.

Debido a que perdimos la fe, comenzamos a tener miedo. Tememos que no tendremos suficiente dinero, suficientes amigos, suficiente amor, que estaremos solos por el resto de nuestras vidas, etc. Te puedo decir teóricamente sobre muchas técnicas para desarrollar la fe que he aprendido, pero prácticamente he estado desarrollando la fe sólo a través de afirmaciones positivas que he escrito sobre la pizarra en mi habitación, y un trozo de papel que tengo en mi billetera.

La fe también es un estado mental que puede ser inducido o creado por afirmación o repetidas instrucciones a la mente subconsciente. Honestamente, el método por el cual uno desarrolla la fe (donde todavía no existe) es realmente difícil de describir, pero realmente creo que la mejor manera de desarrollar la emoción de la fe es repitiendo constantemente afirmaciones a tu mente subconsciente todos los días, como *"Con Dios todo es posible"* (o puedes escribir algo que te guste).

Puedes crear tus propias afirmaciones y repetirlas todos los días varias veces hasta que estén memorizadas y formen parte de tu mente subconsciente. Al desarrollar la fe, comenzarás a ver las cosas de manera diferente, y nunca verás la soledad como algo trágico, triste o como quieras describirlo. Nunca estarás asustado o aburrido de estar solo. La mayoría de la gente tiene miedo de estar sola en su habitación. Tienen miedo de sus pensamientos. Tienen esta necesidad de llamar o enviar un mensaje de texto a alguien para ir a cualquier parte solo para huir de sí mismos. Pero estar solo puede beneficiarte más allá de tu *Imaginación*. Necesitas tiempo para estar solo. Necesitas tiempo para estar quieto. Estar callado. Estar en silencio. Meditar. Incluso hablar contigo mismo y, a veces, la conversación que estás teniendo contigo mismo puede ser la única conversación inteligente que puedas tener.

Cuando estás solo, cuando te quedas quieto, cuando despejas tu mente, el flujo de ideas viene a tu mente. Te sientes renovado, inspirado, claro en lo que quieres, etc. Ahora, no estoy sugiriendo que tengas que estar solo todo el día, pero necesitas " *tu tiempo* ". ¡Solo para ser tú! Tengo una pregunta para ti: ¿te gusta quién eres cuando estás solo? ¿Disfrutas de tu propia compañía? Si no disfrutas de tu propia compañía, ¿cómo puedes esperar que alguien más la disfrute? Todo comienza desde adentro.

Hay tantas personas solteras en este mundo, y tal vez tú eres una de ellas. Algunos de ustedes están solteros nuevamente. Ahora, si crees que ser soltero es difícil, intenta ser soltero nuevamente. Tratar con los problemas que surgen al ser soltero es diferente de lidiar con los problemas que surgen cuando estás casado o en una relación. La soltería debe ser administrada; y cuando se maneja de manera adecuada y efectiva, la soltería se convierte en un regalo. De lo que debes darte cuenta es que, si estás soltero, significa que eres una persona completa y si no lo entiendes, pensarás que eres un individuo fraccionado, lo que significa que necesitas a alguien para que te complete. Sin embargo, debes entender que eres una persona completa esperando que otra persona completa te complemente. No para completarte, y Dios sabe no competir contigo, sino que te complemente. Deseas encontrar a alguien con quien compartir tu integridad. No profundizaré en este tema sobre ser soltero, que será descrito en el próximo capítulo, pero mi punto es que estar solo es un regalo si lo reconoces.

Confía en mí, sé lo que significa estar solo. No es fácil seguir solo, pero si continúas, sé fiel a ti mismo. Valdrá la pena al final. La caminata más difícil que puedes hacer es la caminata que haces solo, pero esa es la caminata que te hace más fuerte. Esa es la caminata que más construye tu carácter. A todos ustedes que están peleando batallas solos, permanezcan fuertes, sigan adelante. Esta caminata es difícil, pero las caminatas más complicadas conducen a los mejores destinos. Las escaladas más difíciles siempre conducen a las mejores vistas. Valdrá la pena al final. Y si muestras de qué estás hecho, las personas adecuadas aparecerán en tu vida y no estarás solo para siempre. Tienes cualidades que pocos pueden admirar porque la mayoría no las posee. Tienes la fuerza que pocos pueden entender porque la mayoría nunca la ha experimentado. Así que no te rindas. Eres más fuerte de lo que puedes imaginar.

No tome decisiones permanentes sobre situaciones temporales. La soledad pasará; tendrás otra oportunidad. No hay condiciones permanentes en este universo. Todo es temporal. Mantenerte fuerte. Y por favor, ¡no olvides que *NUNCA ESTÁS SOLO*!

Futuro: confía en mí cuando digo esto acerca de este tema, vas a inspirar a millones de personas para cambiar su forma de ver eso.

Sergio: espero que lo haré.

Futuro: has mencionado algo sobre la soltería. ¿Qué quieres decir con eso?

Sergio: la mayoría de la gente piensa que estar solo es lo mismo que estar soltero. Hay una gran diferencia La soledad es un estado mental que puede ser cambiado. La soltería es una situación temporal que estás experimentando debido a las expectativas que tenías cuando quisiste entrar en una relación. La soltería debe ser manejada.

Futuro: ¿podrías decirnos cómo hacer eso?

Sergio: sabes, estaba pensando en el nombre de este libro.

Futuro: ¿y qué nombres vinieron a tu mente?

Sergio: solo un nombre y es *"Entrevista con Mi Futuro Yo"*. Sin embargo, después de estas preguntas que tienes para mí, parece que tendré que cambiarle el nombre porque no estoy seguro de quién está entrevistando a quién.

Futuro: me gusta. Ese es un buen nombre para este libro. Sin embargo, creo que deberías cambiarle el nombre a *"El Arte de la Imaginación";* ya que has estado usando Tu *Imaginación* todo este tiempo y mantener la " *Entrevista con Mi Futuro Yo"* como una parte del título.

Sergio: VAYA, ese es un título perfecto. ¡Definitivamente voy ocupar ese!

Futuro: lo he dicho muchas veces, somos uno, y no importa quién esté hablando siempre y cuando estemos brindando valor a tus lectores. ¿Estoy en lo cierto?

Sergio: sí, lo estás.

Futuro: ahora volvamos al siguiente tema donde vas a explicar cómo se puede manejar la soltería.

Sergio: prefiero cambiar el tema a: *"La Soltería como Regalo"*.

La soltería como regalo

*"Ser lo suficientemente valiente como para estar solo te libera para invitar a las personas a tu vida porque las quieres y no porque las necesites". - **Mandy Hale***

En primer lugar, debes darte cuenta, ser soltero implica que estás completo. Estar soltero no es estar solo. Por el contrario, estar soltero sugiere que eres una persona completa.

Sé que hay muchas personas solteras en este mundo. Quizás eres uno de ellos. Algunos de ustedes están solteros nuevamente. Dije en el tema anterior que, si crees que ser soltero es difícil, trata de estar soltero nuevamente. Por experiencia personal, sé que estar soltero no es nada fácil, especialmente si estás soltero por un período prolongado, y cuando hablamos de estas personas o de nosotros mismos, a menudo sentimos pena por ellos o por nosotros mismos porque creemos que son infelices. Asociamos ser soltero con la soledad y la tristeza. Asumimos que están tristes, deprimidos, frustrados, etc. Sin embargo, ¿es eso cierto?

Si cambiamos nuestra perspectiva sobre estas cosas, podríamos ver una imagen completamente diferente. Ser soltero puede ser beneficioso más allá de lo que se cree. Lo que quiero decir con eso es que, cuando estás soltero, puedes descubrir algunas cosas que podrían mejorar tu vida asombrosamente. Puede sonar extraño, pero cuando logramos estar solteros de manera apropiada y efectiva, puede ser realmente un regalo.

Cuando eres soltero tienes la libertad de buscar a Dios; tienes la libertad de volver a la escuela; tienes la libertad de explorar diferentes talentos y dones que puedas tener; tienes la libertad de planear un futuro para ti mismo. Si administras tu tiempo de manera efectiva, tendrás lugar y energía para hacer cosas que las personas casadas o en una relación a largo plazo a menudo no tienen tiempo o ánimo para hacer, debido al compromiso que requiere ese estilo de vida. Es poco probable que puedas tener un cónyuge y no alterar tu estilo de vida; porque cuando estás comprometido con esa relación, tienes que estar preparado para alimentarla. Lo que estoy tratando de decir es que lidiar con todos los problemas que conlleva estar soltero es un poco diferente de lidiar con los problemas que conlleva estar casado. Estar casado te puede afectar de muchas maneras positivas, pero también estar soltero puede tener un impacto aún mayor en tu vida. Puedes redescubrir o recordar tu relación con Dios. También puedes redescubrir quién eres. Puedes descubrir qué tipo de estilo de vida te conviene; qué intereses tienes; qué sueños quieres perseguir; qué es lo que quieres hacer por el resto de tu vida y qué cambios necesitas hacer para llegar allí. Ser soltero es estar comprometido con una relación contigo mismo.

Si quieres descubrir estas cosas, debes pasar un tiempo a solas. La razón por la que las personas luchan cuando están solas en lugar de aceptarlo es porque tienen miedo de estar solteras o solitarias. Tienen esta necesidad o urgencia de llamar a alguien o enviar un mensaje de texto a alguien, incluso si no les gusta esa persona; solo para hacer una conexión. La gente se siente incómoda estando sola en su habitación. Puede que tengan miedo de sus pensamientos o luchar con sus vidas. Pero se debe aprovechar el tiempo que se pasa solo porque únicamente entonces puedes descubrir realmente algunas cosas que antes no podías. Cuando se saborea este momento, puedes desarrollar tu relación con Dios, puedes desarrollar una relación contigo mismo y puedes ver lo que quieres de la vida, cuál es tu pasión y cuál es tu propósito. Entonces, hablemos de estas cosas.

Profundizando tu relación con Dios

Profundizar su relación con Dios (o con tu Origen o Universo, o como le llames) es, básicamente llegar a un punto en tu vida, y tu camino con Dios, en el que te sientes lo suficientemente cómodo, para ser honesto con Él, para revelar y llegar a un acuerdo con quién eres y finalmente reconocer que Dios sabe y acepta quién eres. Dios nos invita a cada uno de nosotros a viajar con él a lo largo de la carretera de la vida, y él nos extiende su mano para guiarnos a lo largo del viaje. En el camino, profundizaremos nuestra comprensión acerca de Dios y descubriremos el tipo de vida que él desea para nosotros. Pero en el proceso de vivir, experimentamos algunas situaciones desafiantes y difíciles que nos hacen olvidar no sólo quién es Dios, sino también quiénes somos.

Cuando estás en un lugar oscuro, cuando te sientes abrumado por la vida, es fácil olvidar que Dios está allí y también olvidar quién eres. Él nunca te dejará, ni te abandonará, ni se olvidará de ti. Él siempre está ahí, parado a tu lado todo el tiempo y esperando que tomes tu vida en tus manos y la vivas al máximo. Si dedicas algo de tiempo a desarrollar tu relación con Dios, estoy seguro de que notarás que Él siempre ha estado allí y tu vida comenzará a mejorar de inmediato en todos los niveles. Debo admitir que todavía estoy en el proceso de desarrollar mi relación con Dios, y no he llegado al punto de sentir la presencia de Dios en todo momento, pero estoy mejorando cada día. Estoy en el punto en que me siento cómodo, para ser honesto con Dios, para hablar abiertamente sobre todo sabiendo que Él ya lo sabe todo y que Él sabe quién soy.

Deberías poder hablar con Dios. Debes ser honesto con Él porque Él es tu Origen. No hay nada que Él no sepa sobre ti o que no pueda entender sobre ti y tu vida. Puedes preguntarte: *"¿Cómo puedo hablar con Dios?"* Bueno, puedes tener una conversación con Dios de la misma manera que tienes una conversación con cualquier persona a través de cualquier medio. Puedes comunicarte a través de tus pensamientos y tus palabras. Probablemente la mejor comunicación es a través de los sentimientos porque los sentimientos son el lenguaje del *Alma*. Puedes hablar con Dios a través de la oración. Ahora, podemos hablar con Dios y aún preguntarnos *"¿Nos dará Dios una respuesta?"* Creo que Dios siempre nos responde en forma de pensamiento o incluso de palabra hablada; a través de otras señales para las que debemos entrenar nuestra mente para ver, porque son fáciles de perder de vista cuando no les prestamos atención.

Use el tiempo que tienes como una persona soltera para profundizar tu relación con Dios. No importa quién seas o dónde te encuentres en tu relación con Dios, encuentre una manera de permitirle que le hable a tu corazón y que te ayude a cambiar de adentro hacia afuera. Dios está ansioso por caminar contigo. Aprende a escucharlo. Él te hablará cuando no lo esperes. Mientras cocinas, conduces, haces ejercicio, trabajas, haces fila en el mercado, intenta abrirte para escuchar al Espíritu Santo dentro de ti. Confía en que estarás interesado en todo lo que Dios tiene que decirte. Escucha esa voz que está dentro de ti. Piensa y siente; a veces sobre quién eres, sobre quién es cada humano en comparación con Dios. Valora eso. Deja que esa comprensión crezca dentro de ti. Deja que te abrume.

La verdad fundamental es que, si todos venimos aquí desde nuestro Origen, eso significa que tenemos el mismo poder que tiene nuestro Creador, y que en cualquier momento podemos tener acceso a ello si profundizamos nuestra relación con Él.

Acepta quién eres

¿Cómo puedes recordar quién eres si no pasas un tiempo solo y te tratas de comprender mejor? Necesitas tiempo a solas para ser simplemente tú. Para experimentar el autodescubrimiento, debes tener privacidad. A veces la vida puede ser tan abrumadora que olvidas tu nombre. Es fácil olvidar quién eres. Desde una edad temprana, desde el día en que llegaste a este mundo como un reflejo perfecto de tu Origen, algunas personas van muy lejos para señalar todas tus imperfecciones. A veces comienza desde el hogar donde los padres, bien intencionados, fueron estrictos con respecto al comportamiento regular que ellos encuentran extraño. Algunos padres usaron el castigo para alentar el comportamiento que querían ver. Fuera de la casa, puede que hubo intimidación por parte de otros niños sin ninguna razón. Estos son los primeros momentos en los que fácilmente comenzamos a olvidar quiénes somos.

Puede haber innumerables situaciones en las que comenzamos a olvidar quiénes somos, pero mi punto es que sucede cuando menos nos damos cuenta. De repente, puedes sorprenderte a ti mismo fingiendo ser alguien que no eres para encajar o relacionarte bien. Puedes alterar tu comportamiento para complacer a los demás, incluso si no te gusta y sabes que no es algo que quieres hacer. Sin embargo, continúas haciéndolo para ser aceptado. Puede que te sorprendas a ti mismo diciendo palabras que no reflejan quién eres. Poco después, incluso puedes quedar atrapado en el hábito de hablar y comportarte de una manera que no refleja quién eres. Las palabras estimulan los pensamientos y, como resultado, puedes comenzar a pensar todo tipo de cosas sobre ti que no son ciertas. Inevitablemente, esos pensamientos construyen una realidad falsa y distorsionada de quién eres.

En algunos casos, pueden haber pasado años, y podrías encontrarse en sus 20, 30, 40 o incluso más años y aún no sabes quién eres. Sin embargo, cuanto más tiempo pasa, más te das cuenta de que tal vez nunca te hayas tomado el tiempo para redescubrir y aceptar quién eres. Nunca pasaste solo el tiempo suficiente como para pensarlo. Trata de recordarlo. A estas alturas, puedes notar con qué frecuencia repito la palabra *recordar*. La razón es que realmente creo que, en los primeros nueve meses de nuestras vidas, desde el momento de nuestra concepción hasta el momento de nuestro nacimiento, todo fue manipulado para nosotros. No teníamos que preocuparnos por qué tan altos que seríamos, qué tipo de cabello tendríamos, cómo se verían nuestros cuerpos ... Cuando eres un bebé, todos te ven como un ser humano perfecto. Luego, cuando comienzas a crecer, por alguna razón, comienzas a perder esa perspectiva de nosotros mismos, y eso me hace pensar ... Si en los primeros nueve meses, nuestra visión de nosotros mismos no era un problema, ¿por qué no podría ser eso una verdad para los próximos 90 o 100 años? Es porque interferimos. Olvidamos. Por eso te insto a que tomes tu tiempo a solas y recuerdes quién eres.

Empieza ahora. Empieza hoy. Comienza a pensar de manera diferente. Comienza a tener solo pensamientos que te sirvan. ***El pensamiento más elevado es el pensamiento que contiene alegría.*** Habla solo las palabras que reflejarán quién eres. ***Las palabras más claras son aquellas que contienen la verdad.*** Sobre todo, debes sentir. ¡Siente los pensamientos, siente las palabras, siente cómo superas la abrumadora necesidad de ser deshonesto sobre lo que te hace feliz! ***¡Porque el sentimiento más grande es ese sentimiento que llamamos amor! Alegría, verdad y amor. Estos son los principios por los que quieres vivir.*** Cuando tengas solo pensamientos que te sirvan, cuando digas las palabras y tomes acciones que puedan reflejar quién eres, entonces podrás experimentar la verdadera gloria de estar vivo.

En caso de que tengas problemas para recordar quién eres realmente, permíteme comenzar a recordarte. *Eres el ser más hermoso, más notable, más perfecto que Dios ha creado.* Puedes confiar en que esto es cierto, porque ¿quién puede rechazar tal perfección?

Persiguiendo lo que te conviene

Cuando eres soltero, tienes suficiente tiempo para pensar en ti mismo, en esas cosas que te gustaría hacer, tener y ser. Tienes tiempo suficiente para planear un futuro para ti. Tienes energía más que suficiente para hacer todo tipo de cosas. Si aún no has encontrado el estilo de vida que te conviene, ahora es el momento adecuado para buscarlo.

Encontrar tu pasión no es difícil en absoluto. ***Donde esté tu corazón, allí estará tu pasión.*** Siempre será encontrada sirviendo a los demás, de una forma u otra, porque el servicio a los demás es el propósito más importante que puede descubrir. Es útil si regresas hace unos años cuando eras un niño pequeño para tratar de recordar cuál era tu sueño más grande y despertar ese sueño nuevamente. Mira lo que hay dentro de ti y aprovecha eso. Comienza a pensar de nuevo en ese sueño que has olvidado e incluso si parece imposible ahora, elimina esos pensamientos y elige los que te servirán mejor. Escoge los pensamientos que te mantendrán en el camino para lograr ese sueño, hasta que la emoción que sientes mientras lo piensas se vuelva demasiado grande y fuerte como para que cualquier duda permanezca en tu mente.

No estoy hablando solo de tus sueños, sino también de tus intereses, talentos, habilidades y capacidades que probablemente no sabes que posees. ¿Qué intereses tienes ahora? Los intereses te hacen una persona interesante. Puedes estar de acuerdo en que no hay nada peor que cuando sales con alguien y pides sus pensamientos sobre algo, y esa persona responde: *"Nada. ¿Qué opinas tú al respecto?"* O algo similar. Puede ser incómodo salir con alguien que no tiene nada que decir. Si aún no tienes ningún interés, ahora puedes desarrollar algunos. Profundizar tu conocimiento puede ayudarte a hacer precisamente eso. ¿Te interesa el baloncesto, los temas mundiales, las guerras, la política, la historia, la tecnología, la escritura, la comunicación o el marketing? Sea lo que sea lo que te interese, encuentra de qué te gusta hablar y busca personas y lugares que fomenten estos intereses.

Empecé a escribir recientemente (en marzo de 2017 fue la primera vez que comencé a escribir). Durante 28 años, no sabía que tenía este talento. Si alguien me hubiera dicho hace cinco, diez o quince años que algún día, escribiría blogs inspiradores o incluso un libro, me reiría. ¿Qué talentos tienes? Intenta descubrirlos y no escuchar cuando otros dicen que eres bueno o malo en algo. Todo requiere práctica. Al principio, debemos superar ser malos en algo para ser buenos en eso. Todo talento necesita tiempo para desarrollarse. Me di cuenta de que cuanto más escribo, me vuelvo mejor en ello. Descúbrelo dentro de ti. Encuentra esos talentos y déjalos ser.

¿Qué más? ¿Qué habilidades y destrezas tienes que utilizaste mal o no usaste en absoluto? ¿Qué más te gusta hacer? ¿Te gusta ir de excursión? ¿Tal vez andar en bicicleta? ¿Nadar? ¿Volar? Descubre esas cosas, todas ya están dentro de ti; solo tienes que descubrirlas y hacerlas. El tiempo a solas te ayudará a descubrir qué es lo que más te conviene, y si usas este tiempo adecuadamente, estarás más que listo para algo más grande en tu vida, como relaciones profundas y significativas.

En conclusión, el tiempo que pasamos solos nos ayuda a ver quién es Dios, nos permite saber quiénes somos y nos libera para encontrar el estilo de vida que mejor se adapte a nuestros intereses y sueños. Usa el tiempo que tienes sabiamente antes de entrar en una relación porque cuando descubres quién es Dios, quién eres y qué te conviene, también te convertirás en una persona más íntegra que busca otra persona íntegra que te complemente en lugar de completarte.

Esto no sugiere que deba pasar años o más siendo soltero, sino que utilices el tiempo que tienes para descubrir por ti mismo todo lo que he mencionado. Si estás soltero de nuevo o si acabas de salir de una relación o matrimonio, antes de comenzar una nueva, puede ser conveniente averiguar por qué no funcionó la primera vez y reflexionar sobre lo que sucedió. Quizás estés seguro de sus fallas y errores, pero debemos asumir la responsabilidad de nuestra parte en cualquier desastre. Mi sugerencia es buscar una vida más saludable como persona soltera. Mira quién es Dios. Mira quién eres. Mira qué tipo de vida realmente te conviene. Luego, cuando recuerdes o descubras todas estas cosas, te convertirás en una persona completa, lista para entablar una relación o matrimonio en el que realmente vas a compartir tu integridad.

> *"Si cambias la forma en que miras las cosas, las cosas*
> *que miras cambian"* - **Wayne Dyer**

Espero que cambies la forma en que te ves soltero porque si aprendes a administrar tu tiempo contigo mismo, pronto te darás cuenta de que es un regalo invaluable.

Futuro: muy poderosamente dicho.

Sergio: ¿cómo puedes saber quién eres hasta que te tomas un tiempo para ti y tratas de resolverlo?

Futuro: eso es cierto. A la mayoría de las personas no les gusta pasar tiempo a solas, y lo que eso significa en un sentido más profundo es que no les gusta quiénes son. Porque cuando estás solo, todas las cosas que están dentro de ti comienzan a aparecer en tu mente y realmente ves cuánto no disfrutas de tu propia compañía. Para cambiar eso, intentan salir con alguien que ni siquiera les gusta para sentirse mejor consigo mismos, lo que no está alineado con quienes son.

Sergio: eso es algo triste. Tantas personas tienen cuarenta, cincuenta, sesenta y hasta mayores, pero aún no saben quiénes son. Dije varias veces, gracias a Dios que me di cuenta de quién soy antes de morir.

Futuro: ¿cuándo sucedió eso?

Sergio: Sucedió exactamente cuando decidí pasar tiempo conmigo mismo y pensé seriamente en lo que me gustaría hacer, ser y tener, y el tipo de persona en quien me quiero convertir. Creo que en el momento en que decidas todo eso, después de un tiempo, si te esfuerzas en manifestar tus objetivos, recordarás instintivamente quién eres. De repente aparecerá en tu mente, y despertarás sobre quién eres.

Futuro: recuerdo claramente ese momento cuando nos pasó a nosotros. Pero, aun así, no queremos juzgar a estas personas. Deberíamos permitirles ser quienes elijan ser sin importar qué y creer que tarde o temprano recordarán quiénes son.

Sergio: no estoy juzgando a nadie. Hace unos años aprendí que no debemos juzgar a nadie ni a nada.

Futuro: eso es cierto.

Sergio: me gustaría que nos contaras sobre no juzgar a las personas.

Futuro: seguro. ¿De qué te gustaría que hablara específicamente?

Sergio: por qué debemos dejar de juzgar a los demás, cómo practicar eso y cualquier otra cosa que puedas agregar.

Futuro: suena bien. Hablemos de no juzgar.

Sin prejuicios

El juicio es una evaluación constante de cosas como buenas o malas, correctas o incorrectas. Vivimos en un mundo lleno de juicios. ¿Cuántas veces te sorprendes a ti mismo juzgando a los demás por su aspecto? ¿Hablar? ¿Caminar? ¿Vestir? ¿Comportarse? No sólo juzgamos a las personas; juzgamos todo lo demás, como eventos, circunstancias, animales, lo que sea que veamos o escuchemos sobre ellos. Incluso nos juzgamos a nosotros mismos más que a nada ni a nadie. Cuando constantemente estamos evaluando, clasificando, etiquetando, analizando, creamos mucha turbulencia en nuestro diálogo interno. Así que, hablemos sobre la práctica de **no juzgar** y cómo eso puede ayudarnos a ver a las personas y las cosas de manera diferente.

Hay una oración en *"Un Curso de Milagros"* que dice: **"Hoy no juzgaré nada de lo que ocurra"**. Esta declaración me ayudó mucho a comenzar a pensar de manera diferente y a recordarme a mí mismo a no juzgar nada ni a nadie sin importar lo que pase. Cuando leí eso, comencé a pensar en ello. Me di cuenta de que somos tan rápidos para juzgar todo lo que sucede. Vemos a alguien que está vestido de una forma que no nos gusta: ¡ahí está el juicio! Escuchamos a alguien reír, y sin ninguna razón, nos sentimos molestos u ofendidos, e inmediatamente lo juzgamos. Vemos a una chica hermosa, pero no tenemos el valor de ir a conocerla, ¿qué es lo primero que hacemos? Nos juzgamos a nosotros mismos. Decimos que no somos lo suficientemente buenos, que no tenemos coraje, que nunca podremos encontrar el amor verdadero, etc. Todas estas valoraciones no son más que declaraciones falsas que hicimos sobre nosotros mismos.

Vamos a trabajos que no nos gustan la mayor parte del tiempo, ¿qué estamos haciendo? Nos juzgamos a nosotros mismos porque no estamos felices de trabajar allí; juzgamos el trabajo en sí y las personas de esa empresa. Si tu jefe es un imbécil (según tu propia opinión), lo juzgas y pasas mucho tiempo haciéndolo. El problema es que, con todos estos juicios, solo creamos turbulencias internas que no quieren abandonarnos porque, con tu frustración, enojo y resentimiento, alimentas tu ego, y eso es exactamente lo que el ego necesita para sentirse vivo. Sin embargo, con la práctica de no juzgar, puedes crear un silencio maravilloso en tu mente que te ayudará a mirar las cosas y a las personas de manera diferente.

Esto es lo que hice; a primera hora de la mañana cuando me levanto; tengo una rutina de leer algunas afirmaciones, agradecer lo que tengo, establecer una intención clara para ese día y digo en voz alta que pase lo que pase ese día, no juzgaré. Empecé a decir en voz alta *"sin juicios"* cada vez que me sorprendo a mí mismo, si estoy a punto de juzgar algo o alguien. Al principio, fue difícil, por supuesto, pero cuanto más me lo decía a mí mismo, más veía los resultados en forma de menos prejuicios. Recuerdo que estaba en un restaurante con amigos, y ello estaban hablando de una situación y las personas involucradas en esa situación, y discutían una y otra vez; y luego se volvieron hacia mí para pedirme mi opinión porque no dije una palabra, les respondí: *"Lo siento chicos, no tengo juicios"*. Estaban confundidos y no creían lo que acababa de decir. Me volvieron a preguntar y respondí con el mismo mensaje. Creo que esa noche fue el punto de inflexión para mí porque desde entonces, me recuerdo continuamente a mí mismo de no juzgar nada. Creo que llegué a este punto por repetir constantemente la frase *"sin juicios"* una y otra vez, y dejé huella a mi mente subconsciente con esas palabras y se han convertido en mi segunda naturaleza.

Confía en mí, hice esto tan a menudo que las personas a mi alrededor se molestaron tanto con mis palabras, pero no me importó. Funcionó para mí y me ayudó a cambiar mi visión del mundo y las personas en él. ¿Porque es esto importante? ¿Por qué es tan importante dejar de juzgar a otros y los eventos? ¡Porque no queremos ser juzgados, en primer lugar! ¿Cuántas veces le has dicho a alguien: *"No me juzgues"*? ¿Cuántas veces hiciste algo y le dijiste a alguien: *"No me juzgues por lo que estoy haciendo porque no sabes por qué lo estoy haciendo "*? Bueno, la verdad es que, incluso si dejas de juzgar a los demás, seguirás siendo juzgado. Solo que esta vez, eso no te importará, porque sabes quién eres y eso es todo lo que importa. No necesita explicarte a ti mismo ni tus acciones porque no necesitas la aprobación de nadie y eso traerá la paz mental que todos queremos.

Lo que he descubierto es que cuando dejas de juzgar a los demás, no solo los verás desde una perspectiva diferente, sino que comenzarás a verlos por quiénes son y notarás el amor que sientes hacia ellos. Incluso si te juzgan, no tomarás eso como algo negativo y vas a contraatacar. En cambio, les vas a enviar una bendición o una oración silenciosa porque sabes que lo que digan no es nada personal, es solo un reflejo de su estado de ánimo. Cuando ocurran eventos negativos o adversidades, no los juzgarás y los vas a clasificar como negativos, los verás como una señal para crecer o como una oportunidad para ver y ser tú mismo. Creo que solo practicando el *no juzgar*, puedes transformar tu vida y cambiarla para mejor.

Sergio: eso es exactamente lo que hice. Funcionó perfectamente para mí. Estaba diciendo *"sin juicios"* una y otra vez hasta que me di cuenta de que había dejado de juzgar a los demás.

Futuro: eso es un paso más cerca del reflejo perfecto y manifestación de tu Creador.

Sergio: me haces sentir bien.

Futuro: bueno, la verdad es que te haces sentir bien.

Sergio: jaja ¡cierto! Durante años me pregunté por qué no les enseñamos estas cosas a nuestros chicos cuando todavía son jóvenes, especialmente en la escuela.

Futuro: porque la escuela no está destinada a enseñarles a los niños estas cosas. Pasará mucho tiempo antes de que alguien valiente dé un salto y abra una escuela privada que les enseñe a los niños todo lo que necesitarán en la vida. Sólo entonces las escuelas públicas considerarán poner programas que beneficiarán a las futuras generaciones.

Sergio: hay algunas cosas que desearía haber aprendido en la escuela.

Futuro: ¿cómo qué, por ejemplo?

Algunas cosas que desearía haber aprendido en la escuela

*"La educación es lo que queda después de que uno ha olvidado lo que ha aprendido en la escuela". - **Albert Einstein***

Sergio: Estaba hablando con un amigo sobre el sistema educativo, no solo en Canadá o Serbia, sino en todo el mundo. Tuvimos una conversación interesante porque él me contó todas las razones por las que alguien tiene que ir a la escuela o a la universidad, y yo le di todas las razones por las cuales todo eso no es necesario en absoluto. Por supuesto, estábamos discutiendo, y de alguna manera creo que los dos teníamos *"razón" al* respecto, dependiendo de cómo lo veas. Quiero compartir con ustedes algunas de las razones por las cuales creo que el sistema escolar actual no es bueno en absoluto (es mi opinión personal) y algunas cosas que desearía haber aprendido mientras estaba en la escuela.

Debo decir que no estoy completamente en contra del sistema escolar, pero honestamente, no soy fanático de lo que está sucediendo, especialmente en la actualidad. Quiero decir que es 2018, ¡y todavía tenemos el mismo sistema educativo de hace 50 años! ¡No evolucionó en absoluto! Nuestros chicos están aprendiendo cosas que no usarán en la vida cotidiana. No conozco a muchas personas que usan la fórmula de Pitágoras en sus actividades diaria. Además, molestan a nuestros niños con cosas sin importancia que no necesitan porque, hoy en día, todos los niños tienen un teléfono celular y cualquier información que necesiten, pueden encontrarla fácilmente en Google en unos segundos. La escuela te enseña cómo memorizar el conocimiento, pero no cómo usar ese conocimiento prácticamente para que puedas cosechar los beneficios después de terminar la escuela. Pero volvamos al tema. Aquí hay algunas cosas que desearía haber aprendido en la escuela.

No tengas miedo de cometer errores

Desafortunadamente, en la escuela, nos enseñan que se supone que no debemos cometer ningún error. Porque si los hacemos, nos castigarán. El castigo generalmente se presenta en forma de un *cero* en las pruebas o de llamarnos al frente de toda la clase si no sabemos algo. Por supuesto, hay (pero muy pocos) maestros que alientan a los niños a cometer errores, porque entienden que son necesarios para que los niños aprendan de ellos para ser mejores que antes. Cada vez que haces algo " *malo* " para los ojos de tu maestro, te castigarán. Y cuando te dicen tantas veces a temprana edad que no puedes cometer un error, te asustas porque sabes que serás castigado. ¿Qué pasa entonces? Te asusta cometer errores en la vida.

En realidad, cometer errores no es algo malo en absoluto. ¿De qué otra manera aprenderás si no cometes errores? ¿De qué otra forma crecerías? La vida es un gran experimento. A veces tendrás éxito en lo que quieras hacer; a veces no lo tendrás. Si abres un negocio, es normal que al principio cometas algunos errores. Eso no significa que después del primero debas renunciar, o que no seas lo suficientemente bueno o talentoso para eso. Simplemente significa que necesitas cambiar tu estrategia e intentar algo diferente, y si es necesario, cambiarlo varias veces hasta que descubras lo que funciona. Thomas Edison falló casi diez mil veces antes de inventar la bombilla. Realmente creo que tenemos que cometer errores para descubrir qué funcionará o no funcionará cuando lo hagamos. Nos da retroalimentación sobre lo que necesitamos cambiar. Debo decir que rara vez aprendo de un solo error, a veces cometo los mismos errores dos o tres veces antes de aprender, pero está bien. Estoy dispuesto a cometer un error para lograr algo.

Desearía que la escuela me hubiera enseñado que cometer errores solo me ayudará y me beneficiará y no que me castigaran y me hubieran hecho tener miedo de hacer lo que quiera.

Cómo soñar y establecer metas

Nunca escuché a ningún maestro que le dijera a alguien de mi generación cómo soñar o establecer metas en la vida. Ahora sé lo importante que es tener una meta o un sueño porque si no tienes, no irás a ninguna parte. ¿Cuál es tu dirección en la vida? ¿Cómo sabes lo que quieres hacer o ser, si no te pones metas y las pones en papel? Sí, puedes tenerlo en mente, pero necesitas un paso práctico que te permita acercarse a su sueño. Desearía que mis maestros me hubieran animado a soñar y me hayan enseñado a establecer metas a corto y largo plazo. Desearía que me hubieran enseñado cómo visualizar mis metas y cómo impresionar a la mente subconsciente para que piense todo el tiempo sobre esa meta. La primera vez que escuché algo sobre "objetivos" fue en 2012 cuando ya tenía 23 años. No digo que haya sido un mal momento, pero desearía haberlo escuchado a una edad más temprana. Ojalá me hubieran enseñado la importancia de actuar para alcanzar mis objetivos.

Dinero

Realmente desearía haber aprendido en la escuela cómo trabajar con dinero. Como la regla simple de 70/30 que estoy usando en mi vida, lo que significa que del 100% de mis ingresos, puedo gastar solo el 70% y vivir con eso. El 10% va a una cuenta de ahorro, el otro 10% a la cuenta de inversión y 10% es para donar. Nadie nos enseñó cómo gastar dinero. La importancia de ahorrar dinero y la importancia aún mayor de cómo invertir dinero. El sistema escolar no hizo un buen trabajo al prepararnos para el mundo real y las reglas sobre el dinero. Especialmente en Canadá, veo a muchas personas que están endeudadas y casi quebradas porque no aprendieron a trabajar con dinero. Nadie nos enseñó cómo vender, hacer una transacción, la importancia de los impuestos, por qué los pagamos, etc.

La razón por la que te digo esto es porque la primera vez que comencé a ganar una cantidad considerable de dinero, no sabía qué hacer y cómo trabajar con él. Pensé que podía gastar todo lo que quisiera sin pensar que algo malo podía pasar. ¿Adivina qué? A los 23 años, me encontré completamente en bancarrota con varios miles de dólares en deudas, sin trabajo e incluso sin comida. Fue duro para mí. Cuando llegué a Canadá, ya había aprendido algunos principios que harían que mi vida fuera más cómoda, y esos principios como la regla de 70/30 me ayudaron a administrar mi dinero correctamente. Debes saber cuánto gastas cada mes, a dónde va tu dinero y también cuánto ganas, para poder hacer un plan sobre cómo gastar o invertir el dinero adecuadamente.

Cómo trabajar en mí mismo

Lo que quiero decir con esto es que desearía haber aprendido en la escuela cómo desarrollar la autoconfianza y aprender maneras de lidiar con situaciones de la vida real. Sé que todo depende de la situación en la que te encuentres, pero al menos el sistema escolar podría enseñarnos algunos consejos útiles para superar el temor al fracaso o la decepción. Cuando eres niño, estás tratando de encajar, estás tratando de complacer a todos, y si no eres genial, hermoso o inteligente, puedes darte contra la pared. Los maestros tampoco están haciendo un muy buen trabajo con esto. Si un maestro te dice que te pares frente a todos los niños de tu clase y te pregunta *"¿Cuál es la capital de Canadá?* "Y no lo sabes, pueden castigarte con mala nota o peor aún, pueden reírse de ti o intimidarte frente a todos los niños". Los maestros incluso pueden comenzar a gritarte y preguntarte cómo es posible que no lo sepas. Y otros niños pueden burlarse de ti. Pero lo que los maestros no entienden es que todas estas cosas pueden destruir tu autoconfianza y cambiar la historia sobre ti mismo. Empiezas a sentir que no eres inteligente, que no eres bueno, etc.

Tuve varias experiencias durante la secundaria cuando fui avergonzado por el profesor, e incluso hui de la clase una vez. Para empeorar las cosas, también me castigaron por huir de la clase. No quería ir a la escuela por días. Recuerdo cuánto le mentí a mis padres de que estaba enfermo para no ir a la escuela. Arruinó mi confianza en mí mismo. No digo que todos los maestros sean malos o algo similar, pero básicamente, no son tan buenos para enseñar a los niños cómo desarrollar la autoestima, la confianza y la convicción en sí mismos. Desearía haber tenido a alguien que pudiera enseñarme cómo trabajar conmigo mismo en esos días para poder enfrentar eficientemente los desafíos de hoy.

Realmente creo que los maestros de hoy tienen que trabajar más con los niños que nunca. El mundo está cambiando rápidamente. Todo lo nuevo hoy será viejo mañana. El sistema escolar tiene que evolucionar junto con la tecnología y los cambios que están llegando al mundo. Los niños de hoy están preocupados por las redes sociales y por la cantidad de *me gusta* que tienen o no (desafortunadamente, se ha convertido en un estándar para determinar si son geniales o atractivos, de lo que hablaremos más en el tema ***"Identidad basada en popularidad"***) en Facebook o Instagram, y con toda la tecnología que viene, tendremos más distracciones que nunca. Realmente deseo que los maestros en la escuela puedan comenzar a enseñar a los niños cómo ser ellos mismos, creativos, cómo amar y apreciar a todos los que los rodean, ser valientes, fuertes, sin miedo a cometer errores, a soñar, a trabajar con dinero y construir su autoestima

Creo que, si nuestros chicos pueden aprender estas pocas cosas en la escuela hoy, los preparará mejor para el mundo que viene y evoluciona.

Tus hijos te imitarán

Futuro: creo que los niños de tu generación deberían aprender estas cosas y más en las escuelas. Estoy seguro de que este libro no es solo para adultos sino también para adolescentes. Todos los padres deberían leer este libro. ¿Por qué? Primero, para mejorar su propia vida. Luego, enseñar a sus hijos las habilidades para ser independientes e intencionados en la creación de sus vidas.

Sergio: hay tantas otras cosas que nuestro sistema escolar actual necesita arreglar para proporcionar un valor real a nuestros hijos.

Futuro: ¿cómo qué?

Yo: no sé si debería hablar al respecto, puede causar cierta controversia para algunos lectores.

Futuro: ¿desde cuándo te preocupa la controversia?

Sergio: no estoy preocupado en absoluto. Todavía estoy considerando incluir algunas cosas en este libro.

Futuro: hazlo. La gente pensará que es una locura hablar con tu *Imaginación*. Así que no te preocupes por eso. Si crees que tus palabras inspirarán cambios, entonces habla. No te detengas en absoluto.

Sergio: no estoy deteniendo nada. ¡Hay tantas cosas que necesitamos enseñarle a nuestros hijos, pero no solo nosotros como individuos, sino que el sistema escolar debe hacer eso primero!

Como dije, el sistema escolar se esfuerza por enseñar a los niños cómo memorizar hechos en lugar de enseñarles cómo usar sus mentes. Necesitamos darles a nuestros chicos el privilegio de liderar en sus escuelas. Deben poder aprender haciendo y participar en alguna forma de trabajo práctico relacionado con los problemas cotidianos de la vida.

¡Las escuelas deberían enseñarles cómo usar y administrar su tiempo como el activo más valioso que tienen! Deberían enseñarles qué comer y cómo, para estar claros en todas las cosas, decidir cuál es su propósito principal en la vida. A los niños se les debería enseñar cómo formar buenos hábitos que los lleven a una vida mejor, la diferencia entre las derrotas temporales y los fracasos. Se les debería enseñar cómo expresar sus pensamientos sin miedo y aceptar o rechazar las ideas de los demás y también el valor de la armonía en las relaciones. Debería aprender a no aceptar las opiniones de otros a menos que estén conformadas por hechos. Se les debe enseñar a pensar por sí mismos, el poder del pensamiento independiente; que no hay problema que no tenga una solución adecuada. Que las únicas limitaciones que tienen están en su mente. A los niños se les debería enseñar a ser fieles a sí mismos en todo momento y no tratar de complacer a todos los demás; y aprender a ser quienes son, y muchas otras cosas.

Futuro: puedo sentir la ira allí.

Sergio: estoy frustrado. Todavía no puedo creer que nuestros niños estén aprendiendo las mismas cosas que las generaciones anteriores solían aprender hace 50-60 años. Ahora sé tantas cosas que creo que podrían beneficiar a nuestros chicos si comenzaran a aprenderlas a una edad temprana.

Futuro: ¿y cómo les harías aprender estas cosas?

Sergio: hay un millón de formas de hacerlo; a través de juegos divertidos, a través del deporte, a través de algunas otras actividades. Hay tantas formas creativas de enseñarles todas estas habilidades. Creo que a los niños les encantaría ir a la escuela en lugar de aburrirse en clases esperando a que terminen tan pronto como llegan allí.

Futuro: ¿tienes algún plan para hacer algo al respecto?

Sergio: por supuesto que sí. Tengo un objetivo específico y planeo cómo hacerlo. Tengo un proyecto completo que creo que pronto se realizará.

Futuro: ¿no crees que todas estas cosas que has mencionado se deberían aprender en casa?

Sergio: ¡absolutamente! Pero, ¿cómo podemos esperar que los padres les enseñen a los niños algo que no saben? Tal vez en las familias donde los padres tienen este conocimiento, sus hijos podrían ser educados, pero hay muy pocas familias como esas. Probablemente el 98% de los padres no tienen idea de lo que estoy hablando. ¡No son conscientes de que sus hijos son (la mayoría de las veces) el reflejo de ellos! ¿Conoces padres que fuman mucho pero que restringen a sus hijos de fumar?

Futuro: seguro, como nuestros padres, por ejemplo.

Sergio: este es un ejemplo que usaré aquí. Cuando era joven, ¡solía odiar a los fumadores porque fumar apesta! Está contaminando el aire y da mal aliento. No puedes respirar normalmente y sin mencionar lo malo que es para la salud en general. Durante nuestros almuerzos familiares, siempre era yo quien comía más despacio que mis padres y mi hermana. Por lo general, mi mamá y mi papá terminaban primero, mientras mi hermana y yo todavía estábamos comiendo. Inmediatamente terminaban su almuerzo; tomaban un cigarro y comenzaban a fumar incluso si mi hermana y yo todavía estábamos comiendo. Los odiaba por eso. ¡Qué hábito tan terrible! Siempre les estaba diciendo que dejaran de hacerlo, pero siempre me callaban. Tenía unos 12 años cuando decidí no comer con ellos. Tomaba mi almuerzo y comía en mi habitación. Pasaron los años y todavía no se daban cuenta de lo malo que era ese hábito. Además, recuerdo claramente cuando nos "enseñaron" *a* mi hermana y a mí a nunca fumar.

Debido al hábito de fumar durante las horas de almuerzo, decidí no fumar nunca en mi vida. Lo intenté una vez y dije que no era para mí. Mi hermana no tomó esa decisión. Se convirtió en fumadora, y creo que eso se debió principalmente a nuestros padres.

Futuro: no seas tan duro con nuestros padres. ¿No crees que nuestra hermana comenzó a fumar por el entorno?

Sergio: se podría argumentar que nuestro entorno tiene un impacto significativo en nuestro comportamiento, y eso es cierto, pero la mayoría de los hábitos que tenemos los adquirimos en casa. Déjame explicarte lo que quiero decir con eso.

Cuando nacimos, realmente creo que captamos las vibraciones de nuestros padres. Que podemos sentir todo lo que ellos sienten. Nuestra mente está totalmente en blanco hasta el momento en que alcanzamos el primer signo de conciencia, y comenzamos a reconocer los objetos que nos rodean, las personas, nuestros padres, etc. Lo primero que hacemos es comenzar a imitar a los demás y, naturalmente, ¡a las personas que comenzamos a imitar primero son nuestros padres! La imitación se convierte en un hábito. Luego comenzamos a imitar a otros; como parientes, maestros de escuela, compañeros que nos rodean. Esa imitación se extiende no necesariamente a la expresión física, sino también a la expresión del pensamiento. Como dije, si nuestros padres tienen miedo de algo y expresan su miedo al alcance de nuestra audición, cogemos el miedo a través del hábito de la imitación y lo almacenamos como parte de nuestra mente subconsciente. Es lo mismo con otras cosas. Vemos a nuestros padres beber; nosotros también queremos beber. Vemos la comida que comen; Queremos comer la misma comida. Los vemos fumando, ¿adivina qué? ¡Lo más probable es que también queramos probarlo!

Ya ves, tus padres actúan de cierta manera; ¿Qué crees que harás cuando te encuentres en una situación similar? Si tu papá le grita a tu mamá y tú eres un niño, también lo harás con las mujeres. Además, si eres una niña, tendrás miedo de que algún día algún hombre te grite. Más adelante en la vida, escucharás estas palabras de alguien como *él es como su padre* o *ella es como su madre* o comentarios similares porque te convertiste en un reflejo de tu mamá o tu papá.

Futuro: pero no nos convertimos en nada como nuestros padres. ¿Cómo puedes explicar eso?

Sergio: como dije, la mayoría de las veces, somos el reflejo de nuestros padres o, como has argumentado, un producto de nuestro entorno. Pero siempre hay excepciones. Para mí, el punto de inflexión sobre la costumbre de fumar fue el día que me enojé tanto y decidí no almorzar más con mis padres, debido a su hábito de fumar mientras comíamos. Mi hermana tomó un camino diferente. Ella está haciendo lo mismo. Tan pronto como termina su comida, toma un cigarro.

Futuro: ese es un ejemplo; fumar, ¿qué hay sobre el resto de tu vida? ¿Cómo ser diferente de ellos, hacer cosas que ellos nunca hicieron?

Sergio: porque pasé por muchas decepciones al principio de mi vida, y porque crecí creyendo que estaba solo y que toda mi vida sería un fracaso; creo que había algo dentro de mí que quería que hiciera un cambio. Tuve este pensamiento toda mi vida de que soy diferente de las personas que me rodean. En el fondo, sabía que no quería ser como mis padres, seguir sus pasos y vivir la vida de la misma manera que ellos lo hacían. Ahora, no me malinterpretes. Alguien puede pensar que estoy criticando a mis padres o que todavía les guardo rencor; eso no es verdad.

¡Amo a mis padres! ¡Realmente lo hago! Los amo más de lo que nunca sabrán. Y soy consciente de que no sabían algunas cosas y probablemente todavía no saben nada sobre quién soy y de lo que estoy hablando. Y eso está bien. Hace algunos años, me di cuenta de que estoy en paz con eso. Ya no los juzgo; sé que es su vida y pueden hacer lo que ellos elijan; ya sea bueno o malo para ellos. Lo único que puedo hacer es ser un ejemplo y esperar que algún día se inspiren en mi propia vida y decidan cambiar sus pensamientos, sus creencias y sus vidas.

La razón por la que estoy hablando de ellos en este (alguien puede decir algo negativo, pero realmente no lo es) contexto, es que es un ejemplo perfecto de lo que estoy tratando de explicar sobre la relación entre niños y padres.

Para volver a donde estábamos, yo sabía que quería más de la vida. Estoy seguro de que la mayoría de las personas conocen familias donde los padres eran adictos al alcohol y tenían dos hijos. Uno se convirtió en alcohólico también y el otro en una persona completamente exitosa y feliz. ¿Cuál fue la diferencia? Crecieron bajo las mismas circunstancias, los mismos padres, el mismo techo, pero uno se volvió como ellos y el otro en algo completamente diferente. ¿Sabes por qué es eso?

Futuro: porque uno no sabía cómo ser algo diferente y el otro decidió en algún momento, como tú, que nunca sería como sus padres.

Sergio: exactamente. El por qué eso le sucedió a uno y no al otro es un misterio de la vida, yo creo.

Futuro: ¿cuál es tu solución a ese *"problema"*?

Sergio: lo que la mayoría de los padres no saben es que deben ser conscientes de lo que están haciendo, cómo hablan frente a sus hijos y, por supuesto, ser conscientes de que sus hijos los imitarán. Además, deben darse cuenta de que son líderes en su familia. Y al dirigir a la familia, deberían ser un ejemplo. Pero creo que he profundizado demasiado en esto. Así que déjame pasar a una pregunta relacionada con este tema. ¿Por qué crees que la mayoría de las personas no se reconocen a sí mismas como líderes? No me estoy refiriendo a los padres aquí sino a todos.

Futuro: porque la mayoría de las personas creen que ser un ***líder*** es solo un título reservado para los elegidos en su comunidad, en su trabajo, en su escuela, en su equipo deportivo, etc., pero cada persona en este mundo nace como un líder. Simplemente no lo saben.

Sergio: estoy seguro de que sabes algo sobre eso. ¿Te puedes extender? ¿Qué quieres decir con ser un líder? ¿Y qué quieres decir con liderazgo?

Convertirse en un verdadero líder

Futuro: si estás buscando liderazgo, no tienes que mirar hacia adelante para encontrarlo. El liderazgo fuerte a menudo comienza desde atrás. No comienza cuando eres el Presidente de un país, Gerente o el CEO de una empresa, Copropietario de negocios, Alcalde de la ciudad. A veces, es posible que la vida te guíe más rápido de lo que tu mente está preparada para manejar. Creo que cada promoción proviene realmente de Dios. Dios te puede poner en un lugar donde estés en una posición de liderazgo, pero mental y emocionalmente, realmente no tienes control sobre lo que la vida te ha dado; y si no sabes lo que tienes, no sabrás cómo cuidarlo. Y si no sabes cómo cuidarlo, puedes arruinarlo y perderlo. La verdad es que los líderes provienen de lugares ordinarios.

Sergio: si puedo interrumpirte por un segundo, dijiste que a veces puedes ser colocado en una posición, pero no estar preparado mentalmente, y puedo identificarme con eso. Cuando me uní a una empresa de mercadeo en red, llegué a una situación en la que, de repente, tuve que dirigir a otros distribuidores y ayudarlos a alcanzar sus objetivos, pero mentalmente no sabía cómo hacerlo. Estaba estancado; pensé que era un líder, pero ese no era el caso. Y como resultado de eso, me equivoqué y también perdí a todos mis distribuidores y clientes. No sabía cómo encargarme de ellos.

Futuro: ese es un buen ejemplo de cómo querías convertirse en un líder antes de estar mental y emocionalmente preparado para serlo. Estaba a punto de explicar cómo prepararse para convertirse en un verdadero líder.

Sergio: por favor, continúa.

Futuro: gracias. En primer lugar, cuando dices que quieres convertirte en un gran líder y quieres hacer lo que es necesario hacer, esperando trabajar duro como nadie, más que nadie, ser ejemplar, esperando hacer un esfuerzo adicional, y mucho más. Te lo diré enseguida, ¡estás buscando problemas! Para tomar tu caso, en este momento está trabajando en una empresa de construcción como gerente de una tienda. ¿Cierto?

Sergio: bueno, podría decirse que me estoy ocupando de la empresa cuando el dueño no está allí y, aunque no me gusta usar ese título, puedes decir que soy el gerente.

Futuro: bien. Al igual que en todos los negocios, cuanto más asciendes a un puesto alto, más te pagan porque tus deberes y responsabilidades se vuelven cada vez mayores y tienes que lidiar con problemas y cuestiones a un nivel diferente que cuando solo eras un trabajador. Y la verdad es que tu dueño te está pagando por conflictos.

Sergio: ¿por conflictos?

Futuro: Sí, por conflictos. Como en todos los negocios, no importa si es grande o pequeño, se te paga por manejar conflictos, presiones y luchas. En otras palabras, cuanto más dinero tengas en tus manos, más tendrás que ser capaz de lidiar con él, administrarlo y manejar los conflictos de manera adecuada. Déjame decirte una cosa más; todos somos líderes de una forma u otra, ya sea que estés guiando a tus hijos o guiando a tu familia o incluso a ti mismo. A veces es difícil conducirte a actuar correctamente.

Cuando estés en una posición más alta, enfrentarás diferentes problemas, mayor presión y nuevas oportunidades. Y si no te gusta dónde estás ahora mismo en tu vida, y dices: *"No puedo soportarlo más"* o *"No quiero esto"*, lo que estás diciendo es que no quieres ir más alto porque para ir más alto, debes enfrentar diferentes inconvenientes, problemas y presiones. Estás rechazando un llamado para avanzar; para ascender no solo en tu empresa sino también en tu vida. Y avanzar significa más problemas para gestionar. De hecho, los problemas con los que está lidiando en este momento pueden ser la capacitación que necesitas para estar preparado para el siguiente nivel en tu negocio, su vida y tu rol como líder. Si no permites que tus problemas actuales, la presión y el estrés con los que estás lidiando te quiebren, si continúas yendo derecho a través de las tormentas a las que te enfrentas, las puertas se abrirán para que pases al siguiente nivel

Cuando mencioné los conflictos, no me refería solo a los conflictos externos; a veces, tienes que manejar los conflictos internos. Cuando comienzas desde abajo, y comienzas a avanzar más y más, cada paso te lleva a un nivel diferente de vida. A veces tu vida se mueve más rápido que tu mentalidad (como en el ejemplo de mi *Presente*). Puedes tener ese trabajo soñado o esa posición que siempre quisiste, y todo se movió en tu vida excepto tu percepción de ti mismo. Lo que tienes que entender es que cuando Dios te mueve en la vida, no es una carrera; Es más como un maratón, un proceso paso a paso. Probablemente sepas por tu ejemplo, y por otros, que mucha gente quiere avanzar con rapidez. Quieren pasar de ser un guardia de seguridad a la suite presidencial en un solo paso y créeme, eso no es lo que quieres. Si toma el elevador y avanzas demasiado rápido, no podrás controlarlo. No puedes manejar la presión, los conflictos, las críticas, los problemas y la oposición en ese nivel porque tu mente aún no está allí. Es por eso que desea pasar por un proceso paso a paso.

Sergio: es por eso que el 99% de las personas que ganan la lotería quiebran después de unos años porque no saben cómo administrar el dinero. En otras palabras, se lo ganaron, pero su mentalidad no estaba preparada para todo lo que viene con él. ¿O como los atletas que pierden todo su dinero después de terminar sus respectivas carreras y en un corto período, pierden todo lo que habían ganado?

Futuro: eso es correcto. Tú sabes que algunas personas todavía esperan ganar el premio gordo o ganar la lotería. Lo que todos tienen en común es que saben cómo gastarán ese dinero, y casi todos dicen lo mismo. Invertirán en bienes raíces, hoteles, restaurantes, incluso en edificios enteros, pero, aún así, terminan perdiendo todo ese dinero tarde o temprano porque sus mentes no están preparadas para todo lo que conlleva, aunque es posible que uno aprenda cómo lidiar con una nueva situación y, finalmente, desarrollar su mentalidad. Eso sucederá con solo menos del 1% de las personas que ganan una cantidad considerable de dinero demasiado rápido.

Sergio: por eso se ha dicho que, si tomas todo el dinero de las personas más ricas del mundo que han aprendido cómo ganarlo, y le das todo ese dinero por igual a cada persona que existe, después de un tiempo todo el dinero será ser devuelto al bolsillo del que ha sido tomado. Es porque cada *verdadero millonario* ha desarrollado su mente con tanta fuerza que posee el conocimiento necesario para adquirir riqueza.

Futuro: ¿sabes que casi todos los millonarios perdieron todo su dinero al menos una vez, y algunos de ellos incluso más veces? Pero cuando perdieron su dinero, no perdieron su mentalidad. Toma todo el dinero de un *verdadero millonario*, y pronto lo volverá a ganar porque tiene el conocimiento para volver a ganarlo.

Sergio: bien dicho. No quiero que pierdas el flujo de ideas sobre el liderazgo, así que podemos volver a donde estábamos, por favor.

Futuro: por supuesto. No te preocupes por eso; no iremos por una ruta diferente, a veces es bueno romper el patrón y hacer las preguntas correctas como hiciste con esta. Pero sigamos con el liderazgo.

Futuro: como dije, quieres avanzar en la vida a través de pasos. Cuando llegues al siguiente nivel, debes aprender cómo equilibrarte, cómo manejar la oposición y las críticas en ese nivel. Cuando estés a punto de sentirte cómodo en ese nivel, das otro paso y estás en el siguiente nivel. Entonces tienes que empezar de nuevo. Tienes que aprender cosas nuevas; vas a ser golpeado en lugares donde nunca esperarías ser golpeado. Tienes que lidiar con la vida en otro nivel, y eso sucede si estás en una corporación, en los deportes, una organización o incluso en una familia; como cuando tienes otro hijo, por ejemplo. Finalmente aprendes todo lo que necesitabas saber con el primero, y tienes el segundo, y todo lo que funcionaba para el primero no funciona para el segundo, y tienes que resolver todo de nuevo. ¡Así es la vida! Eso es lo que quieres. Así es como creces.

Lo que debes saber es que, tan pronto como comiences a avanzar, otros estarán celosos y envidiosos de ti. No entienden que todavía te percibes como si estuvieras donde empezaste, pero los pasos te llevan más alto y más lejos que nunca. Dios tiene muchas bendiciones y buenas promesas guardadas para ti. Todo lo que tienes que hacer es dejar de quejarte de dónde te encuentras ahora, porque Dios te ha colocado en esa posición para que puedas pasar por un entrenamiento y hacer crecer tu conciencia para el siguiente nivel. Si no renuncias, y sigues adelante e incluso estás agradecido por todos los conflictos que tienes que manejar; los problemas que tienes que resolver, irás a otra dimensión con la que nunca has soñado, y cuando llegues, estarás agradecido por todo lo que has pasado para llegar a donde estás ahora.

Ahora, hablemos un poco sobre los conflictos externos porque los tendrás. No hay forma de que puedas ascender y no tener conflictos externos. Si quieres llegar a donde otros líderes fueron antes que tú, no hay forma de que puedas llegar allí y no enfrentar algunos obstáculos. Por supuesto, eso solo si eres un líder. Si eres un seguidor, no tienes que leer esto. Puedes pasar al siguiente tema porque quien sea que estés siguiendo te despejará el trayecto y solo tendrás que atravesar el camino detrás de tu líder. Sin embargo, si eres un líder, tendrás que encontrar espinas en el camino y lo que realmente estarás haciendo es abrir un camino para la próxima generación.

Se supone que debes tener conflictos externos porque estás haciendo algo que nunca antes se había hecho y cada vez que haces algo nuevo, ten en cuenta que las personas lo van a rechazar al principio. No te entenderán. Entonces tendrás que enfrentar el conflicto de una manera estratégica y no emocional. *Los líderes tienen que ser la voz de la razón. tu desapego emocional de los conflictos es una expresión de fe de que puedes manejarlo.* Por eso tienes que ser racional. No tengas miedo de hacer algo que deba ser hecho. Si quieres convertirte en un líder, tendrás que aceptar que tendrás conflictos externos en el camino.

Lo siguiente que impide que las personas tomen la iniciativa es el miedo. Miedo al fracaso, pero también miedo al éxito. ¿Qué pasa si las cosas no funcionan?, ¿verdad? ¿Qué pasa si fallo? ¿Qué pasa si pierdo este puesto e incluso este trabajo porque quería ser un líder? Debido al miedo a fracasar, la mayoría de las personas no correrán el riesgo de seguir adelante. No tienen la fe de que pueden hacerlo. No quieren comprar una casa nueva porque podrían perderla. No quieren entrar en otra relación porque podrían terminar lastimados nuevamente. No quieren solicitar ese puesto porque *"saben"* que no lo conseguirán. Es por eso que se sienten infelices y cómodos, pero se ponen celosos cuando alguien más da ese paso y hace lo que quería hacer, pero simplemente no tuvieron el coraje.

Lo verás en tu entorno. Cuando das un paso adelante, las personas tratarán de sabotearte y envidiarte porque saben que son tan inteligentes como tú, que son tan educados como tú, que te conocen de toda la vida, pero de repente diste un paso más allá y ellos están un paso atrás. Te conviertes en un espejo para ellos. Cuando te miran, se ven a sí mismos; solo que no están donde tú estás. Sé que es difícil dar ese primer paso, pero debes hacerlo para tomar la iniciativa y tener fe en que Dios estará contigo en el camino, y se asegurará de que seas lo suficientemente fuerte como para soportarlo y superarlo. todo para llevarte adonde quieres estar.

*"Da el primer paso con fe. No tienes que ver toda la escalera; solo da el primer paso" - **Martin Luther King, Jr.***

El siguiente miedo es el miedo al éxito. ¿Qué pasa si tengo éxito y no puedo manejarlo? Tienes miedo de alcanzar tu objetivo, pero que sucederá un desastre. Lo quieres, pero no quieres todas las cosas que vienen con él. Es como si quisieras construir ese cuerpo soñado con los músculos y verte extraordinariamente bien, pero no quieres ir al gimnasio, hacer ejercicio, sentir el dolor, comer adecuadamente, mantener la disciplina, ser consistente y todo lo que implica eso. Si pierdes la oportunidad porque tienes miedo, siempre estarás en el lugar donde estás ahora y te sentirás miserable. En el fondo de ti, sentirás desilusión y arrepentimiento porque sabías que deberías aprovechar esa oportunidad e ir tras ella. Tienes que encontrar ese valor dentro de ti y dar el primer paso para convertirte en un verdadero líder.

Ahora dime, ¿quieres convertirte en un verdadero líder?

Sergio: por supuesto que quiero. Pero ahora que has dicho todo esto, no puedo creer cómo se relaciona. Todo lo que he pasado hasta ahora me estaba preparando para lo que viene. Estoy realmente agradecido por todos los conflictos, luchas y peleas por las que he pasado para convertirme en quien soy en este momento y por dar el paso para convertirme en un verdadero líder. Pero nunca antes supe lo que significa ser un líder.

Futuro: sé que no lo sabías.

Sergio: fue solo cuando me uní a una empresa de mercadeo en red hace unos años que descubrí el verdadero significado del liderazgo y lo que se necesita para convertirse en líder.

Futuro: cuéntanos sobre esa experiencia.

Características de los buenos líderes

*"Antes de ser un líder, el éxito se trata de crecer tú mismo. Cuando te conviertes en un líder, el éxito se trata de hacer crecer a otros ". - **Jack Welch**

Sergio: hace unos años, me uní a una empresa de mercadeo en red, donde encontré mi primer mentor. Una de las primeras cosas que mencionó cuando comenzamos a trabajar juntos fue salir y educarme sobre cómo hacer crecer un negocio para llegar a ser un líder. Recuerdo haberme preguntado mí mismo qué quería decir él con *"convertirse en un líder"*.

En ese momento, pensé que ser un líder significaba ser lo que la mayoría de nosotros llamamos *"un jefe"*. Ser alguien que dirige a los empleados por medio del miedo, dependiendo de la autoridad, culpar a los demás cuando las cosas van mal, usar a las personas para salir adelante, tomar crédito por las ideas que son propias, dar órdenes, etc. Afortunadamente, al educarme y hablar con personas exitosas de la empresa, comencé a aprender lo que él realmente quería decir con *"convertirse en un líder"* y, por supuesto, todo lo que mi *Futuro* ha dicho es una confirmación sobre todo lo que aprendí en ese entonces.

Como dijo mi *Futuro*, un líder es alguien que es un buen modelo a seguir con respecto a saber cómo inspirar a otros a actuar sobre el mismo objetivo. Ahora, los líderes vienen en todas las formas y tamaños, pero hay ciertas cosas que todos los buenos líderes tienen en común; que es lo que quiero compartir contigo. Estas son algunas de las características de los líderes más exitosos que he conocido y de los que he aprendido:

Dan cumplidos

Como probablemente hayas experimentado antes, (casi) cada jefe encuentra defectos, pero nunca hace un cumplido a sus empleados. Lo que vi en los líderes es; que hacen cumplidos cada vez que pueden, y siempre buscan los aspectos positivos de cada persona en su empresa / equipo.

Perdonan

Un líder siempre perdona cuando alguien hace algo mal o dice algo inapropiado. Recuerdo cuando tuve una interacción desagradable con mi mentor, y usé malas palabras en esa discusión. No respondió con el mismo mensaje. En cambio, él solo sonrió, me calmó y con una voz suave me dijo: *"hablaremos mañana"*. Me sentí tan mal esa noche que no pude dormir, pero al día siguiente tuvimos una conversación agradable, y después de todo fue resuelto, continuamos teniendo una relación aún más exitosa.

Los líderes se responsabilizan de sus fracasos

Los seguidores son los que nunca se hacen responsables de lo que hacen. Siempre culpan a otros o a las circunstancias por sus fallos o su vida fracasada. Nunca dicen: *"No hice lo que era necesario para lograr eso"*. En cambio, culpan a los demás; dicen que no tenían suficientes recursos, no tuvieron suerte, etc. Dirían cualquier cosa para tener una excusa para el fracaso. Los líderes, por otro lado, asumen toda la responsabilidad no solo por sus fallos, sino también por los de su equipo. Es porque los líderes entienden al final del día que ellos son los que han fallado. Los líderes comprenden la derrota y la aceptan como algo positivo de lo que pueden aprender y no la usan como una excusa para no lograr objetivos predeterminados.

Los líderes quieren el éxito para otros

Todos los líderes saben que cuanto más felices y agradecidos estén por lo que otros logran, más oportunidades tendrán de ser aún más exitosos y felices en su propia vida (esto se debe a que su equipo se está fortaleciendo). Deseas permanecer en ese estado de ánimo en el que quieres que todos tengan éxito, y así es como tú también crecerás y te convertirás en la mejor persona que puedes ser.

Metas

Si estás tomando precauciones todos los días, pero no tienes una (s) meta (s), ¿cómo sabrás si las ha alcanzado? ¿Sabes a dónde vas? Debes tener metas; Cada líder las tiene. Los objetivos son emocionantes. Te mantienen encaminado y amplían tu Imaginación. Si las tiene y ya estás tomando medidas para lograr resultados, cuando llegues allí, no te detenga. ¡Establece nuevas metas que van a mantenerte enfocado y continuamente entusiasmado no solo con esa meta, sino también con la vida!

Leen y aprenden todos los días.

Casi cualquier gran líder que se te ocurra, no importa cuánto sepa, continúa aprendiendo y leyendo todos los días. Los líderes hacen esto porque están conscientes de que siempre hay algo nuevo que aprender, o desarrollar algunas habilidades que pueden ayudarlos a lograr un objetivo específico. Un libro puede ser capaz de inspirarlos al siguiente paso o expandir su conciencia y percepción. Es un hábito que deberías desear desarrollar; para aprender y leer todos los días.

Los líderes aceptan el cambio

Cuando un líder ve que algo no funciona, lo cambia. La mayoría de las personas tienen miedo al cambio, porque el cambio puede ponerlos fuera de su zona de confort, lo que hace que la mayoría de las personas tengan miedo de correr un riesgo potencial. Sin embargo, los líderes son aquellos que aceptan el cambio y están dispuestos a salir de sus zonas de confort. El cambio permite a los líderes crecer y expandirse. Arriesgarse es saber que no existe el fracaso, solo una derrota temporal. El cambio es inevitable en el mundo actual, y si quieres ser un líder, tienes que encontrar una manera de amar y aceptar los cambios que vienen.

Lista de quehaceres

Hace dos años, vi una foto en Facebook con una pizarra donde alguien había escrito, *"Cosas que hacer hoy"*, y tenía entre 35 y 40 cosas que quería hacer ese día. Más tarde descubrí que el hombre que publicó la foto era una de las personas más exitosas del mundo. Si quieres ser un líder, debes planificar tu día, semana, mes e incluso año. A veces no vas a terminar de hacer todo lo que escribas, pero solo tener una lista diaria puede mantenerte enfocado en las prioridades de tu día. Te mantiene orientado hacia tu sueño.

Comparten información

¿Alguna vez ha trabajado en una empresa en la que sientes que tu jefe no quiere compartir ninguna información contigo o ayudarte porque no quiere que seas mejor que él, porque teme que pudieras tomar su posición? Un verdadero líder no tiene miedo de eso. Los líderes quieren ayudarte y servirte. Quieren compartir información porque saben que esa información te ayudará a crecer. Si prestas atención lo suficientemente temprano, cuando tu equipo crece, como líder, ¡tú también creces!

Los líderes hablan sobre las ideas

Cada líder está abierto a hablar sobre nuevas ideas con sus empleados porque no tienen un " *problema de ego* ". "Los líderes no piensan que son los más inteligentes o que lo saben todo. En cambio, alientan a las personas de la organización a pensar en nuevas ideas para que todos puedan progresar y tener más éxito. Recuerdo que estaba trabajando para una persona que tenía una empresa de construcción. Se veía a sí mismo como la persona más inteligente del mundo que sabía todo y cualquier cosa. Cada vez que los empleados venían con nuevas ideas, las rechazaba y nos miraba como si estuviéramos muy por debajo de él. No había forma de que se nos ocurrieran buenas ideas. Más tarde, usaría algunas de las ideas que le dimos, y las iba a reclamar como suyas y nunca dio crédito a su debido tiempo. Como habrás adivinado, no me quedé con él por mucho tiempo.

Los líderes dan reconocimiento a los demás.

Cuando trabajas en una empresa, quieres sentirte digno y valioso, y quieres ser reconocido por tu arduo trabajo. Un líder es aquel que siempre reconoce a sus empleados. No importa si es solo una palabra amable, un aplauso por lograr algo, o tal vez celebrar un evento donde se reconozca a los mejores trabajadores. Un líder sabe que todos buscan algún reconocimiento y siempre se asegura de darlo.

Actitud de gratitud

La gratitud es algo que posee todo líder en este planeta. Siempre están agradecidos por lo que tienen, por las personas que forman parte de su equipo o empresa, y trabajan para enseñar a otros cómo estar agradecidos en la vida.

Cualquiera puede ser un líder, pero nadie hará lo que sea necesario para convertirse en ello. Todos los líderes son personas carismáticas que irradian energía positiva y difunden el amor a su alrededor. Aceptan a todos y tratan a los trabajadores / compañeros de equipo con respeto y como sus iguales. Un líder te alentará a probar cosas nuevas que no has probado antes, te inspirará a avanzar hacia tu objetivo, te motivará a crecer y aprender cuando puedes haber fallado. Dar una mano cuando se cometa un error, tomarse el tiempo para hablar cuando sea necesario, compartir la información que podría llevarte a trabajar mejor, o incluso convertirte en líder tú mismo. Un líder te alentará a ser mejor a través de la motivación, las experiencias y la información, que también podría ayudarte a convertirte en un líder. Los líderes te empoderan para ser quien realmente eres y muchas cosas más hermosas.

¿Hay algo que te gustaría añadir?

Futuro: hay una cosa más. ***Los líderes están comprometidos***. Lo que quiero decir con eso es que un verdadero líder debe ser el último en abandonar el barco si las cosas comienzan a desmoronarse. Algunas personas son propietarias de una empresa y a veces no tienen suficiente dinero para pagarse a sí mismas. Sin embargo, como verdaderos líderes, pagan a cada empleado y cada factura que viene primero. Siempre son los últimos en recibir el pago por lo que están haciendo. Tienes que comprometerte a no rendirte, no importa cuán mal se pongan las cosas. Además, debes comprometerte a no dejar que tu ego se interponga en tu camino cuando las cosas funcionen perfectamente para ti.

Todas las demás cosas que mencionaste son precisamente las características de un verdadero líder.

Sergio: me alegra que hayamos hablado sobre este importante tema. Lo estoy sintiendo. Creo que estoy en el camino correcto y que, si sigo adelante, pronto me convertiré en un verdadero líder y seré exitoso en todas las facetas de mi vida.

Futuro: sigue haciendo lo que estás haciendo. ¡Estás en el camino correcto! Lo sé, y en el fondo de tu corazón, ¡tú también lo sabes! Tu libro inspirará a tus lectores; ¿lo sabes?

Sergio: ¡eso espero! Por eso estoy escribiendo este material con tu ayuda. Me he esforzado mucho por entrar en mi Imaginación para poder hablar contigo y crear algo especial como este libro.

Futuro: mencionaste que los líderes leen todos los días. Ese es un tema interesante para aventurarse. Ya que estás escribiendo un libro, ¿puedes decirnos por qué alguien debería leer?

Sergio: seguro, hay muchas razones por las que todos deberían leer.

¿Por qué estás leyendo libros?

¿Alguna vez te has preguntado por qué lees libros? Claro que hay muchas buenas razones por las que deberías leer libros: para divertirte, para concentrarte, para aumentar tu capacidad cerebral, para aumentar tu inteligencia, puede hacerte empático, para ayudarte a relajarte y, según el tipo de libro, puede ayudarte a seguir los siguientes pasos para alcanzar tus objetivos. ¿Pero cuál es tu razón? ¿Qué tipo de libros te gusta?

Nunca me ha gustado leer porque solía pensar que era aburrido (¿te suena familiar?) Hasta que supe del libro *"Padre rico, padre pobre"* de *Robert Kiyosaki*, en 2012, gracias a que mi mentor se dio cuenta de que no era administrando bien mi dinero. Siempre me quejaba de que no sabía cómo gastar mi dinero con el propósito correcto. Ella me dio el libro y me dijo: *"lee esto y aplícalo tanto como puedas, y tu situación financiera mejorará"*. Lo leí varias veces, y fue un libro realmente bueno, pero tontamente no puse en práctica nada de él. Como puede suponer, mi situación financiera no mejoró.

Unos meses después, me encontré en una situación devastadora. Fue un momento en que todo se vino abajo en mi vida. Recuerdo que era diciembre de 2013, y durante unos 20 días, no salí de mi habitación oscura y silenciosa porque estaba triste, enojado, deprimido, lleno de pensamientos y emociones negativas. No tenía trabajo (un mes antes me despidieron de cuatro trabajos diferentes en el transcurso de 25-30 días). No tenía dinero y estaba endeudado. Apenas sobreviví esa época, pero una vez que llegó el Año Nuevo (5 de enero de 2014), decidí cambiar mi vida. Estaba enfermo y cansado de estar en la ruina, enojado y solo. Pero no sabía cómo iba a hacer esto.

"Puedes atraer cualquier cosa en tu vida ..."

¡Esa idea vino a mi mente! Unos años antes, había visto la película *"El secreto"*, donde por primera vez escuché sobre algo llamado la *"Ley de la atracción"*. Admito que en ese momento no podía entender nada de esa película, pero logré recordar un punto que decía *"puedes atraer cualquier cosa en tu vida ..."*, así que ahora, con la terrible situación en la que me encontraba, decidí aplicar este principio. Decidí darme la oportunidad de cambiar mi vida. Unos días después de darme cuenta de eso, encontré un trabajo en un restaurante local y, después de mi primer sueldo, fui a la librería. Allí, compré un libro llamado *"La ley de la atracción" por Esther y Jerry Hicks*. No te puedes imaginar lo feliz y agradecido que estaba cuando lo compré.

Estaba tan emocionado que no podía esperar a llegar a casa para comenzar a leer. Recuerdo la expresión en la cara de mi madre cuando me vio entrar corriendo a la casa, rápidamente dije *"hola"* y fui directamente a mi habitación a leer. Después de algunas páginas de lectura, supe que este libro me ayudaría a cambiar mi vida; y finalmente, había esperanza en mi corazón que decía que era posible para mí hacer exactamente eso. Descubrí que el libro proporcionaba pasos concretos que eran descritos con tanta claridad que cualquiera podía entenderlos fácilmente y ponerlos en práctica de inmediato.

Algunos de los pasos son:

- Cómo usar tu sistema de orientación emocional

- Cómo aumentar tu poder magnético

- Cómo usar la visualización como una herramienta para atraer tus sueños

- Cómo utilizar mejor la ley de atracción

- Cómo encontrar lo que realmente quieres

- Cómo crear deliberadamente lo que quieres

- Cómo permitir que tus deseos entren en tu vida

- Cómo hacer una intención clara en cada momento

Como puedes ver, hay muchos pasos que me ayudaron para modificar y cambiar mi vida. Hice absolutamente todo lo que se dijo, y en un período de seis meses, vi los resultados. Vi la diferencia en mi pensamiento. Encontré una manera de sanar mis relaciones. Cambié mi percepción. Incluso terminé mudándome a otra ciudad y otro país; un lugar al que deseaba ir desde que comencé a establecer mis metas después de leer el libro. Comencé una nueva vida con mejores pensamientos y mucho más positivos; con un nuevo sistema de creencias, nuevos sueños, y con la esperanza y la fe de que puedo ser, hacer y tener todo lo que quiero.

Durante esos seis meses de cambio, leí *"La ley de la Atracción"* más de 50 veces, pero eso fue solo el comienzo de mi crecimiento personal. Me atrajeron otros grandes libros y desde entonces no he dejado de leer. Todos los días, pasó algún tiempo leyendo. Principalmente, leo libros sobre crecimiento personal y libros de negocios porque estos libros pueden llevarme al siguiente paso hacia mis metas. Además, siempre estoy buscando libros que puedan ayudarme a lograr un objetivo específico. Hay miles de libros que pueden ayudarte en cualquier área que te interese.

Como puedes ver a través de mi historia, no solo es importante leer sino también saber por qué estás leyendo libros específicos. Estas fueron mis razones, y mi esperanza es que encuentres valor en este ejemplo de vida y tal vez ser más claro acerca de tus razones para leer.

Futuro: bien dicho. Tengo una pregunta para ti.

Sergio: adelante

Futuro: ¿qué pasa si a alguien no le gusta leer? ¿Qué le podrías sugerir a esa persona?

Sergio: siempre hay una alternativa. Puedes escuchar audiolibros. No hay excusas, hombre. Estoy seguro de que conoce los beneficios de los audiolibros.

Futuro: sí, pero preferiría dejar que tu hables, ya que lo estás haciendo muy bien.

Sergio: nunca imaginé que mi *Futuro* me haría sentir tan halagado.

Futuro: no puedes amar a otro hasta que te amas a ti mismo. ¿Es correcto?

Sergio: cierto. Muy bien, pasemos al siguiente tema.

El poder de los audiolibros

"Alguien necesita comprar una emisora de radio y luego reproducir nada más que audiolibros con un género diferente de libros reproducidos en un conjunto de momentos. De esa manera siempre podemos tener algo nuevo para leer sin importar dónde estemos." - **Shana Cartier**

¿Cuántas veces has escuchado a alguien decir: *"No tengo suficiente tiempo para leer un libro?"* ¿Eres una de esas personas? ¿Tienes excusas para no leer? ¿Bien adivina qué? Puedes escuchar audiolibros adonde quiera que estés. Siempre puedes encontrar tiempo para escucharlos. Escúchalos mientras conduces al trabajo, en la ducha, cuando lavas la ropa, cuando limpia la casa, mientras está en el gimnasio, mientras caminas, etc. Lo fantástico de escuchar un audiolibro en lugar de simplemente leer un libro es ¡La capacidad de realizar múltiples tareas junto con las cosas que ya está haciendo en tu vida!

Entonces, ¿por qué lo harías? Permítanme contarles algunas de mis razones por las que escucho el contenido de audio (digo contenido porque escucho audiolibros y discursos motivacionales o inspiradores). Como leíste en el capítulo anterior, todo comenzó con un libro llamado *"La Ley de La Atracción"* de Esther *& Jerry Hicks* y con la película *"El secreto"*. Ambos tuvieron un impacto significativo en mi vida.

Debido a la gran impresión que me dio este libro, quiero escucharlo todo el tiempo. Cuando voy camino al trabajo, mientras corro o simplemente cuando no tengo ganas de leer, pero todavía quiero escuchar. Así que conseguí la versión en audio del libro, y cuando escucho, descubro que se siente como si estuvieras cara a cara con los autores. Me sentí como un niño que está acostado en la cama y escuchando el cuento de mi madre. La experiencia es diferente de solo leer; es como si alguien te estuviera hablando. También recuerdo que cuando leí el libro *"Conversación con Dios" de Neale Donald Walsch* y quería encontrar la versión en audio para poderme sentir más involucrado en la historia. Si te gusta este libro y no has escuchado la versión de audio; te recomiendo que lo hagas porque te sorprenderá la narración de la conversación que ocurrió entre el autor y Dios. Se siente tan real pero también es tan calmante, fácil y relajante de escuchar y muy satisfactorio. También, he escuchado la versión en audio de casi todos los libros que he leído hasta ahora. Esto se debe a que quiero asegurarme de que recibo un mensaje completo de cada uno de los libros.

Ahora, déjame decirte mis ***tres razones muy sencillas*** por las que comencé a escuchar materiales de audio:

1. *Mi deseo y voluntad de trabajar tiempo completo conmigo mismo todos los días*

2. *Porque yo quería aprender inglés*

3. *Quería poner algo positivo en mi mente todos los días*

Como dije, mi ***primera razón*** fue la disposición (y la necesidad) de aprender todos los días. Cuando comencé a leer y escuchar, mi forma de sentirme era muy mala. Cuando digo mala, me refiero a una actitud deprimida, sola, negativa y tuve una actitud terrible hacia todos y todo en la vida. Mi situación financiera era incluso peor que mi bienestar y tuve hasta siete mil en deudas. Las relaciones que tenía empezaron a desvanecerse y mi novia me dejo. Mis amigos se dieron por vencidos conmigo. Incluso mis padres pensaban que yo era simplemente un hombre miserable que no sabía cómo cuidarme; todo requería un cambio. Así que decidí comenzar a trabajar en mí y en cualquier otra área de mi vida que necesitaba mejorar. Comencé con algunos materiales de audio increíbles y no hay palabras que puedan describir los impactos que estos libros causaron en mi vida en ese momento. Algunos de estos libros son:

● *"El poder de la intención" por el Dr. Wayne Dyer*

- *"Piensa y hazte rico" por Napoleón Hill*
- *"La magia de pensar en grande" por David J. Schwartz*
- *"El poder del ahora" por Eckhart Tolle*
- *"Ley de la atracción" por Esther y Jerry Hicks*
- *"Conversaciones con Dios" por Neale Donald Walsch*
- *"Las siete leyes espirituales del éxito" por Deepak Chopra*
- *"Los cuatro acuerdos" de Don Miguel Ruiz y muchos más ...*

Estos fueron los libros que escuché todos los días hasta que tuve resultados en mi pensamiento, mi mentalidad, la forma en que me comporté, como traté a los demás y enfrenté varios eventos y circunstancias, etc. Todavía estoy escuchando otros audiolibros geniales que hasta hoy me ayudan a desarrollar mi aprendizaje, conciencia y enfoque en los próximos pasos en mi vida.

La **segunda razón** por la que comencé a escuchar audiolibros es para aprender inglés. Posiblemente este motivo para aprender un otro idioma no es el mismo para muchos de ustedes. pero cuando decidí cambiar mi vida, uno de los objetivos que tenía era mudarme a Canadá. Quería comenzar una nueva vida desde cero. Uno de mis obstáculos fue mi incapacidad para hablar inglés y cuando llegué a Canadá, sólo sabía unas pocas palabras y tal vez podría juntar una o dos oraciones. Honestamente, mi inglés estaba prácticamente en un nivel cero. Sin embargo, decidí aprender y me dije a mi mismo que encontraría una forma divertida de hacerlo.

Antes de llegar a Canadá, ya había leído unos diez libros de desarrollo personal y los había leído todos más de diez veces (algunos de ellos más de cincuenta veces). Releí los libros hasta el punto de poder repetirlos palabra por palabra en mi lengua nativa. Encontré las versiones de audio y las guardé en mi teléfono celular para permitirme escuchar mientras trabajaba, hacía ejercicio o conducía al trabajo. También, había comprado los mismos libros en inglés para poder comparaciones. En unos dos meses, vi mis primeros resultados. Por fortuna, nunca tuve miedo de hablar, incluso si no sabía el idioma. Después de muchas horas de escucha, empecé de hablar inglés en mis sueños y pensar en inglés; poco después pude hablarlo. Aunque no mucho, esa fue una señal alentadora y me motivó a seguir aprendiendo todos los días. Hasta ahora, todavía estoy aprendiendo porque mi inglés no es tan bueno como quiero que sea, pero cada día me acerco a mi meta. A través de este ejemplo, puedes ver el poder de los audiolibros.

Ahora hablemos de *la razón más importante* para escuchar a audiolibros. Según los psicólogos, los humanos piensan entre cincuenta y sesenta mil pensamientos en solo un día y más del 85% de esos pensamientos son negativos. ¿Puedes creerlo? Una vez escuché un discurso de *Les Brown* donde señalaba que si alguien te dice *"No puedes hacerlo"*, alguien tiene que venir en tu camino y decirte *"¡Puedes hacerlo!"* diecisiete veces solo para neutralizar ese comentario negativo. Por lo tanto, debe encontrar una manera de poner algunos pensamientos positivos en su mente.

Deja de ver noticias negativas en la televisión, lea sobre ellas en los periódicos o escuche en la radio. Lea libros que lo puedan inspirar a hacer algo digno. Vea varios seminarios que pueden ayudarlo con sus objetivos. Escuchas audiolibros que te motivan a seguir adelante cuando te encuentras deprimido o sin esperanza. Tienes que encontrar una manera de poner pensamientos positivos en tu mente. Sé que puede ser difícil, ¡pero debes hacer todo lo posible para mantenerte positivo a pesar de lo que pasa!

Es mi deseo puro que encuentres valor en el contenido de los audiolibros que puedan ayudarte de muchas maneras; tal como me ha ayudado en mi vida. Como puede ver a través de mi experiencia, los beneficios de escuchar audiolibros son enormes. Permítete aprender. Permítete crecer. Siempre hay una forma de hacerlo. Te animo a que comiences a escuchar discursos motivadores cuando haces ejercicio, libros de negocios cuando conduces de casa al trabajo y de regreso, libros inspiradores cuando estás en casa y en cualquier otro momento. ¡Puedo garantizar que, si usas esta estrategia y eres disciplinado para escuchar el material de audio todos los días, tu vida mejorará en cada área!

Futuro: estoy muy orgulloso de la persona en la que te estás convirtiendo. Serás un orador, autor y profesor fantástico. Puedo entender por qué tuvimos el sueño de enseñar a todos a ser mejores personas.

Sergio: todos y todo pueden ser maestros. Vienen en todas las formas y formas en este mundo.

Futuro: ¿me gusta?

El hombre en el espejo

"Cuando un estudiante esté listo, aparecerá un maestro".

Sergio: A veces, no somos conscientes de que hay *maestros* a nuestro alrededor en varias. A veces vienen en forma de canciones que has escuchado, una película que has visto, un evento o situación que acabas de presenciar, una interacción entre animales e incluso un pasaje de un libro. Este tema trata sobre un " *maestro* " que me llegó en forma de una canción que escuché hace mucho tiempo. Esta canción es *El **hombre en el espejo** de Michael Jackson.*

"Voy a hacer un cambio por una vez en mi vida. Se sentirá realmente bien, voy a marcar la diferencia, lo voy a hacer bien... "

La verdad es que he escuchado esta canción, docenas de veces, antes pero solo comencé a notar la letra hace unos meses. Es algo que todos hacemos y es divertido cuando de repente te das cuenta el verdadero significado que viene a ti. Tuve la idea de comenzar un negocio por un tiempo y un día cuando iba a casa desde el gimnasio, estaba escuchando la canción y las palabras *"Voy a hacer un cambio por una vez en mi vida ..."* literalmente se desencadenaron una inspiración dentro de mí para hacer un cambio. Por casualidad en ese mismo momento, mi corazón me había estado diciendo que había llegado el momento de hacer algo que pudiera hacer una diferencia no solo en mi propia vida sino en la vida de los demás; inesperadamente la combinación de corazón y canción me golpeó.

"Estoy empezando con el hombre en el espejo ..."

Cuando tuve la sensación de que quería hacer un cambio, mi mente inmediatamente comenzó a hacer la pregunta, *"¿Cómo planeas hacerlo?"*. Debes saber que la mente está diseñada para mantenerte seguro y cómodo. Tu mente no quiere que tomes riesgos y salgas de tu zona de confort y eso es exactamente lo que estaba experimentando en ese momento. Sin embargo, tú y yo somos más grandes que nuestras mentes y tenemos que escuchar nuestros corazones porque esta es la verdadera fuente de tener poder del uno mismo. Volviendo a la historia, cuando se me ocurrió la pregunta inmediatamente respondí: *"¡Estoy empezando a cambiarme a mí mismo!"*

Al cambiar cualquier cosa en tu vida debes comenzar desde la zona cero: tú mismo. Como mencioné en los temas anteriores, debe cambiar su pensamiento, sus palabras y por último su comportamiento. ¿Qué quiero decir con eso? Cuando tienes una visión clara de lo que quieres hacer o de quién quieres ser, y comienzas a tomar medidas para lograr esa visión, en algún momento enfrentarás un desafío que puede causar una parada temporal en hacer lo necesario para lograr tus metas. A veces estos desafíos pueden incluso hacer que renuncies a tu sueño. Esto es porque si saltas a cambiar tu vida con la misma mentalidad, vas a manejar tus problemas como lo hiciste en el pasado. No puedes superar un obstáculo si tu mente está llena de miedo. Tiene que cambiar de marcha en este punto y orientarse a la solución. ¡Tienes que trabajar en ti mismo!

Vuelva a algunos de los métodos de los que hemos hablado en el pasado para mantenerte enfocado. Leer libros que te ayudarán a aumentar tu conciencia y desarrollar tu mente para pensar de manera diferente acerca de los desafíos. De nuevo, escuchar audiolibros motivadores que te ayudarán a mantenerte emocionado o los que pueden ayudarte a aprender nuevas técnicas para ver las soluciones. Si estás ansioso, puedes ir a seminarios en vivo o comunicarte con los líderes que admiras a través de las redes sociales para que puedan inspirarte a ser lo mejor que puedas ser.

"Si quieres hacer del mundo un lugar mejor, mírate y luego haz un cambio ..."

Cuando era niño, recuerdo que alguien me preguntó qué quería hacer cuando creciera. Incluso en mis años más jóvenes, respondí que quiero hacer del mundo un lugar mejor para todos los que viven en el planeta. Creo que esto es algo que todos los niños quieren. Creo que la bondad está integrada en nuestro ADN. Todos inherentemente queremos hacer algo que haga la diferencia en el mundo; para dejar un legado o hacer algunas contribuciones que serán recordadas para las generaciones venideras. Me encanta lo que dijo una vez *Horace Mann*: *"Deberíamos estar avergonzados de morir hasta que hagamos una contribución importante a la humanidad".* Preguntarte a ti mismo, ¿cuál es su visión del mundo? ¿Qué diferencia puedes hacer? ¿Qué contribución puedes hacer al mundo?

Cuando haces algo por ti mismo, te sientes bien pero cuando haces algo por los demás, te sientes fenomenal, satisfecho, valioso. Cuando te muestras amabilidad a otro puede tocar su corazón e inspirarlo a hacer lo mismo por otro. Cada vez que hagas algo bueno, confía en mí, se notará. Incluso los observadores sentirán las emociones positivas y buenas en sus corazones y se inspirarán para hacer algo similar por otro. Ya estás haciendo la diferencia cuando haces un cumplido; una bendición silenciosa para alguien que se portó mal con usted; cuando les das a los necesitados comida o dinero para dormir; cuando ayudas a alguien a darse cuenta de lo grandiosos que son y cuando ayudas a tu amigo a superar los desafíos que enfrentan entre muchos otros. Todos estos son pequeños ejemplos de una imagen más grande cuando se trata de ayudar a otros. Estoy seguro de que cuando ayudas a otros a encontrar la felicidad haciendo una diferencia en sus vidas; podrás encontrarlo en tu vida también.

Recuerda, todo comienza contigo. Una de mis citas favoritas es: *"No obtienes en la vida lo que quieres; ¡obtienes en la vida lo que eres!"* Es decir, lo que sea que estés produciendo en este momento en tu vida es un reflejo de ti y las relaciones diferentes que tengas, son un reflejo de ti. Lo que sea que estés haciendo, es un reflejo directo de ti. Tu actitud sobre el mundo y la gente del mundo es un reflejo de tu actitud sobre ti mismo. Por lo tanto, sea lo que sea que quiera hacer o ser debe darse cuenta de que el primer paso para el cambio comienza con usted; sola con esa comprensión puedes cambiar el resto de tu vida.

Haz algo que nunca hayas hecho antes. Ve a un lugar donde nunca hayas estado antes y pasa tus límites. Sé que puedes hacerlo. Cuando te cambias a ti mismo puedes inspirar un cambio en otras personas ¡y puedes cambiar el mundo!

En conclusión, a este tema, te dejo con algunas letras más de ***"Man in the Mirror"*** del difunto ***Michael Jackson***:

"He comenzado con el hombre en el espejo

Le digo que cambie su forma de ser

Y ningún mensaje podía haber sido más claro

Si quieres hacer el mundo un lugar mejor

Mírate a ti mismo y haz un cambio"

Futuro: esa es una increíble canción inspiradora.

Sergio: es uno de mis favoritos, pero cuando pienso en todas estas personas que quieren hacer un cambio siempre hay quienes (a quienes me gusta llamar *"Asesinos de sueños "*) le darán todas las razones por las cuales alguien no puede cambiar.

Futuro: bueno, siempre estarán cerca de nosotros, pero tenemos el poder de elegir si vamos a escucharlos o no.

Sergio: el problema es que la mayoría de la gente no cree que tenga ese poder. Quiero hablar más sobre esto.

Futuro: adelante.

Sergio: vamos.

Asesino de sueños

> *"Si amas a tu hermoso jardín de sueños, nunca permitirás que una bestia hambrienta entre por allí; ¡mantén alejados a los asesinos de sueños! "*- **Israelmore Ayivor**

"*Papá, ¿puedes enseñarme a tocar la guitarra? - Hijo, no tienes el talento suficiente para tocarlo. ¡Quiero abrir un negocio! - ¿Cómo vas a hacer eso cuando no tienes dinero? No terminaste la universidad y no tienes la experiencia para hacer lo que quieres hacer. ¡Quiero viajar por el mundo y llegar a ser un orador motivacional! - ¿Qué? ¿Qué hay de tus amigos y familiares? ¿Cómo vas a hacerlo? Nunca has dado un discurso antes, no eres bueno para comunicarte y eres el tipo de persona que no puede viajar adonde quieres* ".

Puedo seguir con miles de ejemplos de cuando escuchaste acerca de alguien que tiene un sueño y cuando esa persona comparte el sueño; inmediatamente hay un asesino de sueños que te dirá todas las razones por las que no deberían hacerlo. Este asesino dice por qué no pueden hacerlo o les recordará que no tienen lo que se necesita para hacerlo, etc. Podría continuar con miles de ejemplos donde los asesinos de sueños impidieron que una persona siguiera con su sueño. ¿Eres tú uno de los muchos que tiene un sueño o una meta, pero has escuchado tantas veces todas las razones por las que no puede tenerlo o lograrlo? ¿Adivina qué? ¡No estás solo! Todos tenemos este tipo de personas a nuestro alrededor. Tienes que entender que las primeras personas que te van a desanimar(es triste decirlo) serán tus amigos y tu familia. Algunos de ellos, la mayoría, lo harán inconscientemente y sin ninguna intención de humillarte. Otros lo harán no porque no puedas sino porque no creen que puedas tener tu sueño que no esté dentro de los parámetros de su sistema de creencias.

Creo que una de las razones por las que los asesinos de sueños quieren que te alejes de tu sueño es el miedo. En otras palabras, su conciencia está enraizada en el miedo y esto es una coraza para una persona asustada. No quieren que salgas adelante porque si lo haces, te convertirás en un espejo para ellos. De repente, tienen que mirarte. Saben que son inteligentes como tú, están educados como tú, tal vez te han conocido toda tu vida y súbitamente te conviertes en un espejo y cuando se miran en el espejo se ven a sí mismos, excepto que no están donde estás. A veces pueden molestarte por eso y esta reflexión provoca problemas en las amistades, en las familias y eso es parte de seguir adelante.

Recuerdo que hace unos años antes de venir a Canadá, regresé a mi ciudad natal para estar con mi familia antes de irme y salía con mis amigos a celebrar con ellos porque sabía que pasarían unos años antes de volverlos a ver. Estábamos hablando de la vida y cosas así y uno de ellos me preguntó qué planeaba hacer en Canadá y por qué en primer lugar me iba tan lejos. Le expliqué cuál era mi sueño y qué quería hacer; recuerdo claramente en el momento en que dije cuál era mi sueño y comenzó a hablar sobre todas las razones por las que no podía tener ese sueño. Estaba hablando una y otra vez, pero sinceramente no me importó lo que dijo. Le conté mis razones y motivos y comencé a darle una lista de por qué creo que puedo tener mi sueño y ese fue el momento en que me di cuenta de algo; aunque él me conocía desde hace 15 años, se dio cuenta en ese momento de que mi forma de pensar era algo que no había escuchado antes y porque me había adelantado de alguna manera fue rechazado porque se quedará donde está; eso es parte de la vida.

Perderás a algunas personas en el camino porque crecerás y te vas a expandir y es posible que ellos no. No entenderán lo que estás haciendo ni a dónde vas. Puedes descubrir que mientras eleva su nivel de conciencia otras personas con las que se junta probablemente no lo estén. Ahora, puedes preguntarte si pierdes o eliminas a todas las personas que no te apoyan o no quieren que sigas adelante y tú pregúntate ¿es este un viaje solitario? Bueno, piensas en tu vida; tu mejor amigo de primer grado probablemente no sea tu mejor amigo ahora y eso es lo que sucede en la vida. Ciertas cosas cambian y las relaciones están cambiando. No te preocupes por eso porque cuando estés creciendo encontrarás personas nuevas y más emocionantes para pasar el rato.

La siguiente razón por la que debes alejarte de los asesinos de sueños y pasión es porque **tú *no quieres vender tu sueño por la opinión de otra persona o el sueño de otra persona*.** Te animo a que te rodees de personas que quieren que crezcas (hablaremos de ***Un circulo a tu alrededor*** *más* adelante en este libro) para aprender; personas que tienen sueños, metas, que están entusiasmados y que quieren más de la vida. Si no tiene ese tipo de personas en su entorno en este momento, sea paciente. Aparecerán las personas adecuadas. Te sentirás atraído por aquellos que tienen intereses similares. Cuando los encuentres, verás lo que una buena relación puede hacer por ti. También verás cuántas personas hay como tú; quienes sienten y piensan de la misma manera.

Para ser claros, no estoy sugiriendo que debas alejar a todas las personas negativas de tu vida porque hay algunas que has conocido desde hace más de diez años, pero puedes limitar el tiempo que pasas con ellas. En mi caso, cuando me di cuenta de lo que quería hacer y dónde quería estar, decidí hacer un cambio radical. Quité a todas las personas negativas de mi vida y ahora cuando conozco a alguien, siempre trato de aprender sobre esa persona tanto como sea posible. Cuando me di cuenta que una persona no proporciona ningún valor o siempre se queja y no tiene nada por lo que vivir me alejo de esa persona. Puede parecer extremo, pero funciona para mí. Todos somos diferentes, pero sugiero que te rodees de personas de calidad que te animen a ser quien eres; personas que te apoyan y estarán allí cuando más las necesites.

Si quieres proteger tu sueño, tienes que hacerlo con todo lo que tienes. Si eso significa alejarse de algunos de sus amigos, tiene que ser así. Cualquier persona o cosa que no te va a cumplir tu sueño debe irse. Necesitas ser consciente de los asesinos de sueños y pasión. Debes comprender que cada persona que está destinada a estar contigo en este viaje elegirá un camino más alto contigo. Sí, es un camino más difícil pero también mucho más gratificante. Quieres que tu vida signifique algo. Deseas poder mirar hacia atrás y decir: *"Sí, tomé algunas decisiones difíciles, ¡pero fueron las decisiones correctas!"* ¡No permitas que nadie te robe tus sueños!

Futuro: creo que deberías hacer un video sobre *"asesinos de sueños."*

Sergio: ¿estás insinuando que lo haré en el futuro cercano? Porque sé que sabes que eso es algo en lo que hemos estado pensando por un tiempo.

Futuro: no estoy implicando nada. Hacerlo significa que puedo predecir un futuro que no es cierto porque toda esta conversación está sucediendo en su *Imaginación*.

Sergio: eso pensé.

Futuro: ¿de qué más quieres hablar?

Sergio: ¿hay una bendición en una decepción?

Futuro: seguro, cada desilusión trae consigo una bendición oculta.

Sergio: ¿podrías contarnos un poco más al respecto?

Futuro: sería un placer.

Las bendiciones de las decepciones

"El mejor éxito de los hombres viene después de sus decepciones".
- Henry W. Beecher

Cuando tenía tu edad, solía reflexionar sobre la vida y descubrí que a veces para tener éxito en la vida necesitas **ENEMIGOS** ... ¡Sí!

Necesitas personas que se burlen de ti para que puedas correr hacia Dios. Necesitas personas que te intimiden para que puedas ser valiente. Necesitas personas que digan *"NO"* para que puedas aprender cómo ser independiente ... para fortalecerte.

Necesitas personas que te van a decepcionar para que puedas poner toda tu confianza y fe solo en Dios. Necesitas personas que trabajen para que pierdas ese trabajo para que puedas comenzar tu propio negocio.

Necesitas personas que vendan a su *"José"* para que *"usted"* pueda llegar a Egipto y ser primer ministro en una extraña tierra de cautiverio. Necesitas un arrendador cruel para que no te sientas demasiado cómodo en la casa de otra persona; entonces puedes tener tu propia casa.

Pero a veces, cuando estamos decepcionados, nos sentimos muy mal y tendemos a permanecer en esa condición sin saber que el punto final de la decepción es el ***comienzo de tus logros.***

Comprende esto: ¡cada decepción que tienes viene con una bendición! Sin embargo, no todos participan de esta bendición.

No puedes ver una nueva puerta ABIERTA mientras todavía estás poniendo toda tu atención, tiempo y energía al tratar de forzar la apertura de la puerta cerrada. Nuevamente digo: ***"¡Ninguna decepción puede venir sin una bendición adjunta!"***

Cuando llegue la desilusión, ¡agradécele a Dios por eso y dígale que abra los ojos para ver la nueva bendición que tiene guardada para ti! ***La decepción es la fase uno mientras que el logro es la fase dos.*** Dudo si uno puede pasar por alto las fases. Es un avance y tú necesitas romper la puerta para pasar a la siguiente fase.

Sergio: he leído una y otra vez en *los* libros de *Napoleón Hill* que cada adversidad viene con una semilla de una ventaja equivalente; esto significa que en cada desastre hay una bendición oculta y tenemos que abrir nuestras mentes para poder verla. Necesitamos entrenar nuestra mente para ver lo bueno en todo y a través de la práctica, será capaz de reconocer lo bueno en todo lo que podamos considerar como malo.

Futuro: ¿cuándo fue el momento en que llegaste al siguiente nivel en cualquier área de tu vida hasta ahora?

Sergio: después de una derrota o decepción temporal.

Futuro: fracasará en algún momento de su vida, pero si vuelve a ponerse de pie y mantiene una actitud positiva, experimentará un gran avance.

Sergio: descubrí que esto es muy cierto. Mi experiencia me ha enseñado esto.

Futuro: ¿por qué no nos cuentas algo sobre la experiencia?

Sergio: ¿qué quieres decir?

Futuro: cuéntenos sobre tu ***"experiencia"***. ¿Qué significa esa palabra para ti y cómo la ves en total?

Sergio: ese es un tema interesante. Nunca lo pensé, pero veamos qué puedo decir al respecto.

Experiencia

"La experiencia es el maestro de todas las cosas". **Julio César**

A veces no sabemos qué talentos tenemos hasta que los descubrimos incluso accidentalmente. Nunca escribí nada en mi vida principalmente porque mis maestros me dijeron en la escuela secundaria que era un escritor terrible y sinceramente, nunca tuve ningún interés en escribir. Pero cuando decidí lanzar mi sitio web, parte del propósito era escribir blogs y recuerdo haber pensado en cómo iba a hacerlo; Ya que nunca lo he hecho antes y particularmente no en inglés. Mi buen amigo me dijo: *"solo comiences y todo se desarrollará por sí mismo"*. Comencé a escribir en forma de discursos que me gustaría dar algún día y cuanto más escribía, ganaba más experiencia y me convertía mejor; ahora solo escribo cuando me inspiro y no estoy tratando de forzar nada. Cuando tengo una idea, me siento y enciendo mi computadora portátil. Luego, pongo música hermosa en el fondo y uso mi inspiración para escribir como lo hice con este libro. Hace solo un año me esforcé. Ahora tengo la experiencia y por esa razón he aprendido que las experiencias te enseñan no solo sobre la escritura (en este ejemplo) sino cómo vivir tu vida.

La experiencia es la maestra de todas las cosas.

Cuando miro mi vida puedo ver ahora que se formó en parte a través de algunas experiencias desagradables. Una cosa sobre esas experiencias negativas es que no te dicen que te están desarrollando. No parece que te están formando, pero, de hecho, te están formando a ti. Quien eres actualmente es el resultado de todas las cosas que sucedieron en tu vida en el pasado, a pesar de si son malas o buenas.

Recuerdo que cuando tenía unos once años estaba jugando con algunos niños en el jardín trasero y nos estábamos burlando el uno del otro. De repente, un niño me llamó sin razón *"chico apestoso"*. Al principio no me importó hasta el día siguiente porque todos los niños que conocía comenzaron a llamarme ese apodo. Me preguntaba qué estaba pasando y unos días después creí que era la primera vez que comenzaba a experimentar un sentido de Infierno en la Tierra. Cuando tienes once años no puedes entender muchas cosas ni has crecido lo suficiente en tu mente para darte cuenta de que tienes el poder de elegir lo que harás o cómo te sentirás con respecto a ciertas cosas. Lo que sucedió después de eso fue durante los siguientes diez u once años de mi vida, estaba experimentando un infierno en mi mente porque la intimidación se volvió fuera de control. Parecía que una ciudad entera se estaba burlando de mí; llamándome de todo tipo de nombres diferentes. Fue un terrible acto de intimidación que no pude superar en ese momento.

Tuve problemas para encontrar amigos de verdad y por supuesto, puedes adivinar que tuve dificultades para encontrar una novia porque las chicas estaban aterrorizadas de mi *"apodo famoso"* y no querían arriesgarse a ser intimidadas como yo. Llegó un punto en el cual no quería salir ni hablar con nadie. Siempre me escondía detrás de la esquina cada vez que veía niños que sabía que se reirían de mí o que harían bromas sobre mí. Como mis padres no tuvieron tiempo de sentarse conmigo nunca les dije lo que estaba pasando. Aunque ahora tengo 29 años, sigo creyendo que no tienen idea de lo que ha pasado en mi vida. Mi punto es que en ese momento no sabía por qué tenía que pasar por todo eso. Ahora creo que me estoy acercando a entender la razón de todo eso.

Recuerdo claramente los momentos más oscuros de mi vida. Era el año 2013 cuando todo comenzó a desmoronarse para mí. En aquel entonces, no era la persona que soy hoy. Debo confesar ahora que debido a esa experiencia (de perder a mis amigos, familiares, clientes, trabajos) pude convertirme en lo que estaba destinado de ser. Era un mentiroso y no me importaban las personas en mi negocio (solo el dinero). No era un buen amigo ni un buen novio. Creo que no era un buen hermano o hijo o nieto porque lo único que me importaba era mi interés al final de todo. Era tan egoísta que no me importaba nadie ni nada; la vida es como una rueda. Hoy lo tienes todo, pero mañana puedes perder todo. Eso es exactamente lo que me pasó a mí; mi novia me dejó, mi negocio no iba bien y mis amigos se dieron por vencidos conmigo.

Incluso mis padres se dieron por vencidos de alguna manera. Súbitamente, estaba sin dinero. Tenía varios miles de dólares de deuda y tuve que cerrar mi negocio. Mis socios no querían tener nada que ver conmigo. Mis clientes dejaron de hacer negocios conmigo. Perdí a mis amigos, la confianza de mi familia y estaba en una situación devastadora. No podía entender por qué sucedió o qué había hecho para merecer todo eso. Hice tantos pasos incorrectos que me llevaron a esa devastación y pensaba que no era mi culpa (¿suena familiar?). Estaba culpando a todos y todo por mi situación. No podía entender por qué tenía que pasar por ese proceso. Probablemente a veces tú no puedes entender por qué estás pasando por todo eso; este proceso en lo que todo parece inútil y sin sentido.

Hay una razón por la que tuvimos que pasar por todo lo que pasamos. Hay ciertas cosas que no entiendes sobre 'ese proceso' hasta que lo has soportado, sufrido, llorado, cometido errores, tenido reveses, casi colapsado y casi huyes de la vida. Después de haber experimentado esto y ves que lo superaste todo, llegas a un punto en el cual puedes comprender que era necesario para convertirte en la persona que eres actualmente.

Julio César dijo que la ***experiencia es la maestra de todas las cosas.*** Si supieras toda la historia y la transformación que ocurrió en mi vida, estarías convencido de que, si yo pudiera cambiar, cualquiera puede cambiar.

Nada reemplaza a la experiencia

Hasta ahora has sobrevivido el 100% de tus peores días. ¿No es una buena prueba de que eres lo suficientemente fuerte como para pasar por cualquier cosa? Cuando pasas por momentos difíciles sientes lástima por ti mismo, pero después de que lo hayas pasado, si lo soportas, te darás cuenta de que fue bueno que estuvieras afligido de esa manera.

En un sentido más profundo, todo lo que nos está sucediendo es exactamente lo que necesitamos para hacer algo o convertirnos en alguien que queremos ser. La vida puede ser dura. La vida puede ser brutal. La vida tiene una forma de hacerte callar. La vida te reprenderá. Dudo que haya personas que no experimenten la sensación de estar abrumadas por la vida. A veces tienes diez problemas y todos te golpean al mismo tiempo; eso puede ser una locura. A veces piensas que, si tu teléfono suena una vez más o si recibes otro correo electrónico, otra factura, enfrenta el mismo problema nuevamente o no puede hacer algo, serías destruido internamente. Puede ser desafiante mantenerse fuerte cuando estás secretamente preocupado por algunas cosas, pero ese es el momento en que su experiencia te muestra su verdadera cara. ***La experiencia te dará esperanza.*** Debido a todas las cosas pasadas por las que has pasado, sabrás en tu corazón que superarás todo lo que te está sucediendo en este momento.

La experiencia es paciencia

No estoy seguro si soy la persona adecuada que debería contarte sobre la paciencia ya que todavía estoy completamente impaciente por muchas cosas. Sin embargo, a veces Dios te pone en espera para que puedas obtener la experiencia necesaria. Tienes que pasar por todo eso. Si puede aceptar plenamente este momento tal como es, independientemente del estado de ser (bueno o malo), tendrás la experiencia para navegar a través de esa situación si sucede de nuevo. Hay una cita que dice: ***"La paciencia no se trata de esperar sino de la capacidad de mantener una buena actitud mientras se espera"***. Significa que lo que quieras está en camino hacia ti. ¡Es! ¡Lo sé porque ya lo he experimentado!

La experiencia es tu testimonio

Ahora déjame aclarar lo que quiero decir con eso. Probablemente has escuchado miles de veces cuando alguien te dice: *"Lo sé porque soy mayor que tú. He tenido tu edad, pero tú no has sido mía y he pasado por eso"* o algo similar. Lo que no te cuentan es que la historia que cuentan es su propia experiencia lo que no significa que experimentarás lo mismo. La mayoría de las personas compartirán contigo su testimonio de manera negativa porque la mayoría de las personas son negativas. Odio decir eso, pero esa es la verdad. Solo mira a tu alrededor y verás de lo que estoy diciendo. Cuando alguien me pregunta sobre algo por lo que he pasado, siempre respondo que compartiré mi historia, pero quiero que esa persona sepa que esa fue mi experiencia; no significa que tendrán la misma experiencia. No importa cuán similar pueda ser cada situación, la verdad es que son diferentes porque ocurrieron en diferentes momentos, diferentes lugares y con diferentes personas, en diferentes circunstancias, con diferentes motivos y eventos, etc. Siempre menciono el tipo de persona que fui en ese momento y el tipo de mentalidad que tenía en ese periodo. Por ejemplo, puedo compartir cuán terriblemente estaba lidiando con la intimidación cuando era un niño porque no sabía cómo reaccionar y no tenía a nadie que me enseñara, pero ahora lo sé y puedo ayudar a un niño a aprender a enfrentar el acoso escolar. Incluso si te enfrentas a algo que nunca antes has enfrentado; usando tu experiencia, trates de hacer todo lo posible para lidiar con eso y siempre mantengas tu mente y actitud positivas porque tu experiencia es tu testimonio; ¡y tu testimonio dice que has sobrevivido el 100% de tus peores días y que también sobrevivirás a esta situación!

No sabes lo que tienes hasta que se desata el infierno. No sabes lo que puedes tomar hasta que la presión se aplica a tu vida. No sabes lo que puedes soportar hasta que las personas que tanto amabas se alejan de ti. No sabes cuánto coraje tienes hasta que has estado bajo fuego y lucha. No puedes aprender qué hay en ti sentado en la cama y mirando Netflix todo el día. No sabes lo fuerte que eres hasta que la vida te golpea y te pone en tu punto más bajo. No sabes lo bueno que eres hasta que experimentas lo malo que puedes ser. No sabes lo amable que eres hasta que experimentas lo mal que la gente puede tratarte. No sabes lo que hay dentro de ti hasta que tu espalda está contra la pared; ahí es cuando aparece el "verdadero tú". Todas las experiencias que has acumulado hasta ahora las usarás instintivamente en el momento indicado. Cuando no sabes qué hacer o a dónde ir ... **La *experiencia elimina las debilidades.***

Las experiencias son importantes

A veces desearía poder volver a vivir mi vida con la experiencia que tengo ahora. ¿Sabes cuánto mejor podría dormir de noche? Si pudiera volver y decirle a mi yo más joven que estaba sentado a un lado de la cama llorando por lo que alguien dijo iría a él y le diría *"¡Solo vete a la cama y no te preocupes por eso!"* ¿Sabes? ¿Cuánto mejor me sentiría y cuánto mejor dormiría? ¿Tienes idea de cuánto mejor manejaría el nivel de energía que he invertido en preocupaciones, dudas, miedos, poca confianza, ansiedad, etc.? ¿Cuántas cosas haría diferente? Puedo apostar a que piensas lo mismo. En el momento en que pensabas que si podrías tener una esposa y dos hijos y ser capaz de hacer algo digno en tu vida, regresarías y te *dirías "¡Oh, sí puedes!"*. Sabes del tema que te estoy hablando ¡Así que deja de pensar en el pasado! Abraza tu vida tal como es y usa tu experiencia para reescribir tu futuro para crearlo de una manera la cual puedas disfrutarla en cada segundo de esta deliciosa cosa llamada vida.

¡La experiencia es tu currículum!

Has estado enfermo antes lo superaste. Has estado en bancarrota lo superaste. Te han roto el corazón lo superaste. Lloraste toda la noche lo superaste. Te han mentido lo superaste. Te rechazaron lo superaste. Te traicionaron lo superaste. Has estado solo antes lo superaste. Has tenido miedo antes lo superaste. ¿Ves cuánta experiencia tienes? Cada uno de nosotros tiene el testimonio que muestra lo que hemos pasado. ¡Eso es prueba de que eres más fuerte de lo que puedes imaginar! ***¡La experiencia es una de tus mayores fortalezas!***

"La única fuente de conocimiento es la experiencia". **Albert Einstein**

A veces, enseño a la gente cosas que nunca antes había hecho lo que significa que debes leer mucho, investigar, estudiar para poder ayudar y alentar a las personas, pero nada reemplaza la experiencia. A través de la experiencia, descubres que algunas cosas no son como pensabas que serían. Cuando eras un adolescente, pensabas que lo sabías todo. Pero cuando tuvo que poner todo en práctica, descubrió que no era tan fácil como pensaba. Lo que aprendiste en la escuela luego será irrelevante cuando comience la escuela real (léase: la vida después de la escuela). ***Todo se reducirá a tu experiencia.*** Después de leer todo esto, tengo una pregunta para ti:

¿Qué vas a hacer con el tiempo que te queda y con la experiencia que tienes?

Si no te colocas en una mejor posición puedes perderte el mejor momento de tu vida. Lo que quiero decir es que tenemos que cambiar la forma en que pensamos, cambiar la forma en que funcionamos, cambiar la forma en que nos sentimos y la forma en que tratamos los problemas. La razón por la que necesitamos hacer esto es que muchas veces estamos atrapados entre personas, pensamientos, ideas y filosofías limitadas; y hay algo creativo dentro de ti que dice *"¡Soy más que esto! ¡Sé que puedo hacer más, ser más y tener más!"* Por supuesto, tendrás que tener el coraje de destacarte entre la multitud y ser quien eres. Tienes que romper las barreras y limitaciones y salir de la caja porque algo bueno te espera. Así que debes tomarlo (cualquier cosa que sea) un día a la vez y cuando llegas al final del día dices: *"No he terminado, pero he hecho todo lo que se supone que debo hacer por este día, esta vez, esta temporada"*. Con todo mi corazón, quiero que veas lo que hay dentro de ti y comiences a vivir la vida que deseas. Un día a la vez. Todavía tienes algo increíble dentro de ti.

Déjame darte las palabras no solo de mi orador favorito sino también del maestro: *TD Jakes* dice: *"No has cantado tu mejor canción. No has escrito tu mejor libro. Aún no has tenido tu mayor victoria. No has tenido el mejor momento. No has visto todo lo que necesitas ver. No has tenido tu mejor pensamiento, no has escrito tu mejor idea, no has soñado tu mejor sueño. No te has reído de tu mejor risa, aún no has experimentado tu mejor día; tampoco has tenido tus mejores experiencias, ¡está en algún lugar dentro de ti! ¡Hay todo tipo de cosas encerradas dentro de ti que están a punto de salir en un momento como este! El tiempo es el correcto. El escenario está listo. ¡Las condiciones están en orden y algo increíble está por suceder en tu vida! No dejes que nadie te diga que eres demasiado joven. No dejes que nadie te diga que eres demasiado viejo. No dejes que nadie te diga qué debes hacer con tu vida porque tu experiencia te ayudará en el camino "*.

Incluso si no te conozco, mi experiencia me dirá mucho sobre ti:

¡Eres un MILAGRO que busca un lugar para pasar!

¡Eres una VERDAD que busca un lugar para hablar!

¡Eres una ALEGRÍA que busca un lugar para alegrarte!

¡Eres un TESTIMONIO que busca un lugar para ser entregado!

¡Eres un AMOR esperando un lugar para manifestarse!

Cada día que te levantas por la mañana es una señal: ¡lo mejor está por venir!

¡Y esto es algo que sé con certeza!

Futuro: ¡chico, estás inspirado!

Sergio: ¡realmente lo estoy!

Futuro: pensé que nunca habías pensado en este tema.

Sergio: ¡ja, no sabía que tenía estas cosas en mí! Estoy sorprendido por todas estas palabras que vinieron de mi *Imaginación*.

Futuro: ¡me gustan las palabras de *TD Jakes*!

Sergio: tuvo y aún tiene una gran influencia en mi forma de pensar.

Futuro: la *mente humana* es muy poderosa. Parece que tuviste un gran avance en tu pensamiento gracias a él.

Sergio: parece que sí. Estoy agradecido de haber tenido la oportunidad de escucharlo hablar, y también escuchar sus discursos inspiradores todos los días.

Hablando de avances, quería preguntarte sobre ese tema. ¿Cómo puedes tener un avance en cualquier área de tu vida?

Futuro: ese parece ser nuestro próximo tema. ¿De eso es de lo que quieres hablar?

Sergio: ¡absolutamente! ¡Eso sería genial!

Futuro: Déjame compartir algo con tus lectores.

Cómo dar un salto cuántico en tu vida

" *Todos esperamos momentos de renacimiento innovadores*". - **Dane Cook**

Desde un punto de vista científico, un salto cuántico es el cambio brusco de un elemento de partículas de un estado a otro. En física, un salto cuántico o salto cuántico es un cambio de un electrón dentro del átomo de un estado de energía al siguiente. Con respecto a la vida cotidiana, un salto cuántico es un avance repentino altamente significativo; Un **gran avance**. Un avance es romper la barrera de algo con lo que has luchado durante mucho tiempo. Dices que vas a cambiar, que vas a dejar de fumar, que perderás peso, que encontrarás a la persona que deseas, que obtendrás ganancias, pero que cuando llegue el momento te vas a retractar y finalmente sucede. ¡Tienes un gran avance! *¡Un avance es un momento en el tiempo en que lo imposible se vuelve posible!*

Salto cuántico en el crecimiento personal

*¡Los saltos cuánticos en el crecimiento personal requieren un **cambio radical fuerte** de una mentalidad a otra*! Puede haber algunos pequeños pasos que conduzcan a ese cambio, pero en algún momento, hay un gran cambio, y ocurre instantáneamente. Un momento de claridad te golpea de repente y sabes lo que tienes que hacer. Se produce el salto cuántico y, a partir de ese momento, nunca más volverás a ser el mismo. Algunos de estos saltos parecen más graduales que otros, pero prácticamente todos se remontan a ese momento de decisión. Incluso

antes de manifestar este cambio en su realidad física, inmediatamente sabe que ya no es el mismo.

Para mí, este momento sucedió cuando asistí a un seminario de desarrollo personal en mi antigua empresa en 2012. Recuerdo que el orador era alguien que ya había estado en la empresa durante algunos años y se había convertido en uno de los más exitosos en el campo. Escuché mientras hablaba de algo que nunca había escuchado antes (sueños, metas, etc.) y recuerdo haberme dicho a mí mismo que algún día quiero estar a su nivel. Sin embargo, puedo decir que el verdadero avance ocurrió el 5 de enero de 2014 cuando decidí cambiar mi vida por completo. Fue un gran avance para mí porque creó el salto cuántico que me llevaría a nunca dejar de leer, educarme y encontrar el conocimiento que aumentaría mi conciencia y desarrollaría mi conciencia.

Un salto cuántico requiere una gran cantidad de entrada y energía consistentes. La mayoría de las veces, cuando las personas persiguen el crecimiento personal, no invierten suficiente tiempo y energía en una dirección constante para lograr ese salto cuántico. Debe ejercer un cierto esfuerzo en esa dirección particular de donde desea crecer y debe mantenerlo de manera constante hasta que logre su salto cuántico. Si te detienes, es probable que vuelvas al punto de partida.

Salto cuántico en los negocios

El salto cuántico te brinda la capacidad de comprimir el tiempo, de aumentar tus esfuerzos hasta el punto que es tan grande que se eleva a tu mejor nivel. Aparentemente vas del punto A al punto Z de un solo salto.

¿Qué te detiene del salto cuántico en los negocios? No estás seguro de por qué estás haciendo lo que estás haciendo. Ves las oportunidades solo después de que hayan pasado. No puedes ver la visión más grande. Vives de tus viejas historias, permitiendo que el pasado dicte tu presente (y, por lo tanto, tu futuro). Tu miedo es más grande que tu confianza, tu resistencia más fuerte que tu flujo y tus límites sufren debido al riesgo de lo desconocido.

Uno de mis amigos me dijo una vez: ***tu negocio puede crecer tan rápido como tú***. Al crecer tú mismo, haces crecer tu negocio. El misterio que está a la vista es que tus oportunidades de crecimiento se reflejan en todos los aspectos de tu vida, incluido tus negocios. Lo que ves en tu negocio como un desafío es un espejo de los desafíos de tu vida; esto incluye tus ingresos.

Cuando luchas con creencias limitantes, paradigmas distorsionados y conflictos internos, bloquean el flujo del éxito en tu vida y los beneficios de tu negocio. Sin embargo, si eliges expresar tus motivaciones y mensajes únicos de una manera enfocada que promete y brinda valor a las personas que desean mejorar sus vidas, tu negocio es exitoso. Cuando usas tu negocio para hacer crecer tu vida tienes éxito.

Siempre atraerás lo que necesitas para obtener tu mejor nivel. El secreto está en construir la intensidad para que suceda con éxito y eso sucede como resultado directo de la claridad. Por lo tanto, debes saber qué quieres hacer con tu negocio y adónde quieres ir.

Salto cuántico en las relaciones

¿Estás cansado de estar solo? ¿Tienes conflictos en tu vida con otras personas, incluidos los miembros de tu familia? ¿Estás cansado de luchar continuamente con las relaciones?

También hay una manera de lograr un gran avance en las relaciones y es utilizar las relaciones para tu propósito previsto. Pero primero, debes dar un salto cuántico en la relación que tienes contigo mismo. Hice mi gran avance cuando puse en práctica lo que había aprendido en el libro *"Conversaciones con Dios" de Neale Donald Walsch*. En este libro, las relaciones y su propósito se explican tan claramente que cualquiera puede entender. Todas mis creencias y conocimientos sobre las relaciones provienen de ese libro. Ahora déjame hacerte algunas preguntas. ¿Cómo te tratas a ti mismo? ¿Cómo te hablas a ti mismo? ¿Te quieres a ti mismo?

Si no puedes amarte a ti mismo realmente no puedes amar a otro. Muchas personas cometen el error de buscar amor para sí mismas a través del amor de otro. Recuerdo momentos en que me preguntaba por qué nadie me amaba. Pensé que si amaba a los demás ellos me amarían y entonces sería lo suficientemente amable como para amarme a mí mismo. Por supuesto, la verdad era que me odiaba más porque sentía que nadie me podría amar.

Tienes que comenzar a amarte a ti mismo como realmente eres y luego estarás abierto para ser amado por el resto del mundo. Aprende a valorarte y amarte a ti mismo. Primero, mírate a ti mismo como digno antes de que puedas comenzar a ver a otro como digno. Mírate a ti mismo como bendecido antes de que puedas ver a otros como bendecidos.

Cuando finalmente comiences a amar y apreciar quién eres podrás dar un salto cuántico en tus relaciones con los demás. ***Todo comienza contigo***. Siempre habrá momentos desafiantes en las relaciones, pero no intentes evitarlos. En cambio, denles la bienvenida con gratitud como una oportunidad para decidir y ser quienes son.

Si deseas cambiar algo en tu vida y dar un salto cuántico en cualquier área de tu vida primero debes cambiar tu forma de pensar o para ser más específico para cambiar las creencias que tienes en tu mente.

Es fácil dar pequeños pasos para hacer un poco más de lo que estás haciendo, pero si quieres dar un salto cuántico tienes que estirar las creencias que tienes. ¡Debes seguir alimentando todas las creencias que tienes en tus pensamientos! Con pequeños pasos, no estás cambiando completamente tus creencias; solo las expandes poco a poco. Si quieres un *salto cuántico*, debes liberar tus viejas creencias y adoptar una nueva. Requiere un contraste exagerado lo que causará una propulsión dramática de su deseo y producirá resultados sorprendentes.

Para concluir este tema, quiero dejarles una definición que mi *Presente* inventó para un salto cuántico:

"Un deseo que se convierte en una ardiente obsesión que te mueve a una acción inspirada que puede producir resultados masivos en un corto período de tiempo, y eso se llama ¡Salto cuántico!" - **Srdjan Bogicevic**

Sergio: de nuevo, me haces sentir tan bien. Especialmente cuando veo las citas que vienen de mi mente; ¡y por cierto eso es algo bueno! ¡Creo que las personas necesitan ser más radicales en la forma de cambiar sus pensamientos!

Futuro: puedes decir eso. Pero lo que la mayoría de la gente necesita hacer para presenciar un avance en cualquier cosa es superar un punto de quiebre.

Sergio: ¿qué quieres decir con *"superar un punto de quiebre"*?

Punto de quiebre

Futuro: Hay un momento en tu vida en el que dices: *"Ya no puedo hacer esto. No puedo soportar esto más. No tengo la fuerza para continuar. No soy lo suficientemente fuerte como para seguir adelante. Esto es muy difícil. Solo quiero dejarlo. No sé qué hacer".* Todos hemos estado allí y hemos experimentado lo mismo que tú estás experimentando en este momento. De hecho, experimentamos esto de vez en cuando. Las personas alcanzan su punto de ruptura de diferentes maneras y si profundizas lo suficiente descubrirás cómo el estrés juega un papel esencial para llevarnos a un punto de ruptura. El estrés es parte de la vida, pero no es la vida.

Demasiado estrés es malo para ti, pero a veces puede llevarte a un punto de quiebre. Un punto donde te rompes internamente o externamente. Es posible que tengas un negocio que tengas un millón de dólares en ingresos anuales, pero no puedes superar eso. No puedes ganar más dinero y hay una razón para eso. Hay una razón por la cual algunos matrimonios duran treinta años, mientras que otros duran solo tres años y luego se desmoronan y terminan en divorcio. Hay una razón por la cual todavía no estás viviendo la vida que deseas y no estás donde quieres estar. Si no aprendes a dominar el punto de ruptura, es posible que tengas muchas empresas, pero es posible que no tengas un éxito masivo en ninguna de esas áreas porque no has dominado el punto de ruptura. Como resultado, cada vez que la vida te lleva a un punto de quiebre;vas a renunciar, vas a retroceder y huirás. Dirás " *Esto es demasiado difícil"; "Esto es demasiado emocional"; "Esto es demasiado estresante";* y vas a echarte para atrás.

Todo lo que has pasado en los últimos meses o años te ha preparado para lo que viene si estás a punto de dominar el punto de quiebre; lo que la mayoría de nosotros hacemos cuando llegamos al punto de ruptura es volver a la configuración predeterminada. Retrocedemos a la arena de seguridad; a la zona de confort. Hasta que cambie su valor predeterminado; siempre volverá a ser quien era porque nunca cambió de opinión. Cada vez que llegues al punto de ruptura, necesitarás una nueva mente para abrirte paso.

Recuerdo hace años cuando estaba seguro de que mis padres se iban a divorciar porque llegaron al punto en que tenían que cambiarse o seguir su camino por separado. De alguna manera con la ayuda de Dios lograron permanecer juntos y hoy están más felices que nunca. Sobrevivieron muchos puntos de quiebre. Hace años, llegué a uno de mis puntos de quiebre más grandes y difíciles. Descubrí en ese momento algo que no sabía que poseía (al menos no hasta ese punto) y que era *coraje*. Para levantarse, cambiar de país, dejar todo atrás y alejarse de la seguridad de su hogar. Tuve que comenzar mi vida en otro país donde no hablaba el idioma, no tenía trabajo y estaba completamente solo. Ahora puedo ver cuán valiente fue ese movimiento y como pueden ver logré sobrevivir a ese punto de ruptura.

*Jeremías 29:11, "Porque sé los planes que tengo para ti", declara **el Señor**, "planes para prosperar y no dañarte, planes para darte esperanza y un futuro".*

No importa donde comiences; solo importa dónde termines. Creo que, si sabes cómo hacer algo, Dios sabe dónde lo harás, dónde vas a encajar. *La diferencia entre el comienzo y el final es cómo manejas el **punto de quiebre**.* Cada persona exitosa en cualquier área le dirá que él o ella está allí porque sobrevivió a los tiempos difíciles. Rompieron sus miedos, desafíos, obstáculos, derrotas temporales y sobrevivieron a los puntos de ruptura. En otras palabras, Dios tiene un plan para ti. Hay una razón por la que atraviesas diferentes desafíos. Si miras hace unos años, la persona que eres hoy es porque tu pasado te ha dado forma y si miras aún más profundamente, notarás que ya has roto muchos puntos de ruptura para acercarte a donde estás hoy. Así que no te rindas. Sé fuerte porque tu trabajo será recompensado. Tu vida será recompensada. Lo único que tienes que hacer es derrotar a tu enemigo y ese es el enemigo en tu mente que te dice todas las razones por las que deberías dejar de fumar, deprimirte, aislarte y volver a los valores predeterminados.

Una cosa que el *enemigo* está decidido a hacer cuando estás en el punto de quiebre es aislarte. Si él puede hacerlo puede terminar contigo. Cada vez que te aíslas sin saberlo, terminas tus sueños. Todos sabemos lo que hacen los hombres cuando están en el punto de ruptura cuando son empujados y no podemos soportarlo más. Regresamos al trabajo. Y trabajo. Y trabajo. Y trabajo. ¿Por qué? Porque nos da un sentido de responsabilidad. Sí, nos frustramos, nos deprimimos, nos enojamos, pero como hemos permitido que nuestro enemigo nos controle, creemos que más trabajo nos salvará lo cual es una falsa creencia. En lugar de cambiar de opinión y ganar más coraje, retrocedemos y corremos. Lo que todos necesitamos en esos momentos son personas que puedan ayudarnos que nos echarán una mano y que dirán *"¡Sí, puedes! ¡Te abrirás paso!* " ¿Quién te tocará y dirá: " *¡Creo en ti, sé que puedes lograrlo!* "

> ***Mateo 18:20****, "Porque donde están dos o más reunidos en mi nombre,*
> *allí estoy con ellos".*

Tu sueño no puede dar a luz por sí solo*.* Nunca irás más allá del punto de ruptura sólo. Es por eso que es esencial tener tu junta de amigos, tu cerebro, grupo de enfoque, sistema de apoyo, llámalo como quieras. Cuando pongas tu esperanza en el futuro, tu sistema de apoyo te dará poder en el presente. Pero a veces creemos que somos los únicos que podemos hacer algo, y nadie más es capaz de hacerlo. Una de las razones es que buscamos ganancias. No vemos el propósito y debido a que no entendemos cuál es nuestro propósito, nuestra mente no está abierta a asociarse con alguien. Podemos ver un ejemplo de esto si nos fijamos en las empresas privadas. A veces vemos una peluquería en un edificio, un salón de manicura en otro edificio, un salón de belleza en el tercer edificio, masajes en el cuarto. Todas estas empresas pagan rentas, compiten por mercados similares de clientes y asumen los costos de su negocio por su cuenta. Si estas empresas pensaran más en cómo podrían trabajar en equipo, para compartir gastos, alquileres y también clientes, podrían aumentar su rentabilidad. A veces luchan por ser rentables porque en lugar de centrarse en la asociación y la colaboración, se centran en la competencia. Como consecuencia, cumplir con algunos de sus objetivos se vuelve más difícil.

Lo único malo de tu sueño es que quieres hacerlo tú solo y yo también tuve ese problema. Siempre pensé que podría superar mis puntos de ruptura solo y que todos mis sueños se harían realidad si lo hacía solo. Mientras estoy hablando de este capítulo, mi *Presente* está buscando una asociación porque finalmente comprende que no puede ir a donde quiere solo. Él realmente entiende su propósito. Él sabe lo que es. Una vez que conoce su propósito su mente puede concebir la capacidad de asociarse. Mi Presente está escribiendo este fantástico libro, pero él no podrá publicarlo solo. Necesitará un grupo de personas que lo ayudarán en el camino para hacer eso y también para lograr sus objetivos.

Sí, él está en el punto de ruptura. Él tiene dudas. Él está atrapado. Sin embargo, también sabe que, si persevera y continúa, eventualmente la idea aparecerá en su mente que lo ayudará a abrirse camino. Yo sé eso. Creo en eso con todo mi corazón. Creo que *con Dios todas las cosas son posibles* y si tienes fe todo va a encajar. ***¡Todo es posible para los que creen!***

Sergio: Bueno, gracias por decirles a todos que tengo miedos y dudas porque es verdad. ¡Pero también tengo fe en que todo estará bien!

Futuro: el hecho de que sus circunstancias no lo reflejen en este momento, no significa que no lo tenga. Cree en ti mismo y haz lo que tienes que hacer. No dejes que las circunstancias actuales te definan. No dejes que la vida cambie tu nombre. No le dé poder a su punto de ruptura que lo detendrá y se alejará de su sueño. Dígase ahora mismo con poder y convicción: *"¡Soy lo suficientemente fuerte como para pasar por esto!"*, ¡Y cierre los ojos y visualice con fé que puede hacerlo!

¡NO PUEDES SER CAMPEÓN HASTA QUE SOBREVIVAS UN PUNTO DE ROMPER!

Sergio: vaya, ¿supongo que muchas de estas cosas que obtuviste del legendario *obispo TD Jakes*?

Futuro: puedes decir que él inspira tu *Imaginación*. Y esa es una buena señal. Debes saber que todo lo que sabes que recogiste de otra persona y que se traduce con tus propias palabras es una inspiración.

Sergio: por eso a veces, me pregunto de dónde vienen todas estas palabras. ¿Lo que estás diciendo es que algunas palabras o en este caso mi libro está escrito en parte gracias a las palabras de alguien más?

Futuro: absolutamente.

Sergio: ¿pero eso significa que estoy robando las palabras de alguien más? No creo que me guste eso.

Futuro: ¿cuántos libros has leído hasta ahora y te has dado cuenta de que algunos de ellos son casi iguales? Mismos temas, solo que de manera diferente. ¿Crees que otros autores solo escriben sus propias palabras? Hemos hablado sobre la relación entre las personas. Cuando pases un tiempo con alguien, ten en cuenta que elegirás sus palabras, pensamientos o incluso su comportamiento. Cuando estás leyendo tantos libros, estás reuniendo un montón de información, y cuando hablas de ellos, notarás que lo estás diciendo todo de tu manera única.

Tu Imaginación es ilimitada. Es un campo infinito de todo tipo de información que ni siquiera sabe que está allí, que se ha almacenado toda su vida. Además, tiene el poder de aprovechar la *Imaginación Universal* y elegir cualquier información que necesite en cualquier momento. Vas a un seminario y aprendes algo nuevo. Cuando alguien le pide que le diga lo que ha aprendido, usted lo explica de una manera que lo ha percibido y, a veces, sus palabras serán más fáciles de escuchar que si esa persona dijera lo mismo. ¿Notó que a veces usted y su amigo le dirán algo (básicamente lo mismo) a su tercer amigo de una manera diferente, y esa tercera persona entenderá la versión que usted dijo, pero no la versión que otras personas han dicho?

Sergio: eso es verdad. Siempre me preguntaba por qué es eso.

Futuro: debido a que tiene el poder de traducir las palabras de otra persona de su manera única algunas personas lo entenderán solo cuando usted lo diga y otras no. Confía en mí cuando digo que Dios estaba enviando los mismos mensajes una y otra vez miles de veces a través de miles de años con miles de fuentes diferentes y continuará enviándolo una y otra vez hasta que toda la humanidad lo reciba. Tendrás miles de personas que compartirán el mismo mensaje de una manera única. Así que no te preocupes por las palabras que provienen de tu *Imaginación*. Es como se supone que debe ser.

Sergio: has mencionado que cuando pasas un tiempo con las personas que te rodean, eliges sus pensamientos, palabras o incluso sus comportamientos. ¿Estás hablando *del* principio de *Napoleón Hill* llamado " *Mastermind* "?

Futuro: eso es exactamente lo que quiero decir.

Sergio: ¡eso me parece muy preciso! A veces sucede que digo algo e inmediatamente pienso: *"¿de dónde saqué estas palabras?"* Hubo muchas situaciones en las que tuve estos pensamientos y me pregunté de dónde provenían. Ahora, cuando lo pienso profundamente, es cierto que de alguna manera somos los productos de nuestro entorno.

Futuro: es por eso que debes tener cuidado de quién estás rodeado. Si no te gustan las personas que te rodean, cámbialas. Crea un grupo de personas con las que disfrutarás pasar tiempo. En su caso, debe crear un grupo de personas que lo inspire a convertirse en la mejor versión de usted mismo que lo motive a romper sus límites, a ser valiente y enfrentar lo desconocido. Los que serán reales contigo y te dirán la verdad a la cara y no hablarán a tus espaldas. Debes crear algo que me gusta llamar *"Círculo a tu alrededor"*.

El círculo a tu alrededor

> *"Rodéate de personas que te elevarán más alto".*
> **- Oprah Winfrey**

¿Cuántas veces has leído el famoso libro de *Napoleón Hill* titulado *"Piensa y hazte rico"*?

Sergio: más de 20 veces.

Futuro: bien. Entonces has leído sobre el experimento que hizo *Napoleón Hill* en un momento de su vida. Para algunos de ustedes que no han leído ese libro y no saben sobre el experimento del que estoy hablando aquí hay una pequeña porción del mismo.

En un momento de su vida, Napoleón estaba entrando en su *Imaginación* donde tenía *"reuniones"* con las personas que lo inspiraron como *Thomas A. Edison, Henry Ford, Andrew Carnegie, Abraham Lincoln, Alexander Graham Bell, Ralph Waldo Emerson* y muchos más. Todas las noches, antes de irse a la cama, cerraba los ojos y, en su *Imaginación* llamaba a todos los *" miembros"* de su grupo para hablar sobre las preguntas o problemas que lo estaban molestando. Debido a que Napoleón estudió a cada miembro de su grupo toda su vida sabía en su *Imaginación* qué tipo de personas eran y si tenía un problema en particular, preguntaba frente a todos estos hombres y esperaba la solución de ellos. Lo hizo todas las noches durante unos meses hasta que se dio cuenta de que su *Imaginación* era tan poderosa que temía perder de vista el momento presente.

Sergio: ¡igual que yo! Sucedió algunas veces, por ejemplo, mientras trabajaba, en mi trabajo diario, estaba pensando en qué podría escribir y me sorprendí imaginando estas conversaciones con usted. Fue tan poderoso y aterrador al mismo tiempo porque tenía miedo de perder el conocimiento del momento presente, así que decidí hacerlo solo cuando estoy solo en casa y tengo tiempo para escribir este libro.

Futuro: eso es exactamente lo que le sucedió a Napoleón Hill. Se dio cuenta de lo poderosa que podía ser la *Imaginación* porque había descubierto muchas cosas que eran tan reales en ese momento que no sabía si era una realidad o una Imaginación. Se dio cuenta de que había adoptado pensamientos, palabras e incluso comportamientos de algunos hombres de ese grupo.

> *"La Imaginación lo es todo. Es la vista previa de las próximas atracciones de la vida." -**Albert Einstein***

Cuando estaba haciendo algo de trabajo, notó las palabras que eran similares a los dichos de Thomas Edison. Notó el comportamiento típico de Abraham Lincoln. Estaba hablando de una manera similar a Henry Ford. Tenía los pensamientos que tenían otros miembros de su grupo imaginario. Su propósito para estas reuniones imaginarias era reconstruir su personaje para que representara una combinación de las características de sus miembros imaginarios. Quería adquirir las mejores cualidades posibles que poseía cada miembro de su grupo y al hacerlo a través de su *Imaginación,* ¡adoptó estas cualidades y las aplicó en la realidad! Puedes elegir, creerlo o no, pero esa historia es una prueba más de lo poderosa e ilimitada que es la *Imaginación* humana.

¡Estoy seguro de que el Sr. Napoleón se dio cuenta durante su vida de que aprovechó *el poder del Universo*! *¡**La Imaginación y el universo están conectados!** ¡Todo lo que experimentas en tu Imaginación puede hacerse realidad!*

Sergio: en este caso, ¿estoy teniendo una conversación con "alguien" en quien quiero convertirme en el futuro?

Futuro: exactamente. Te estás colocando en una posición en la que puedes verte a ti mismo como alguien exitoso, saludable, feliz y muchas más cualidades positivas y hermosas.

Sergio: eso es verdad. Pero estoy haciendo esto con los ojos abiertos.

Futuro: ¿y qué? ¿Sabes que los *verdaderos soñadores* son aquellos que pueden soñar mientras sus ojos están abiertos?

Sergio: supongo que no lo sabía, pero puedo creerlo.

Futuro: bien. Estás en el camino correcto, así que sigue haciendo eso. Para volver al tema, mi punto al contar esta historia sobre Napoleón Hill y su grupo imaginario de miembros es; incluso si no estás (en este momento) rodeado de personas que te animen a sacar lo mejor de ti, aún puedes tener tu *Círculo a tu alrededor* en tu *Imaginación* como lo había hecho Napoleón Hill.

Hay dos tipos de relaciones, una que es tóxica y otra que es edificante. Desea alejarse de las personas tóxicas y negativas que lo molestarán con todo tipo de noticias sin importancia; con todas las razones por las cuales algo no puede funcionar. Aquellos que no te inspirarán a crecer, a convertirte en lo mejor que puedas ser. Tienes que ser honesto y mirar a tu círculo de amigos más cercano. ¿Quiénes son? ¿Cuáles son los temas de sus conversaciones? ¿Tienen metas y sueños? ¿Están orientados a problemas o soluciones? ¿Te inspiran a crecer o no quieren que salgas adelante? ¿Se quejan del clima, la economía, su trabajo? Tómese su tiempo y responda estas preguntas honestamente. Si su respuesta es sí, ¿es el momento adecuado para encontrar personas nuevas y más emocionantes que le den lo mejor de sí? ¿Es hora de encontrar personas con las que realmente disfrutes pasar tiempo?

¡No querrás estar rodeado de personas que compitan contigo, sino rodeado de personas que te completen!

Te diré esto. Una de las cosas más difíciles que harás es cerrar la puerta a tus amigos de toda la vida, a tu familia, a tus colegas y a otras personas. Puede ser duro y aterrador porque corres el riesgo de pasar un tiempo solo hasta que encuentres amigos más emocionantes e incluso mejores. Pregúntale a mi *presente*, él sabe de lo que estoy hablando.

Sergio: fue una de las cosas más difíciles de hacer. Decidí ser una persona radical, lo cual no es algo que sugiera que alguien debería hacer. Ese movimiento conlleva costos que algunos de ustedes quizás no puedan manejar. He eliminado a todas las personas de mi vida excepto a dos amigos porque me di cuenta de que no quiero tener nada que ver con ellos. Eran tóxicos, negativos, siempre se quejaban, no querían hacer nada para cambiar sus vidas, celosos, envidiosos. Sabía que, para mejorar mi vida, tenía que eliminar a algunas personas de mi círculo. En mi caso, no fue tan difícil porque ya sabía que me mudaría a Canadá y que tendría que comenzar de nuevo y encontrar nuevos amigos. Esa decisión me ayudó a establecer los estándares con los que elijo estar rodeado en mi futuro. Mi objetivo siempre fue estar rodeado de personas que quieran crecer, aprender, expandirse. Aquellos que buscan más de la vida que son positivos y saben lo que quieren. Déjame decirte una cosa más que hice en 2014.

¡Los primeros meses en Canadá fueron un infierno para mí! Estaba trabajando en una empresa de construcción donde solía pelar los patines (paletas) en pedazos y tal vez no sabes qué tipo de trabajo fue ese; confía en mí cuando digo que preferiría limpiar los baños que hacer eso alguna vez y otra vez. Fue duro, doloroso, tuve pesadillas, pero no pude dejarlo porque no conocía a nadie en Toronto y tenía una enorme deuda que tenía que pagar. Además, mi familia en Serbia tenía problemas financieros en ese entonces, así que tuve que apoyarlos también. No entraré en los detalles del trabajo, pero confía en mí cuando digo que todos los días estaba tan cansado, lleno de odio y resentimiento por ese trabajo.

Tuve mis problemas y batallas que tuve que pelear en mi vida y en mi mente. Una cosa que no podía esperar era llamar a mi familia y hablar con ellos para poder sentir al menos algún tipo de felicidad. Entonces, cada fin de semana, solía llamar a mi familia por Skype o Viber y después de dos o tres semanas, me daba cuenta de que las conversaciones con ellos se sentían desagradables. La razón fue que nunca, literalmente, nunca mencioné lo que estaba pasando, los problemas con los que estaba lidiando, el dolor, el sufrimiento, las lágrimas, la sangre, la infelicidad en ese momento. ¡No dije una palabra al respecto! Y allí estaban, esperando que los llamara para que pudieran quejarse de sus propias vidas.

Como tenía fe en que las cosas cambiarían y nunca perdí de vista mi visión para convertirme en una persona mejor y exitosa, ¡decidí bloquearlos! Sí, lo hice en Skype, Viber, Whatsapp, los borré de mis cuentas de redes sociales y les expliqué que no los llamaría hasta que cambien su forma de hablar y pensar. En otras palabras, también les hice cambiar su propia vida. Puedes decir que hacía demasiado frío de mi parte, pero confía en mí, primero debes cuidarte a ti mismo y a tu bienestar y solo entonces podrás ayudar a los demás. Así que no los llamé durante tres o cuatro meses y finalmente un día recibí un mensaje de mi hermana, *"por favor llama a mamá y papá, me dijeron que nunca más se iban a quejar de nada"*, y así lo hice. Han pasado algunos años y nunca más se quejaron de nada. Si tenían un problema, hablan de ello e inmediatamente, estamos tratando de descubrir cómo resolverlo.

Hice lo mismo con otras personas que conozco o con mis otros amigos también. Fue radical pero definitivamente funcionó para mí.

Futuro: en este ejemplo de mi *presente* puedes ver que es esencial eliminar a las personas negativas de tu entorno o al menos limitar tu tiempo con ellas. Puedes hacerlo bien o puedes hacerlo radicalmente como lo hizo mi *Presente*. Cualquiera sea el método que elijas te prometo que hay algo que perderás. Te sorprenderás en muchos momentos solitarios cuando decides ir por una vida mejor. Como a mi *Presente* le gusta decir, ¡nunca estás solo! ¡Especialmente cuando tienes tu *Imaginación*! Si en este momento no tienes a las personas con las que te gustaría estar rodeado, créalas en tu *Imaginación*. Crea tu junta directiva imaginaria. Lleva a las personas que admiras, que te inspiran, con las que te gustaría un día sentarte y ponerlas en tu *Imaginación* y hablar con ellas. Habla con ellos como si fuera una realidad y notarás que después de un tiempo verás personas que entrarán en tu vida y se convertirán en tus amigos.

Sergio: tengo en mi teléfono las fotos de personas que admiro como el Dr. Wayne Dyer, Tony Robbins, TD Jakes, Deepak Chopra, Bob Proctor, Jack Canfield, Jim Rohn, Neale Donald Walsch, Zig Ziglar, Les Brown y muchos más. Leo sus libros, escucho sus podcasts, imagino reuniones con ellos, y cuando estoy en una situación, me pregunto algo como *"¿qué diría Tony Robbins ahora?"* O " *¿cómo reaccionaría TD Jakes en esta situación?"* y de alguna manera surgen ideas a través del sexto sentido. Cada vez que hacía esto, reaccionaba y respondía de una manera beneficiosa para quien estaba involucrado.

Futuro: esa es una excelente manera de abordar la situación. Si eres consciente en ese momento y te preguntas algo como "¿Qué haría Dios en esta situación?", Confía en mí, recibirás una respuesta de inmediato y principalmente a través de una forma de pensamiento. Si no me crees, trate de recordar algunas situaciones en su vida en las que demostró un comportamiento similar o incluso el mismo que el de uno de sus amigos y se sorprendió de haber reaccionado de esa manera. Cuando pasas una cierta cantidad de tiempo con alguien, elegirán sus pensamientos, la forma en que hablan o incluso se comportan. Esa es una razón más para estar rodeado de personas que sacarán lo mejor de ti, no lo peor.

Sergio: creo que para ser aceptado salimos con cualquiera para no sentirnos solos. También recuerdo cuando comencé a escuchar música metal y rock; de repente, estaba rodeado de personas que escuchaban lo mismo. Llevaban estas camisetas de metal, tenían el pelo largo, bebían cerveza e hicieron todo tipo de cosas que no me gustaban. Como me influenciaron, me estaba comportando como ellos y no me gustó en absoluto. Recuerdo la decisión que tomé de salir de ese círculo porque me di cuenta de que no era quien quería ser o el lugar donde quería estar. No digo que todos los que escuchan música metal y rock sean como los que he descrito pero mi círculo de personas era así. Al principio puede ser divertido, pero luego verás que no eres quien eres.

Futuro: exactamente. Hemos estado diciendo a lo largo de todo el libro que debe decidir quién quiere ser, a dónde quiere ir y qué quiere hacer porque ese es el punto de partida de cada cambio que le gustaría hacer en su vida. Si va a convertirse en un culturista profesional, ¿saldrá con algunas personas con sobrepeso y hará lo que hacen o comerán lo que comen? ¡Por supuesto no! Te levantarás, irás al gimnasio y encontrarás a alguien que tenga éxito en algo en lo que quieras convertirte y estar rodeado de ese tipo de personas. Si quieres convertirte en un hombre de negocios exitoso, irás y encontrarás personas que lo hicieron antes que tú y tratarás de estar en su entorno tanto como puedas.

Sergio: en mi caso, cuando me interesé en hablar en público, me uní a *Toastmasters*, ¡y esa fue una de las mejores decisiones de mi vida! No recibí beneficios solo por hablar en público, pero estar en una habitación con gente que quiere crecer, aprender, expandirse y ser lo mejor que puede ser; fue un descubrimiento notable para mí. Me di cuenta de lo mucho que disfrutaba estar allí y más el tener la oportunidad de hablar con estas personas y de ser empoderado e inspirado por ellas.

Futuro: en otras palabras, sabías lo que querías y el Universo te brindo su ayuda para encontrarlo. Una vez que sepas lo que quieres, el Universo darás lo mejor para cumplir tu deseo. En el momento en que te rodeaste de personas edificantes, te diste cuenta de que tu vida estaba mejorando en cada área. Ni siquiera puedo expresar lo importante que es crear un círculo de amigos que saque lo mejor de ti. Se ha dicho que *"somos los productos de nuestro medio ambiente"* y esa es una gran verdad.

Sergio: su sugerencia es que, si alguien no puede encontrar este tipo de personas en este momento, debería usar su *Imaginación* para crear un círculo imaginario al ponerse en ese estado emocional de sentir que es una realidad. El Universo hará todo lo posible para rodearlos de personas que necesitan en ese momento. Después de un tiempo, notarán que nuevas personas se acercan a ellos y se convierten en sus nuevos amigos o asociados.

Futuro: déjame darte una idea. Se ha dicho que, para crear la *mente maestra*, debes tener dos cerebros que se conectarán en el nivel subconsciente a través del principio de armonía, pero lo que la mayoría de la gente no entiende es (has descubierto en este momento sin saberlo) que puedes usar tu *Imaginación* para crear tu *mente maestra* como lo hizo Napoleón Hill. Si puedes crear tu círculo de influencia en tu *Imaginación*, serás imparable. Tendrás acceso al cerebro de las personas que imaginas; siempre que conozca su historia y los haya estudiado antes. Recuerde: ¡La ***Imaginación es la clave para desbloquear el Poder del Universo!***

Sergio: si entiendo, quieres decirme que aproveché el poder del Universo al usar mi *Imaginación* para crear este libro y al usarlo conscientemente me he vuelto más feliz y más agradecido; ¿Y es por eso que he notado muchos cambios positivos en mi vida en los últimos meses?

Futuro: ¡estás a solo un paso de transformar completamente tu vida!

Sergio: ¿qué quieres decir?

Futuro: al escribir este libro estás usando el lado creativo de tu *Imaginación* conscientemente al máximo. Si puedes usar tu *Imaginación* durante todo el día vivirías una vida diferente; el tipo de vida que estás soñando en este momento.

Sergio: pero si lo uso durante todo el día, ¿no significa eso perder de vista la realidad y las cosas que están sucediendo en este momento?

Futuro: no me refiero a usar su *Imaginación* cada segundo de su vida diaria sino a usarla intencionalmente antes de que ocurran algunas circunstancias. Puede tener un impacto en ese momento incluso antes de que suceda. En otras palabras, si puede detenerse por un segundo antes de cada intervalo de su vida diaria y cerrar los ojos por un breve momento para imaginar cómo le gustaría que fuera ese momento con suficiente práctica diaria, se convertirá en el verdadero *Creador de su vida.*

Sergio: ¿qué quieres decir con *"si puedes parar un segundo antes de cada intervalo de tu vida diaria?"*

Momentos intencionales

F*uturo:* En realidad, el único momento que existe es **AHORA**. Si piensas profundamente, te darás cuenta de que el pasado, el presente y el futuro existen al mismo tiempo. Ya sea que estés pensando en tu pasado o en el presente o imaginando tu futuro, ¡lo que sea que estés haciendo está sucediendo en este momento AHORA!

Tu poder creativo está en el ahora. Todo lo que estás experimentando está sucediendo ahora. Puedes experimentar el pasado en el AHORA a través de tu *Imaginación*. Lo que sea que estés haciendo en este momento, ya sea que estés escribiendo, tomando café, haciendo el amor, viendo una película o simplemente acostado en la cama y pensando, estás haciéndolo todo AHORA. Si imaginas tu futuro, lo estás haciendo AHORA. AHORA es el momento que puedes utilizar para vivir la vida feliz en el presente, así como para crear el futuro de tus sueños. Hay algo que se llama **"momentos intencionales"**.

Sergio: eso suena familiar.

Futuro: es algo que usaste hace unos años, y es hora de recordarlo y comenzar a usarlo de nuevo para vivir la **vida intencional.**

Los momentos intencionales son momentos que tienes a lo largo del día. Y no me refiero literalmente a un momento que dura solo un segundo, sino al **intervalo de un momento a otro.** Para darte un ejemplo; te levantas por la mañana, ese es un intervalo. Te levantas de la cama y vas al baño a lavarte los dientes, ese es otro intervalo. Regresas a tu habitación y comienzas a vestirte y a prepararte para ir a trabajar: otro intervalo. Cuando salgas de tu casa y te vas a trabajar, otro intervalo, etc.

Sergio: ah, ya veo. Entonces, *cada intervalo* de un momento al otro es lo que llamas *"momentos intencionales".* Entiendo lo que quieres decir.

Futuro: bien. Lo dije antes que has estado usando tu *Imaginación* consciente y activamente solo cuando estabas escribiendo este libro (porque esa era tu intención) y cuando estabas visualizando tus sueños antes de dormirte. ¡Lo que te sugiero a ti y a todos los que leen este libro es algo que cambiará tu vida y tu futuro!

$$A + I \text{ c/c } I = F$$

Ahora + Intención combinada con Imaginación = Futuro

Si hay una cosa que puedes usar (de todas las cosas útiles en este libro) para cambiar tu vida, ¡es esta fórmula!

Significa que el único momento que existe es ***AHORA***. Si usas tu ***Imaginación*** y configuras la ***intención*** para este momento, ***¡CREARÁS EL FUTURO QUE DESEAS!***

Lo harás utilizando esta estrategia que mejorará dramáticamente no sólo tu vida cotidiana, sino también tu futuro de antemano si te vuelves constante al usarlo.

En primer lugar, debes decidir que estarás al tanto de cada momento de cada día; eso no es algo que sucederá de la noche a la mañana. La constancia es la clave. Al practicar todos los días para estar al tanto del momento presente, llegarás al punto en que se convierte en acto reflejo y, por defecto, estarás al tanto de lo que sucede en cada momento. En otras palabras, tendrás el ***poder de tomar el control del momento*** de una manera que te permitirá tener el control total de tus pensamientos, palabras o acciones en ese momento.

Entonces, ***tienes que comenzar AHORA***. Lo que sea que estés haciendo ahora, ¡para! Si estás leyendo este libro, ¡PARA POR UN SEGUNDO! Pon este libro a un lado, cierra los ojos y di algo como: "Mi intención para este momento es reunir mis pensamientos y concentrarme en leer este libro increíble, y mientras leo, quiero que mi subconsciente trabaje para mí con el fin de recordar cada pieza de información que pueda usar para mejorar mi vida. *¡Me siento bien mientras leo y daré lo mejor de mí para estar presente mientras leo!*

¿Lo hiciste? ¡FELICIDADES! Has comenzado a aprender cómo vivir la vida intencional al usar este momento para disfrutar el presente y crear tu futuro. Esta es la esencia de los momentos intencionales. Si puedes detenerte por un breve segundo y cerrar los ojos y establecer tu *intención* para lo que deseas a partir de ese momento y si puedes sacarle provecho a tus sentimientos, tendrás un impacto en ese momento, y te sorprenderá cuando ves que tu *intención* influyó en lo que está por venir. Por ejemplo, digamos que tu teléfono suena y lo tomas y en la pantalla dice " *Mamá* ", lo que significa que mamá te está llamando. Dado que esta es acción suya y ella sabe por qué te está llamando, sería aconsejable contestar el teléfono y decir *"Hola mamá, ¿puedes esperar un segundo?"* Y luego cierras los ojos y configuras la Intención para ese momento. Puede ser que decides decir *"Me encanta cuando mi madre me llama. Quiero disfrutar nuestra conversación, reír, darle poder con algunas palabras alentadoras y estimulantes y decirle lo mucho que la aprecio",* y luego tomas tu teléfono y estás listo para ese momento. Notarás que la conversación se sentirá agradable y de alguna manera diferente. Verás la magia de establecer la intención para ese momento.

Si estás a punto de ingresar al edificio de tu empresa, te recomendaría que te detengas por unos segundos y cierres los ojos, establezcas una clara intención de lo que deseas experimentar ese día. "Estoy agradecido por este trabajo. *Es un lugar donde tenemos tantos genios que se quieren exprimir cada uno de su manera única. Quiero estar de servicio. Tengo la intención de ser lo más productivo posible; para hacer mi trabajo de la mejor manera que pueda, para ayudar a otros si estoy en una situación de ayuda y para que sea un mejor día para al menos una persona de mi empresa al decir algunas palabras motivadoras o empoderadas. Quiero sentirme bien, y cuando termine, quiero estar lleno de energía y ser feliz ".*

Por supuesto, puedes decir algo en tus propias palabras, pero entiendes la esencia. ¡Si puedes hacer eso para cada momento intencional de tu día, serás el Creador de tu día, y el día se volverá un mes, un mes se volverá un año y un día mirarás atrás y verás que eras El creador de tu vida!

¡La mejor manera de prever tu futuro es crearlo! Crea tu futuro estableciendo la *intención* para cada momento y cada día. Pon en práctica la visualización diaria de tus metas y sueños.

Sergio: ¿tenemos que parar antes de cada momento o podemos establecer la intención para ese día? Por ejemplo, cuando nos despertamos, podemos decir: *Mi intención para hoy es sentirme bien. Quiero disfrutar mi trabajo Quiero alentar a los demás, reír y sonreír tanto como pueda. Quiero aprender una cosa nueva y crecer al vivir la experiencia de este día. Estoy agradecido de estar vivo y quiero vivir plenamente este día".*

Futuro: ¿es esa tu *intención* cuando te despiertas?

Sergio: bueno, solía decir todas las mañanas cuando me despertaba *"¡Mi intención para hoy es sentirme bien, pase lo que pase!"*

Futuro: ¿funcionó?

Sergio: no siempre.

Futuro: puedes establecer la *intención* para ese día, pero es posible que no estás al tanto de los momentos que sucederán durante el día, y es por eso que crees que esto no funcionará. Establecer la *intención* antes de cada momento es inestimable. ¡Ni siquiera puedo exprimir lo mucho que esto cambiará tu vida para mejor!

Sergio: ¿pero ¿qué pasa si alguien comienza hoy a establecer las intenciones antes de cada momento y todavía no crea el efecto deseado y se siente decepcionado? Esa persona puede decir que esta técnica no funciona.

Futuro: es posible que, al principio, cuando empieces a usar esta técnica, aún no experimente ese momento como lo deseas, debido a sus pensamientos y creencias anteriores. Mejor dicho, si una persona que iba a un trabajo que no le gustaba y durante meses tuvo pensamientos tales como: *"Ay, tengo que ir al trabajo y relacionarme con esta misma gente aburrida"* y de repente comienza a establecer una nueva *intención* , al principio, es posible que no vea los resultados deseados porque no se ha convencido completamente de la nueva intención, pero a través de la práctica y con el tiempo: al cambiar sus pensamientos y alterar sus creencias, se despertará un día y se dará cuenta de que en realidad quiere ir a ese trabajo. Podría comenzar a notar que alguien a quien no le gustaba antes comenzó a tratarlo de otra manera, y comienza a disfrutar las conversaciones con la gente. Al configurar la intención para cada momento una y otra vez, verás el impacto de tu intención y te sorprenderá lo que puede hacer tu *Imaginación*.

Además, para la mayoría de las personas que están atrapadas en sus vidas y quieren hacer un cambio, a veces les resulta difícil ver el panorama general. Tuviste (digamos) la suerte de ver el panorama general al tener esa visión cuando estabas en el fondo, pero no todos van a tener ese privilegio. Entonces, si no pueden verlo, será más fácil para ellos hacer algo ahora mismo que mejorará su situación actual, lo que se puede hacer estableciendo las intenciones para cada próximo intervalo; imaginando las cosas pequeñas, haciéndolos y convirtiéndose en un maestro para crearlas. Finalmente, terminan con una visión más amplia que les será creíble porque aprendieron a tomar el control de esas cosas.

Se tarda tiempo cambiar tus pensamientos y creencias como hemos mencionado en otras partes del libro. Esta fórmula que he compartido contigo siempre funcionará, sin excepciones, pase lo que pase. Como todo en la vida, cada cosa nueva que aprendes requiere práctica hasta que la domines.

Por ejemplo, sé con certeza que antes de sentarte y abrir tu computadora portátil para escribir este libro, tu mente subconsciente estaba trabajando a tu favor al establecer una *intención* clara de escribir porque tu mente sabe que esto es algo que te gusta hacer; Esta es tu pasión. Si puedes usar eso a tu favor y comenzar a establecer una *Intención* para cada momento de su vida a diario, pronto te darás cuenta de lo que significa ser el *Creador de su vida*.

Tienes el poder de elegir los pensamientos, palabras y acciones en este momento. Elija sabiamente. Además, tienes que saber eso para afectar el cambio positivo real en tu experiencia cotidiana; debes ignorar cómo se ven las cosas y cómo te ven los demás. Preste más atención a la forma en que prefieres que sean las cosas estableciendo la Intención antes de cada momento, y verás cómo la vida se desarrollará de la manera más bella y dichosa.

"Sigue tu dicha, y el Universo te abrirá puertas donde solo había paredes". - **Joseph Campbell**

La clave para liberar el poder del Universo es tu **Imaginación**. Sin embargo, si estableces la **Intención** para cada momento de tu vida diaria a través **del poder**

de la Imaginación, crearás el futuro que deseas y vivirás la vida que creaste conscientemente.

Recuerde estas palabras porque son tuyas y las usarás para enseñar a otros cómo aprovechar este gran poder.

Sergio: ¡otra vez, me inspiraste!

Futuro: Hay tanta gente que busca la inspiración por fuera, pero la mejor y más poderosa inspiración viene desde adentro.

Sergio: estoy de acuerdo. No necesito nada del exterior para inspirarme. Yo uso mi *Imaginación* para eso. Por cierto, tengo el siguiente tema del que creo que tenemos que hablar.

Futuro: ¿y eso es?

Sergio: es algo que me vino a la mente y, en cierto modo, me entristece que la mayoría de las personas que viven en este mundo no conozcan el poder de las emociones y cómo usarlas en su beneficio. Dijiste que, si mezclamos nuestros sentimientos con la *Imaginación* para establecer la *intención*, estamos a punto de atraer todo lo que queramos en un momento específico de la vida. ¿Es correcto?

Futuro: es correcto.

Sergio: eso es interesante porque ahora sé que somos un ser triple, que incluye el cuerpo, la mente y el espíritu. Algunas lo llaman el consciente, el subconsciente y el superconsciente. Sé que, sea lo que sea lo que queramos hacer o ser, debemos aprender a poner las tres cosas en práctica a través de nuestras emociones. También sé que nuestro *Espíritu* ya trabaja para nuestro beneficio en todo momento. Entonces, ¿puede explicar cómo podemos enseñarle a nuestra mente y cuerpo a usar las emociones para crear lo que queremos o cómo usarlas aplicando tu fórmula para crear el futuro?

Futuro: elegiste un tema muy esencial para hablar. Sin más preámbulos, pasemos al tema de las emociones.

Emociones y el pensamiento original

Lo que debes saber es que eres mucho más de lo que ves en tu cuerpo físico. Mientras existas en esta *dimensión*, hay otra parte de ti, tu ***Alma*** que existe en otra dimensión. Es una suma de todas las experiencias de vidas pasadas que tuvo.

Sergio: vaya, eso suena profundo. ¿Es el *alma* el único nombre que tiene, o hay alguna otra etiqueta para ello? No es que me importe, pero me suena familiar.

Futuro: no importa cómo lo etiquetes; La verdad es que existes simultáneamente en dos dimensiones. Prefiero llamarlo tu ***Alma***, y tu *Alma* sabe todo sobre ti. Tu *alma* sabe quién eres y quién has sido siempre. Conoce toda la experiencia por la que has pasado desde el comienzo de tu existencia. No profundizaré en ese tema porque puede ser incomprensible para alguien que está leyendo. Tal vez algún día escribamos otro libro que hable más sobre tu *Alma* y su propósito. Por ahora, vamos a mantenernos en esta parte importante.

"Tu emoción es el puente que te conecta con tu Alma".

En otras palabras, si estás enfocado en un tema y tienes tu propia opinión al respecto, tu *Alma* también está enfocada en el mismo tema y tiene su opinión personal al respecto. Cualquier emoción que sientas en ese momento es una indicación de la coincidencia o desajuste de esas opiniones.

Por ejemplo, estás en una conversación con alguien, y estás en medio de un argumento, y esa persona te dice: *"No sabes nada de eso. Estás soñando con algo que no es real. No pienses en esas tonterías, ¡la vida apesta! Puedes hacerte rico solo si tienes la suerte o robas un banco ".* Estabas hablando con esa persona sobre tus sueños, y esa persona no puede ver lo que tú sí puedes ver y tal vez a esa persona ni siquiera le gustas y dijo esas cosas solo para lastimarte. Inmediatamente puedes decir: *"Tienes razón. Estoy soñando con lo imposible. No tengo lo necesario para tener éxito. No soy lo suficientemente bueno y no tengo la suerte de tener éxito".*

Ahora, si no eres lo suficientemente fuerte mentalmente y aún no sabes quién eres, puedes sentir una *emoción negativa*. Esta emoción negativa es una señal de tu *Alma* que sabe quién eres y sabe que lo que quieres y lo que sientes no están alineados. Mejor dicho, quieres el éxito, pero aún no crees que puedas obtenerlo. Y tu Alma te está dando una señal en forma de emoción negativa para que pueda alterar sus creencias y comenzar a pensar de otra manera.

Digamos que estás en el mercado para comprar algunos comestibles y mientras esperas tu turno para pagar, la mujer antes de tí olvidó su billetera y no tiene dinero para pagar lo que ha comprado. Tu instinto se mete en la cosa y tú pagas sus cuentas. Se da vuelta para darle la sonrisa más hermosa y dice: *"Muchas gracias señor por este acto de amabilidad. Espero volver a verlo para poder pagarle. Que tenga un hermoso día".* ¿Qué piensas? ¿Cómo te sentirías en ese momento? Sentirás una *emoción positiva*. En este caso, eso también es una señal de tu *Alma* porque tus pensamientos y creencias están en alineación con lo que sientes y quién eres.

Hay varios tipos de emociones de las que habla la gente; ya sea que los llames ira, alegría, resentimiento, miedo, paz, amor, etc., pero en verdad, solo hay dos emociones: la **emoción del amor** y la **emoción del miedo**. Solo uno puede existir a la vez. No tienes más alternativa que estas emociones, pero tienes la *opción* de cuál seleccionar. ***Sí, puedes elegir cómo quieres sentirte en cualquier momento de tu vida.***

Al saber que tienes el poder de elegir qué emoción deseas sentir, al seleccionar la emoción del amor, puedes usarla en tu beneficio en cualquier momento para crear lo que deseas. Tus sentimientos provienen de tus pensamientos, y cada pensamiento tiene una frecuencia. Vives en una era en la que puedes medir un pensamiento. Los pensamientos de frecuencia superior son pensamientos que te harán feliz, bendecido, realizado y tranquilo. Los pensamientos de baja frecuencia te tendrán en un modo triste, enojado y deprimido. Lo que desconoces es que cada emoción que sientes viene con una frecuencia que hace atraer a ti una frecuencia similar. Cualquier sentimiento que elijas en un momento determinado tendrá un nivel de frecuencia que enviará la vibración al Universo, y obtendrás lo que sientes. Es por eso que muchas personas se confunden porque creen que si piensan positivamente atraerán cosas positivas, y no es así. Siempre obtienes lo que sientes. Es posible que trates de pensar en positivo, pero si no te sientes bien con estos pensamientos y no te instalas en la vibración, no obtendrás lo que piensas. Porque lo que quieres y lo que sientes no están alineados. Tu *alma* te envía un mensaje a través de una emoción negativa para que puedas cambiarlo.

Sergio: pero, ¿cómo puede alguien elevar su nivel de vibración? Si alguien se siente triste en este momento, ¿cómo puede esa persona cambiar su estado de ser?

Futuro: ¡La emoción es energía en moción! Puedes cambiar tu estado de ser cambiando la fisiología de su cuerpo a través de principios de los que ya hemos hablado en el capítulo " ***Cómo ponerse de buen humor".***

Sergio: lo entiendo. Si no te sientes bien, puedes cambiarlo por la acción. Supongo que es un buen punto para que alguien regrese a ese capítulo y lo relea.

Futuro: ¡exactamente! Al cambiar tu estado de ser a través de alguna forma de actividad física, te pondrás en un estado superior de ser con una mayor frecuencia de pensamiento y vibración emocional. Cuanto más comprendas que estás a cargo de lo que sientes y que los sentimientos son vibraciones, más te darás cuenta de que nada sucede o puede suceder en tu realidad física que no autorizaste a través de sus sentimientos. Y la realidad física es la energía en vibración única.

Sergio: a ver, ¿entendí bien? No es lo que pensamos que causa el sentimiento; es cómo pensamos sobre una cosa que combina emoción con esa cosa. El pensamiento junto con la emoción crea el sentimiento. El sentimiento entonces crea una frecuencia única. La repetición y sostenibilidad de ese sentimiento junto con la profundidad de la carga emocional determinan cuán dominante será esa frecuencia; cuanto más dominante es la frecuencia, más rápida es la manifestación de esa frecuencia. En otras palabras, cuanto más rápido atraerás otras *"cosas"* que tienen una frecuencia equivalente en tu vida.

Futuro: lo has declarado correctamente. La emoción positiva es una señal de tu *Alma* de que estás alineado con lo que quieres. Es lo mismo con la emoción negativa. Si dices *"Quiero un ascenso en mi trabajo"*, y te imaginas a ti mismo obteniendo ese ascenso, te estás alineando con lo que quiere y sientes una emoción positiva. Pero, si piensas tal como, "pero no creo que pueda obtenerlo, porque no soy lo suficientemente bueno, y Brian es el siguiente de todos modos ..." te estás tirando hasta donde estabas antes de pensarlo de qué quieres la promoción. Y ahora sientes una emoción negativa porque no crees en ti mismo, e incluso si tu *Alma* sabe que puedes obtenerla, mientras no cambies tus creencias, no estarás en la frecuencia mayor de conseguir lo que quieres

Sergio: ¿cuál es tu sugerencia sobre el uso de nuestras emociones para nuestro beneficio? ¿Cómo podemos usarlos para servirnos bien?

Futuro: al decidir que los usarás como tu sistema de orientación. Tus emociones te guiarán hacia el camino de elegir solo lo que deseas. Si vas a hacer eso, *debes ser consciente de las señales que tu Alma te está enviando a través de tus sentimientos.*

Cuando sientas una emoción negativa, ¡deja de hacer lo que estés haciendo en ese momento a toda costa! No está alineado con tu pensamiento más elevado; no está alineado con quién eres o con lo que quieres. Lo que tienes que hacer, y lo repetiré, lo que *tienes que hacer* es cambiar inmediatamente tu enfoque hacia algo que te haga cambiar tus pensamientos en ese momento o hacer algo que cambie tus emociones. ¡No puedes permitirte sentir la emoción negativa!

Sergio: sé por experiencia personal que cuando estás en medio de emociones negativas profundas, puede ser (por lo general) difícil cambiar tus pensamientos y sentimientos de negativo a positivo; no importa lo que hagas. A veces, no importa cuánto quieras, hay un pensamiento detrás del pensamiento que no nos permite cambiar nuestro enfoque.

Futuro: bien, primero tendremos que pasar a otro tema importante porque quiero que todos entiendan algo, y luego volveré a tu pregunta.

Pensamiento original

Lo que tienes que entender es que siempre hay un pensamiento detrás del pensamiento que puedes llamar el **Pensamiento Original**. Es la fuerza principal. Eso significa que detrás de cada pensamiento que tienes, hay un pensamiento original que es tu pensamiento real. En otras palabras, si quieres algo y hablas de ello, incluso si pones tu intención en ello, tu pensamiento original te recordará que aún no lo tienes en este momento; que falta lo que quieres en tu vida.

Sergio: no creo que te esté siguiendo.

Futuro: *cada pensamiento y cada emoción que tienes se basa en el amor o el miedo.* Ya hemos dicho que, en esencia, solo hay dos emociones, ya sea la emoción del amor o la emoción del miedo. Cada acción que tomas se basa en una de estas dos emociones. No tienes otra opción porque no hay nada más que elegir, pero tienes la opción de elegir cuál seleccionar.

Ahora déjame decirte lo que quiero decir con *"siempre hay un pensamiento detrás del pensamiento"*. Digamos que estás saliendo con esta hermosa chica. Durante un tiempo, tu relación va bien y la disfrutas mucho, y después de unos meses, te das cuenta de que sientes algo que se llama *el amor*. Ahora estás enamorado de esa chica. Decides contarle lo que sientes por ella. Sales en medio de la noche, pensando que ha llegado el momento; el momento en que quieres decirle que la amas. En ese momento, experimentarás un pensamiento detrás del pensamiento. En el momento en que prometes tu amor más profundo, acoges tu mayor temor. En ese momento, lo primero que te preocupa después de decir: "Te amo" es si luego vas a escucharlo a cambio o no. Si lo escuchas en respuesta, comienzas inmediatamente a temer que el amor que acabas de encontrar, podrías perder. Y así, la acción se convierte en una reacción, una defensa contra la pérdida.

Sergio: esto no es real.

Futuro: ¿qué quieres decir?

Sergio: no puedo creerlo. ¡Hijo de p***, no puedo creerlo!

Futuro: vaya, no creo que a tus lectores les guste el lenguaje que acabas de usar, pero, ¿puedes decirme qué pasó?

Sergio: no me preocupa el lenguaje porque no puedo creer lo que acabas de decir. Todo tiene sentido ahora. Nunca, y quiero decir, nunca me di cuenta por qué sucedió. Finalmente entiendo después de tantos años.

Futuro: estoy confuso ahora. ¿De qué estás hablando?

Sergio: puedo recordar esa noche cuando decidí decirle a mi ex novia que la amaba. No planificaba cuándo iba a hacerlo; justo sucedió. Y nunca olvidaré el miedo que tenía en el mismo momento cuando pronuncié las palabras: *"Te amo"*. Ese miedo dura solo dos o tres segundos en realidad, pero en mi mundo, ¡esos 2-3 segundos fueron como un siglo! Estaba tan asustada si iba a escuchar *"Te amo"* a cambio o si ella diría algo que podría terminar nuestra relación. Dios mío, no puedo creerlo.

Futuro: lo recuerdo, pero sigue adelante. Tengo el sentimiento de que te darás cuenta de lo que estoy hablando.

Sergio: sé exactamente de lo que estás hablando. ¡Confía en mí, lo juro! En el momento en que ella respondió: *"Yo también te amo a ti"*, comencé a temer por cuánto duraría. Esa misma noche, cuando estaba en mi cama, no podía dormir porque estaba preocupado por cuánto tiempo duraría. Como esa fue la primera vez que sentí *"amor de verdad"*, tuve algunos pensamientos abrumadores de que el amor que acabo de encontrar, podría perder. ¡Me sentí horrible! ¡Las emociones eran tan negativas que no podía dejar de sentirlas! Entonces a partir de ese día, todas mis acciones se convirtieron en reacciones porque todo lo que estaba haciendo fue motivado por el miedo, y cometí muchos errores. No es de extrañar que haya perdido a esa chica. *¡Era el pensamiento detrás del pensamiento!* Era el **Pensamiento Original** de que hablaste, y ahora, cuando pienso en eso, me doy cuenta de algo que realmente me impactó. Y es que, mi pensamiento original era que no fui digno de ser amado, que no merecí a esta chica y una relación feliz; y si la pierdo, nunca más volveré a encontrar a alguien que me quiera, etc. No lo entendí entonces, ¡pero ahora todo tiene sentido!

Futuro: ahora lo entiendes. Si hubieras sabido en ese momento quién eres, no tendrías esos pensamientos sobre ti mismo. *Si hubieras sabido que eres el ser más magnífico que Dios ha creado, nunca habrías experimentado pensamientos de indignidad.*

La razón por la que tuviste estos pensamientos es que te le enseñaron de esa manera desde una edad temprana. Todo comenzó cuando tus padres, parientes, maestros y muchos otros te enseñaron que el amor es condicional. Has olvidado lo que era ser amado sin condiciones. Has aprendido que si no obedeces lo que tus padres quieren que hagas, serás castigado. Tus líderes religiosos te han enseñado que, si no obedeces a Dios, terminarás en el infierno como ser pecador. Tus maestros te han enseñado que, si no escuchas o no aprendes algo, serás castigado en forma de malas notas. Puedes ver cómo tus pensamientos de miedo fueron sembrados en tu mente desde una edad temprana. Aunque tus padres, maestros y otras personas en tu vida no tenían ideas o pensamientos dañinos detrás de sus palabras o acciones cuando le contaban todas estas cosas; la verdad es que inconscientemente sembraron semillas de miedo en tu mente. Pero no puedes juzgarlos por eso, porque fue de la misma manera que les criaron sus padres, sus maestros y líderes religiosos.

Sergio: ¿entonces para *"protegerme"*, estaban haciendo mucho más daño que bien?

Futuro: Puede parecer duro, pero esa podría ser la forma correcta de decirlo. Tenían las mejores intenciones, pero claramente, se les escapó algo. Obviamente, algo que ellos no sabían y que aún no saben, pero que ahora lo sabes tú; y con este conocimiento, puedes cambiar el *pensamiento original.*

Sergio: ¿cómo puede alguien cambiar sus pensamientos y creencias, creencias que son el resultado de diez, veinte o incluso más años de acumular pensamientos y creencias falsas de todo tipo de fuentes distintos?

Futuro: entiendo tu frustración, pero confía en mí cuando digo que es posible.

Sergio: no tengo ninguna duda de que es posible, ¡pero no puedo evitarlo! Justo que me vino a la mente en este momento. Muchas situaciones están surgiendo en mi cerebro. ¡Todas estas palabras que he escuchado no eran más que grandes mentiras!

Futuro: eso es verdad. Te han dicho que el amor es limitado y condicional; que ni siquiera puedes contar con el amor de Dios. Te dijeron que no eres lo suficientemente bueno, no tienes lo necesario, no está en tu ADN ser quien quieres ser, o nunca serás rico si naciste en una familia pobre y muchas mentiras más. Has aprendido que tu realidad es una realidad basada en el miedo. No es que solo que te hayan dicho que el amor es condicional, sino que te has percibido a ti mismo dando amor condicionalmente. E incluso mientras te detienes, te retiras y estableces tus condiciones, una parte de ti sabe que esto no es lo que es el amor.

Para cambiar eso, tendrás que hacer algo que creo que te ayudará a cambiar no solo el pensamiento original sino todos estos pensamientos y creencias falsas.

Sergio: ¿y eso es?

¡Debes actuar antes de pensar!

Futuro: debes tomar medidas antes de que tu mente mate la idea que estás teniendo. Tienes que actuar antes de pensar.

Sergio: ¿qué quieres decir?

Futuro: digamos que acabas de llegar a tu casa del trabajo. Te levantaste temprano, has trabajado 10 horas ese día y te sientes cansado. Sabes que tienes que ir al gimnasio porque tienes ese objetivo, esa visión de cómo quieres que se vea tu cuerpo. Así que estás en tu habitación, poniendo tu ropa de entrenamiento en la bolsa y justo cuando estás a punto de salir de tu habitación, el pensamiento *"llega"* - *"Oye hombre, estás tan cansado que ni siquiera puedes moverte. Tienes sueño. Vamos al gimnasio mañana. Ahora es un buen momento para tomar una siesta."* Entonces te dices a ti mismo; *"De ninguna manera, tengo que ir al gimnasio. Ya no quiero más ser inconstante; esto es algo que tengo que hacer, no importa cuán cansado esté."* El pensamiento viene de nuevo; *"No me estás escuchando. Estás harto y cansado de tu trabajo. Si vas al gimnasio, volverás aún más cansado. ¡No tendrás suficiente tiempo para dormir y tendrás que despertarte temprano otra vez para ir a trabajar! ¡Toma un descanso hoy y ve a comer algo, leer las noticias e irte a la cama!"*

Y ahora estás en una situación en la que debes decidir rápidamente qué vas a hacer. Pero si te tomas demasiado tiempo para pensar, tu mente matará cada deseo que tenías antes de que llegó tu *pensamiento original* y pronto decidirás que deberías tomar un descanso y reposar y no ir al gimnasio porque *"es solo un día."*

Ahora estás acostado en la cama y otra idea brota de nuevo; *"Hombre, ¿qué demonios estás haciendo? ¡Ya deberías haber ido al gimnasio! ¿Vamos, de verdad?"* Pero ahora es demasiado tarde porque ya has permitido que tu pensamiento original controle tu comportamiento.

Sergio: leí algo de **Mel Robbins**. En su libro ***"La regla de los 5 segundos"***, explicó que tienes exactamente 5 segundos para decidir antes de que tu mente mate la idea. Si no decides en estos cinco segundos, te enfrentarás a uno de los mayores enemigos humanos, y eso es *la procrastinación.* ¿De eso estás hablando?

Futuro: sí, así es. Aunque probablemente tengas menos de 5 segundos para decidir. Si has decidido actuar antes de que tu pensamiento original intervenga, vas a revertir la situación y destruirás la posibilidad de que tu pensamiento original tenga algún efecto sobre su decisión. Si has actuado después de tu primer pensamiento que decía: *"estás cansado, tienes sueño y tienes que descansar"*, al tomar esa bolsa y salir del apartamento, estarías en el camino para alterar tus creencias.

¡El único pensamiento que puede reemplazar al pensamiento Original es un pensamiento de fe! Debes tener fe en que el Universo te dará todo lo que quieras incluso antes de que lo pidas. Ya hablemos de desarrollar la fe donde no existe, así que no es necesario repetirla aquí.

Cuando le pidas algo a Dios o al Universo, cree que ya está en camino de manifestarse en tu vida. Entonces y solo entonces, lo que quieras se convierte en una declaración de *gratitud.*

Para volver a su pregunta sobre cómo alguien puede cambiar su enfoque en medio de una situación o circunstancia negativa, debes tener fe en que puedes hacerlo. Tienes que esforzarte al máximo para desplazar tus pensamientos y hacer algo que cambie tu estado de ser. Has escuchado tantas veces, y probablemente escuchas esto todos los días que tanta gente dice: *"Soy demasiado viejo para cambiar, estuve así toda mi vida, y no puedes cambiarme,"* y ellos tienen razón. No puedes cambiar a nadie obligándolos a hacerlo. La edad no es un problema. El problema es que no ven cómo pueden hacerlo. Lo que dicen es: *"No tengo fe en que algo bueno pueda pasar en mi vida y no creo que, si cambio, mi vida cambiará. De hecho, puede empeorar porque no sé qué los demás pensarán de mí y tal vez ni siquiera tengo tiempo suficiente para cambiarlo ahora, ¿quién sabe cuánto tiempo viviré de todos modos y para ser completamente honesto, al final cuál es el punto?*

Y así es. Permanecerán así por el resto de sus vidas. Lamentablemente, la mayoría de las personas no se dan cuenta de que pueden cambiar su vida simplemente decidiendo hacerlo. Por eso nunca están *"despiertos"*.

Otra forma de cambiar tus pensamientos y creencias es a través de la **gratitud**. La gratitud puede cambiar tus emociones de negativas a positivas en un instante. Esté agradecido por cada momento, cada día que tienes para vivir. Esté agradecido por todo lo que tienes ahora en tu vida. ¡Por todo lo que tendrás, incluso si aún no está allí! ¡Pero tienes que saber que está en camino de manifestarse en tu vida! Debes tener fe en que lo que quieras se manifestará y la mejor manera de atraerlo más rápidamente es estar agradecido de antemano. Cuando te despiertes por la mañana, di: *"Gracias; estoy feliz y agradecido por un día increíble más de mi vida"*.

A lo largo del día, esté agradecido por todo lo que sucede ese día. Aprecia el aire, el agua, la comida que comes, las personas con las que interactúas, los problemas que tienes porque están moldeando tu carácter, las situaciones desafortunadas que viviste en ese día porque a través de ellas estás creciendo. Esté agradecido por todas las cosas, buenas como malas. Esté agradecido por la gracia, la misericordia, la comprensión, la bondad, la paz, la prosperidad, tus padres, la sabiduría, el crecimiento, los tiempos duros, las lecciones y tu cuerpo. No tomes nada por hecho. Ni siquiera puedo explicar lo poderoso que es esto. Esté agradecido por todo lo que has pasado hasta ahora porque te ha convertido en quien eres hoy.

Sergio: esto me parece tan cierto. Cuando reflejo sobre mi vida, no entendí en tiempo real por qué pasé por muchas cosas hace unos años, pero ahora sí lo sé. Y lo he dicho tantas veces que estoy agradecido por todos ellos porque si eso no hubiera sucedido, no estoy seguro de que yo sería quien soy hoy.

Futuro: ¡cada persona feliz y exitosa te dirá que está agradecido por cada derrota temporal que tuvo porque le convirtió en quien es hoy! En un sentido más profundo, ¡todo lo que te sucede y que te sucederá es por tu propio bien! Un día te darás cuenta de esto.

Sergio: como he dicho, ahora sé algunas cosas que no sabía hace unos años. Pero has mencionado algo tal como **_"no hay tal cosa como el fracaso"_**. Dijiste que solo hay derrotas temporales. ¿Qué quieres decir con eso?

No hay tal cosa como el fracaso

" Muchos de los fracasos de la vida son personas que no se dieron cuenta de lo cerca que estaban del éxito cuando se rindieron".
- Thomas A. Edison

F*uturo: ¡no fuiste creado para fracasar!* Y no puedes fracasar.

Sergio: ¿qué quieres decir?

Futuro: Justamente eso. No puedes fracasar. No hay tal cosa como un fracaso, excepto en la mente humana. ¿Qué es *un fracaso* según tu definición?

Sergio: diría cuando no alcanzas o logras lo que intentas. Por ejemplo, tienes la meta de abrir un restaurante. Después de un tiempo lo abres; trabajas por un tiempo, y luego lo cierres tras un rato porque no funcionó como quisieras, lo que te hace perder dinero al final. Pierdes algunas relaciones y te endeudas aún más, y supongo que alguien lo verá como un fracaso o que no lograste lo que querías. A ojos de los demás, eso parecerá un fracaso.

Futuro: ves, lo has dicho correctamente; *"a ojos de los demás"*. Esa es la clave. ¿A quién le importa cómo se ve a ojos de los demás? Nada es un fracaso hasta que sea aceptado como un hecho por tu propia elección.

Sergio: ¿por mi propia elección?

Futuro: sí, por tu propia elección; aunque es posible que no te des cuenta de esa elección porque a menudo se le hace inconscientemente. Lo repito; No hay tal cosa como el fracaso. Solo depende de cómo lo percibas en tu mente. En verdad, solo hay lecciones y derrotas temporales, y todas tienen su propósito en la vida. No puedes tener éxito hasta que no lo hayas tenido, hasta que experimentes una derrota temporal que, por cierto, es necesaria para crecer, para saber lo que no funciona para poder cambiarlo o reorganizarlo en algo que sí funcione. Has escuchado tantas historias sobre personas que experimentaron derrotas temporales; ¡decenas, cientos e incluso miles de veces!

Sergio: ¿al igual que *Thomas Edison*, quien hizo unos diez mil experimentos antes de perfeccionar la bombilla eléctrica incandescente? Cuando dijiste *"incluso miles de veces"*, este ejemplo me vino a la mente de inmediato.

Futuro: esa es quizás una de las historias más famosas sobre experimentar una derrota temporal. Ves, en la opinión de los demás, puede parecer que Thomas Edison fracasó diez mil veces, ¡pero la verdad es que no fracasó ni una sola vez! Inventó la bombilla eléctrica incandescente después de diez mil pruebas. Fue solo un proceso de diez mil pasos. Lo intentó una y otra vez hasta que alcanzó su objetivo.

Si él, después de algunos experimentos o incluso unos pocos cientos, se rindiera y aceptara en su mente que no lograría lo que intentaba, eso sería un fracaso. Tenga en cuenta de nuevo, solo en su mente. Lo que ves como un fracaso cuando algo no funciona según lo planeado, un otro lo podría ver como una lección. A veces solo tienes que cambiar el plan para tener éxito. Ocasionalmente, hay que cometer un error para ver qué no funciona porque solo a través de los errores se puede ver lo que funcionará. Esa es una razón por la que estoy de acuerdo contigo sobre el fracaso del sistema escolar al castigar a los niños por cometer errores en lugar de alentarlos a cometer errores y aprender de ellos de manera positiva. Lo que ves como un fracaso puede ser solo un error que se debe corregir para que funcione.

Puedes verlo a través de los ejemplos de atletas. Si eres un velocista en una carrera de cien metros, y te quieres volver un campeón mundial en esa disciplina, y esa meta es tu ardiente obsesión, ¿qué harás si terminas sexto en la primera carrera? ¿Te rendirás y dirás: *"Nunca puedo ser un campeón"?*, ¿o volverás a entrenar aún más duro para que la próxima vez puedas ganar? Pero ahora puedes decir: "¿Y si no gana la próxima vez?" Él vendrá una y otra vez hasta que tenga éxito. El público puede ver eso como un fracaso, pero el atleta lo verá como una derrota temporal. La próxima vez gane, la gente siempre verá quién está arriba, pero no se dará cuenta de lo que se necesitó para llegar hasta allí.

Lo que ves en todas las personas exitosas en las que puedes pensar, es justo la punta del témpano. No ves las lágrimas, dudas, decepciones, derrotas, tantas noches sin dormir, miedos, obstáculos, ética de trabajo, aprendizaje, lectura, estudio detrás de ese éxito. No ves cuántas veces esa persona ha enfrentado adversidades y derrotas, sin embargo, nunca se rindieron. Esa persona nunca ha aceptado una derrota como un fracaso. La derrota se utilizó como combustible para triunfar. Esas personas aceptaron la derrota y la utilizaron como su mayor fortaleza. No permitieron que la vida los derribara. Cada vez que caían, se levantaban. Por eso son ganadores. Sabían que siempre y cuando puedas resistir cada adversidad, puedes hacerlo.

La gente enfrenta desilusión en el amor; y se rinde. Dicen: *"No quiero irme y salir con alguien porque me enamoraré y me voy a lastimar de nuevo"*. Las personas enfrentan un obstáculo en los negocios, y se rinden diciendo: *"Esto no funciona, todos tenían razón. No puedo hacer esto"*, por lo que ni siquiera vuelven a intentar comenzar algo nuevo porque: *"¿Cuál es el punto al final? Tarde o temprano, voy a fracasar"*. Las personas enfrentan derrotas en la vida en general, y dicen: *"Bueno, supongo que no es para mí vivir esta vida en abundancia"*. Entonces, abandonan la vida y dejan que la vida haga con ellos lo que quiere.

No puedes dejar que la vida te eche abajo. Tienes que levantarte y luchar. Si quieres tener éxito, debes estar preparado para algunas decepciones, derrotas, obstáculos, pero eso es lo que le hace interesante la vida. Eso es lo que le hace tan hermosa la vida porque ***cada derrota temporal es otra oportunidad de aprender, crecer, ampliarse, ver lo que no funciona para que puedas descubrir qué funcionará para tener éxito.***

Sergio: creo que sé la respuesta de por qué la gente acepta las derrotas temporales como fracasos.

Futuro: vamos a oirlo.

Miedo a la crítica

Sergio: creo que la mayoría de la gente acepta las derrotas temporales como fracasos porque cuando se enfrenta a una decepción, siempre hay alguien que le dice que *"sabían"* que no funcionará. Siempre hay alguien que le recordará todas las razones por las que no funcionó y por qué debería rendirse.

Futuro: en otras palabras, incluso si quiere volver a intentar, porque tiene tanto miedo de fracasar nuevamente y miedo de lo que otros dirán, no vuelve a intentar. Y sabemos que el miedo a la crítica es uno de los miedos más influyentes que existen y todavía lo tienes; aunque llegaste a un punto en el que estás cerca de perder ese miedo, pero lo repito, lo tienes.

Sergio: ¿me vas a desenmascarar ahora?

Futuro: soy tu *Imaginación*; mi meta es hacer que despiertes un poco. Tal vez estas palabras te despierten un poco. No solo tú, sino todos los que están leyendo.

Sergio: yo: Creo que es mejor dejarme espabilar por mi *Imaginación* que por otra persona. Adelante; dime lo que sabes sobre mi miedo.

Futuro: no es solo tuyo. Más del 95% de la gente tiene este miedo. Es el miedo a lo que digan los demás si fracases.

Sergio: ¡pero no me importa lo que digan los demás!

Futuro: eso puede ser cierto cuando se trata de tu personalidad, pero cuando se trata de hacer algo que requiere coraje y una salida de tu zona de confort, y estoy hablando de tu sueño y tu pasión como al escribir este libro, todavía tienes estos pensamientos sobre lo que pensarán los demás de ti. Aunque, debo confesar que estás cerrando esa brecha y pronto estarás libre de este miedo, ¡pero debes comenzar a hacer cambios ahora!

Lo irónico es que la mayoría de ustedes se preocupan demasiado por lo que alguien (que ni siquiera les gusta) pensará o dirá de ustedes. Tienes miedo de que, si fracasas, te volverás un perdedor y tendrás que escuchar a todas estas personas que ya sabían que iba a suceder. Pero lo peor que te da miedo es la voz de tu mente que te atormentará si le dejas hacerlo. Vives en un mundo de redes sociales donde todos solo quieren mostrar el lado positivo de sus vidas. Ves tantas hermosas fotos de todo tipo de diferentes lugares, fiestas, barbacoas, vacaciones, etc. Ves a tanta gente pasando un buen rato con sus amigos, y parece que todos viven una vida feliz y plena, excepto tú. Por lo tanto, para ser "aceptado" en las redes sociales y validarte en forma de *"me gusta"* y *"comentarios"*, solo muestras cosas buenas como todos los demás porque te harán ver bien y genial a los ojos de los demás. Pero la verdadera razón por la que no publicas algo que le gustaría publicar es que no recibirías suficientes reacciones de 'me gusta' y comentarios, y eso determinará tu valor a tus propios ojos.

Vives en un mundo donde la gente saque su teléfono para tomar una foto o un video de ti cayendo a la calle en lugar de ayudarte a levantarte. No es de extrañar que el miedo a la crítica esté más presente en la mente de la mayoría de la gente que nunca. Cada paso que das puede terminar criticado. Cómo te vestirás para la fiesta de esta noche dependerá de lo que pienses que los demás pensarán de ti. Lo que dirás en la reunión de mañana dependerá de cómo pienses que los demás te mirarán. El miedo a la crítica está presente en cada momento de tu vida cotidiana.

Sergio: ¿cómo podemos cambiar eso?

Futuro: lo primero que debes hacer es **mirar de dónde viene la crítica.** ¿Tienes miedo de lo que dirán tu novia, tus padres, parientes o amigos? ¿O tienes miedo de lo que piensan o dicen sobre ti los demás a que no les gustas y que además no te gustan? Cuando lo averigües a eso, entonces debes preguntarte: *"¿Por qué tengo miedo de sus opiniones siquiera?"* ¿Por qué te importa lo que dirán si te enfrentas a una derrota? ¿Sabes que *cualquier cosa que valga la pena siempre se criticarán?*

Si observas detenidamente, te darás cuenta de que nunca te han criticado las personas que están en un nivel de conciencia más alto que ti. Siempre te han criticado aquellos que están en un nivel por debajo de ti o tal vez en un nivel cercano. La razón por la que estas personas aún lo harán es; cuando fracasas, los hará sentir mejor consigo mismos. Si sigues subiendo a los niveles que saben que nunca podrán alcanzar, te criticarán porque sienten envidia y celos de ti. No quieren que sigas adelante porque tendrán que mirarte como un espejo, excepto que no están donde estás tú.

Una vez que decides que hay algunas personas cuyas opiniones te importan, *busque el mejoramiento, no la aprobación*. En otras palabras, alguna gente te dará crítica constructiva con las mejores intenciones detrás. Puedes tomar esta crítica para mejorar lo que haces. Habrá gente que tendrá la intención de lastimarte con su crítica, pero habrá también quienes quieren que tengas éxito e intentarán de ayudarte.

> *"Solo hay una forma de evitar la crítica: no hacer nada, no decir nada y no ser nada". - **Aristóteles***

Por supuesto, siempre hay una manera de que no te critican en absoluto, y eso es no hacer nada que valga la pena.

Sergio: no hay nada divertido en eso.

Futuro: no hay. Pero debes estar preparado para que se critiquen cualquier cosa que valga la pena. Para volver a las redes sociales por un momento, debes enseñarles a tus hijos que son los seres humanos más increíbles con todo tipo de talentos, habilidades, destrezas y belleza dentro de sí mismos. No permitas que se valoren a sí mismos a través de las reacciones 'me gusta', seguidores y comentarios de las redes sociales porque la peor crítica que tendrás que enfrentar viene de tu propia mente. Si no tienen suficientes seguidores o reacciones 'me gusta', pensarán que a nadie le gustan y que no están *"al corriente"* o *"genial"* y eso no es cierto.

Enséñales a creer en sí mismos y a publicar el contenido en que creen y que hay una cosa que nunca pasará de moda, y esa es la *"verdad"*. Publicar lo que amas siempre va a desagradar a alguien. Es más fácil criticar una cosa que crear una cosa. Y enséñales a tus hijos a no permitir que nada ni nadie les haga sentir que no valen nada. Hay mucho más que puedo decir sobre las redes sociales, pero lo guardaré para otro momento. Mi punto es que hagas lo que hagas; no dejes que la crítica te impida perseguir tu meta o sueño.

Sergio: creo que todos que quieren hacer algo que valga la pena, tarde o temprano decidirán no preocuparse por la crítica. Con el tiempo, perderán el miedo.

Futuro: ¿estás insinuando que estás a punto de perderlo?

Sergio: ¡absolutamente! Creo que ya he perdido ese miedo en casi todas las áreas de mi vida.

Futuro: entonces todavía lo tienes sobre algo, ¿verdad?

Sergio: sí lo tengo. Lo tengo sobre este libro, sinceramente. Porque creo que esta es la primera vez en mi vida que me he dedicado completamente a algo. Nunca antes había hecho nada con la pasión, el enfoque y la disciplina que tengo ahora. A veces no es fácil escribir y usar la *Imaginación* como quería, pero estoy mejorando, estoy dando lo mejor de mí. Una cosa que me molesta es que estoy escribiendo sobre el poder de la *Imaginación* y mientras escribo estas palabras, me he dado cuenta de que a veces tengo dificultades para establecer la intención clara por el momento y usar mi *Imaginación* para mi ventaja. Aquí estoy escribiendo lo que los demás deberían hacer para cambiar sus vidas, y a veces no puedo hacerlo.

Futuro: ¿tienes miedo de que lo que estás escribiendo no sea algo que dominarás hasta publicar este libro y te parecerá una mentira?

Sergio: algo así. No quiero escribir algo que no practico porque no solo parecerá una mentira a los demás, sino también a mí.

Futuro: sabes que uno de tus oradores preferidos, *Les Brown,* dio discursos donde le decía a la gente que puede tener su sueño, que puede vivir la vida que desea; ¿pero que, en ese momento, él estaba lidiando con problemas financieros, el divorcio llamaba a su puerta y mucho más? La vida no es en blanco y negro. Habrá un momento en el que tendrás que hablar o enseñar sobre algo que nunca habrás hecho antes, ¡y eso está bien! ¡De verdad! ***¡Estás en el proceso de***

dominar el Arte de la Imaginación! Sea paciente. Estás aprendiendo. Acabas de aprovechar este proceso. Cuánto más sepas y apliques; no se vuelve más fácil, sino más difícil. Es porque el Universo te está probando cuánto lo quieres. Cuánto quieres aprenderlo y dominarlo y enseñarles a otros a hacer lo mismo. Es por eso que algo que tal vez pareció y funcionó fácil ayer, se vuelve más difícil y no funciona hoy. Es una prueba. Como todo en la vida; la vida te pondrá a prueba para comprobar la verdad de tu deseo; para ver cuánto quieres lo que deseas.

Sergio: tengo el pensamiento en mi mente de que es una prueba. Recuerdo cuando comencé a meditar y visualizar; era muy fácil para mí concentrarme y hacerlo. Y mi muy buen amigo me dijo después de que le dije que estas cosas son fáciles de hacer, que se volverá más difícil porque el Universo te pondrá a prueba en otro nivel. En otras palabras, ya pasé la etapa de principiantes, y después de ese nivel, el Universo te dará una prueba para el siguiente nivel, y el siguiente, hasta que lo domines completamente y se convierta en una segunda naturaleza; una parte de ti para siempre

Futuro: en este caso tu amigo tiene razón. Para comprender y dominar algo completamente, tienes que pasar por varios niveles del proceso donde todos tus sentidos, tu fuerza de voluntad, tu ardiente deseo, tu fe se pondrán a prueba una y otra vez hasta que lo domines completamente y se convierta en una parte de ti. Una vez que lo domines, lo harás inconscientemente sin siquiera darte cuenta.

Sergio: eso tiene sentido. Entonces, incluso si estoy en el proceso de aprender y dominar ***El Arte de la Imaginación***, ¿no debo sentirme culpable de estar escribiendo sobre esto, incluso si no lo he dominado completamente?

Futuro: correcto. Como dijimos, enfrentarás crítica sobre esto. Te criticarán como cada gran maestro que escribe algo que no entiende completamente. Ahora puedes ver que todavía tienes algunos miedos y eso está bien. Te muestra que todavía hay algunas cosas en las que tienes que trabajar. Pero como he dicho, pronto perderás ese miedo. Y luego, lo que los demás digan o piensen de ti no te importará en absoluto. Estoy seguro de que sabes que no todos los que conoces van a comprar este libro. Tampoco les gustará que lo hayas publicado. Algunos se sorprenderán y tendrán opiniones como *"¿Él qué puede escribir sobre eso? No parece una persona inteligente ni alguien que sepa siquiera escribir".* Algunos se reirán de ti. Algunos te pondrán todo tipo de apodos.

Te juzgarán y criticarán. Aquellos a quienes no les gustes te observarán diariamente para encontrar una falla en algo que dirás o harás y usarán las palabras de este libro en tu contra. Algunos que no saben quién eres tú ahora, pero que todavía tienen una foto instantánea anterior de ti, usarán este libro en tu contra; sabiendo quién eras, pero sin idea de quién eres ahora. No saben que *tu historia no es tu destino*. Y así. ¿Estás preparado para todo eso?

Sergio: seré sincero; No lo estoy. Pero no porque no quiera estar preparado, es simplemente porque no estoy seguro de que me importe todo eso. Como conozco el poder de la *Imaginación*, lo usaré para centrarme en aquellos que necesitan mi ayuda, en aquellos que quieren más de la vida, que quieren que yo esté cerca de ellos, en aquellos que aprovecharán al mayor posible de mi servicio. Realmente lo creo.

Futuro: ¡ahora hablas en serio! Me gusta lo que escucho. Ese es un excelente enfoque al miedo a la crítica.

Sergio: honestamente, incluso si me enfrento a una derrota, ¿por qué me debería importar lo que alguien me diga o piense de mí? Nadie pagará las facturas por mí; alquiler, comida, ropa, etc. Nadie tendrá que pelear mis batallas excepto yo. Por lo tanto, no importará lo que los demás digan. Pero fracasar no es una opción. Ya no más. Estoy demasiado preparado para trabajar tan duro como pueda para que mis sueños se hagan realidad.

Trabajo duro

F*uturo:* ¿qué significa para ti *"trabajo duro"?* ¿Cómo lo ves?

Sergio: solía odiarlo. Pensé que no tenía sentido. Vi a tanta gente que trabajó duro toda su vida y aún termina en la ruina, solos y sin nada que mostrar.

Futuro: ¿te refieres a las cosas materiales?

Sergio: no solo en lo que respecta a las cosas materiales, sino también en su espíritu. En el fondo está roto porque ve que aquello en lo que trabajaba no era lo que esperaba cuando era más joven. He visto a mis padres trabajar tan duro solo por llegar a fin de mes. He visto tantas luchas que no entendí por qué las personas que trabajaron tan duro terminan sin nada en su vejez. Pero ahora lo sé. La razón es que no tenían sueños. Trabajaron por algo que pensaron que era correcto. Trabajaron muy duro, pero terminaron en la quiebra porque no sabían por qué estaban trabajando en primer lugar. Y eso me entristece. Me motiva a trabajar más duro; para enseñar a tantas personas cómo trabajar de manera inteligente y vivir la vida que amarán.

Cada vez que he intentado algo antes, nunca me he dedicado completamente a nada. No es de extrañar que no quería trabajar duro. Y para ser honesto, supongo que no trabajé duro porque no había nada en lo que realmente creí.

*Futuro: **trabajas duro por algo en lo que crees**.* Trabajas duro cuando te apasiona algo; cuando tienes un objetivo que es tan importante para ti que incluso después de que te cansa trabajar duro, harás un esfuerzo adicional para lograrlo. No te importaría hacer una repetición más en esa máquina, tomar esa foto, aprovechar esa oportunidad, hacer esa llamada y cerrar ese trato.

Sergio: ¡exactamente! Cada vez que escucho este *"llamado"* del *trabajo duro*, trato de huir de él. Cuando sabía que se acercaba, solía esconderme de él. Cuando *el trabajo duro* estaba influenciando a los demás para que me hablaran, rápidamente ponía excusas para alejarme.

Futuro: ¿y por qué fue así?

Sergio: tenía miedo del dolor porque no me quería lastimar; miedo de fracasar, así que ni siquiera lo intenté. Tenía miedo de lo que había visto que el trabajo duro le hace a los demás. Cada vez que doy dos pasos adelante, siempre me parece que la vida me derriba tres pasos atrás. Creía que el trabajo duro no podía dar resultado, lo que me daba tanto miedo que pensaba que el trabajo duro era una sombra detrás de mí, que siempre me fallará.

Futuro: ¿todavía tienes miedo?

Sergio: ¡diablos, no! ¡Lo abrazo ahora! Me hizo quien soy hoy. Debido al trabajo duro, he cultivado una actitud para nunca rendirme. Cuando alguien me dice que renuncie, sigo adelante. Cuando la mayoría de la gente duerme, estoy despierto, listo para trabajar. Ahora soy un cazador de sueños y puedo vencer el trabajo duro utilizándolo para mi ventaja. Ahora sé y creo que el trabajo duro vale la pena, y por eso, me encanta. Te debe gustar. Mi consejo para todos ustedes que lean estas palabras es: Que no se escondan del trabajo duro, ¡sino espérenlo! Lo necesitan. Necesitan confianza en ello. Si te apasiona lo que haces o lo que quieres hacer, acepta el trabajo duro. Pagará para aquellos que no se rindan. Estoy seguro de que mi *futuro* lo sabe.

Futuro: Trabajas duro porque te importa. No trabajas solo para ti. Trabajas duro por tu familia; por tu comunidad y por todas estas almas que cuentan contigo. Es más grande que tú. Trabajas duro por aquellos que todavía no creen que les va a pagar porque cuando les pague, te verán como una inspiración; que lo que fue posible para ti será posible para ellos. *La vida recompensa a quienes trabajan duro*.

El trabajo duro solo no lo llevará al éxito. La constancia lo hará. Estas pequeñas cosas que haces a diario, no importa cuán difíciles sean o cuán cansado estés, son lo que te llevará al éxito. Nunca he visto o escuchado que alguien exitoso lo haya hecho sin trabajar duro. Michael Jordan tomó más de 500 lanzamientos cada día desde un solo lugar en la cancha hasta que sus brazos estaban completamente fatigados y casi rotos por el dolor. A *Jack Canfield* le rechazaron 144 editores antes de que una editorial le diera la oportunidad, ¡y hoy su libro *"Sopa de pollo para el alma"* se ha vendido más de 500 millones de copias! Hay miles de ejemplos de los que podemos hablar, ¡pero debes saber que el trabajo duro viene de la voluntad! ¡Viene del corazón!

No se trata de tu fuerza física; aunque, también lo necesitarás en el camino. Ni siquiera se trata de tu fortaleza mental. ¡Se trata de voluntad! Cuando estás cansado físicamente, agotado mentalmente, tu fuerza de voluntad te ayudará a seguir moviéndote. Tu corazón nunca te fallará. Debes saber esto; ***¡cuanto más duro trabajes, más difícil es rendirse!***

Debido a que has invertido tanto en él, se hace más difícil rendirte, ¡y eso es bueno! Este libro es todo acerca del uso de su *Imaginación*. Yo te reto. ¡Te reto a que uses tu *Imaginación* mientras trabajes duro! La *Imaginación* te llevará mucho más allá de tus mejores sueños. Cuanto más lo uses, más duro trabajarás y más te acercarás a tus metas. Un día estarás agradecido y orgulloso de todos estos días que tienes que trabajar duro porque estarás en la cima y apreciarás la forma en que tuviste que escalar esa montaña para llegar a la cima.

Sergio: por eso se ha dicho que las subidas más difíciles siempre conducen a las mejores vistas. Y ahora, mientras escribo este capítulo, estoy viendo las Finales del US Open entre Novak Djokovic y Juan Martin Del Potro. Es el 9 de septiembre (2018), y Djokovic acaba de ganar su 14º título de Grand Slam. Hace solo un año, fue el único jugador que tuvo los 4 títulos de Grand Slam en un año calendario, y es considerado quizás el mejor jugador de todos los tiempos. Poco después de eso, tuvo una lesión en el codo que requirió cirugía, y no podía jugar durante nueve meses. Regresó y comenzó a perder en las primeras y segundas rondas de los torneos. Todos pensaron que nunca sería como era antes de la lesión, que nunca más podría ganar un Grand Slam. Pero volvió más fuerte y ganó a Wimbledon y al US Open. Es otro buen ejemplo de que la fe y el trabajo duro sí pagan. Volviendo de una lesión, peleando en tu mente si podrás volver a ganar y haciendo trabajo más duro de lo que nunca has hecho antes, ¡ha valido la pena! Puedes verlo a través de sus ojos llenos de lágrimas de alegría y sabiendo que el trabajo duro que realizó ha valido la pena.

Te daré un ejemplo más. Comencé a ir al gimnasio en 2014, y desde entonces iba por dos meses, y luego dos meses de descanso. Luego iba cuatro o cinco meses y luego nuevamente unos meses de descanso y así sucesivamente. Yo era inconstante. Y lo creas o no, ¡estaba frustrado porque los resultados no se mostraron para nada! Pensaba que tenía un buen entrenamiento y que estaba comiendo sano, ¡pero no apareció ni un solo músculo! Y entonces paré de nuevo hace un año. Entonces recuerdo otra instancia el 2 de julio de 2017. Estuve en el baño y no me miré en el espejo durante meses, como si ni siquiera notara mi cuerpo en el espejo, pero por alguna razón, lo miré ese día, ¡y vi el gran barrigón! ¡No lo pude creer! Corrí para encontrar una balanza y poder pesarme. Lo encontré y me medí; Me quedé conmocionado. ¡Pesaba 210 libras! Puede que no te suene impresionante, pero mido 1.55 metros y nunca en toda mi vida he pesado más de 183 libras; y de repente, estaba en 210 libras. Lo peor era que todo fue a mi cintura. Estaba disgustado, enojado y enojado conmigo mismo porque permití que eso sucediera. Inmediatamente, llegué a la decisión de ir al gimnasio ese día para perder cada porcentaje de grasa posible.

Fui al gimnasio con la decisión de bajar de peso, y decidí que todos los días iba a correr 5km. Llegué al gimnasio después de unos meses de no venir nunca, y comencé a correr en una caminadora. ¡Estaba en la primera milla y estaba muerto! No podía respirar, ni siquiera podía moverme de lo cansado que estaba. ¡Solo una milla! Fui a casa. Regresé al día siguiente. Dije: "¡Hoy voy a correr 5 km pase lo que pase!" Fui a la caminadora, comencé a correr, la primera milla nuevamente, ¡y estaba exhausta! Fui a casa y regresé al día siguiente. Repetía lo mismo que iba a correr 5 km pase lo que pase; llegué al gimnasio, comencé a correr, esta vez aún más duro. ¡Llegué a esa primera milla y volví a morirme! El cuarto día consecutivo, voy al gimnasio, pero esta vez dije: *¡Pedazo! Nunca lo has dado todo. Hoy vas a correr esos 5 km, y ¡no te detendrás hasta que todos los músculos de tu cuerpo se rompan, incluso si eso significa que vas a morir! ¡Lo vas a hacer, pase lo que pase!"* Estaba completamente muerto. Lo digo en serio. No te puedes ni imaginar mi determinación. Dije que iba a hacerlo o que iba a morir en la caminadora. Comencé a correr.

Recuerdo claramente que, justo cuando estaba a punto de alcanzar esa primera milla, mi cuerpo comenzó a enviarme todo tipo de señales para rendirme. Esa área en su estómago donde te duele porque no estás en una condición cómoda apestaba tanto. Mi mente me decía que me rindiera. Me empezaban a doler las piernas. Cada músculo de mi cuerpo me decía que lo deje y me fuera a casa. ¡Pero no! Esta vez estaba decidido a hacerlo, y comencé a hablar conmigo mismo para hablar con mi mente y mi cuerpo. Ahora hablamos de un poder superior. Se trataba de la fuerza de voluntad. ¡De mi corazón! Sabía que tenía que hacerlo para romper los límites actuales. ¡Solo rompiendo tus límites tendrá algún sentido tu trabajo duro!

Pasé por el dolor, por todo tipo de pensamientos de dudas, pero finalmente, ¡lo logré! Corrí 5km. Inmediatamente, me senté, ¡y me tomó varios minutos recuperar el aliento! ¡Pero hombre, valió la pena! ¡Me sentí genial! ¡Me sentí aliviado! Me sentí tan bien porque sabía que cuando casi me rendí, mi espíritu intervino y lo logré. Regresé a casa muy cansado, pero dije que volvería al día siguiente para correr 5 km y así lo hice. Y vine al día siguiente otra vez. Era el séptimo día desde que tomé la decisión de que iba a perder ese peso. ¡Después de tres semanas, había bajado 17 libras de grasa! ¡El 3 de septiembre fue la primera vez que corrí 10 km! Me tardé solo dos meses en llegar al punto de correr 10 km.

Entonces me puse una nueva meta. Tengo esta imagen del tipo de cuerpo que me encantaría tener. Inicialmente, todo lo que hice no funcionó; así que esta vez, decidí pedir ayuda. Mi muy buen amigo, que también es entrenador personal, habló conmigo, y luego de mostrarle la imagen de cómo me quería ver, se sentó conmigo y diseñó un plan y programa de entrenamiento de 2 años para lograrlo. Pero luego me dijo que esto requeriría una gran autodisciplina y constancia, no solo en el ejercicio sino también en mi alimentación. Así que tenía un plan de entrenamiento, pero ahora necesitaba ayuda con mi alimentación porque, aunque sé mucho al respecto, no tenía tiempo para prepararme las comidas y, para ser honesto, no sabía cómo hacer nada excepto dos o tres cosas. Así que decidí buscar ayuda y ver cómo pueda hacer que funcione.

Tal vez un mes después de comenzar este nuevo programa de entrenamiento, vi en la página de Instagram a uno de los otros entrenadores personales que conocía del gimnasio, y él vendía comidas preparadas que pueden durar cinco o seis días. Cada semana tenía un menú de comida distinto, y uno puede elegir tantas comidas como desee a un precio muy asequible. Le envié un mensaje de texto y le dije lo que quería lograr, y desde entonces, él hace mis comidas. Por supuesto, tiene muchos clientes, pero mi punto es que he encontrado una manera de juntarlo todo. Aquí estoy, finalmente con un plan de entrenamiento y alimentación, ¿qué sigue?

¡Lo que sigue es *disciplina* y *trabajo duro*! Nadie puede hacerlo por mí excepto yo. Lo que hice esta vez fue que estaba y todavía estoy tan concentrado y decidido a tener ese cuerpo, tal como estaba determinado ese día cuando dije que correría 5 km o moriría en el intento. ¡Y por primera vez en mi vida, los resultados comienzan a mostrarse! ¡Puedo ver que todas las madrugadas comienzan a dar sus frutos! ¡El trabajo duro que hago empiece a dar sus frutos! ¡Esa es una prueba más para mí de creer en el trabajo duro y abrazarlo!

Futuro: estos son ejemplos perfectos de que el trabajo duro siempre supera al talento. Puedes averiguar por qué los demás son mejores, más rápidos, más inteligentes que ti, pero no puedes encontrar una excusa para no trabajar duro. Me encanta que des muchos ejemplos personales en este libro sobre casi todos los temas.

Sergio: como dije muchas veces, me encanta enseñar sobre lo que he pasado. Así la gente se puede relacionar con la historia. Hay un ejemplo más que quiero poner en un capítulo completamente nuevo.

Futuro: ¿y eso es?

Sergio: es un ejemplo de cómo el trabajo duro supera al talento, pero también una lección sobre cómo creo que la vida se debería vivir. Emplearé un baile folclórico serbio como analogía para explicar cómo veo la vida tras los ojos de un bailarín y cómo todo el trabajo duro que hice para superar mi falta de talento por algo que amo tanto.

Baila por la vida

Siempre me gusta decir que mi primer amor es un *baile*. En Serbia, de donde vengo, tenemos un baile nacional que llamamos *folclórica* (baile folklórico de Serbia). Mi segundo amor fue un balonmano. Y mi tercer amor es el amor que siento por mi familia. Pero déjame contarte un poco sobre mi primer amor y cómo veo la vida tras los ojos de una bailarina.

"La danza es un lenguaje oculto del alma". - **Martha Graham**

Hace años, cuando comencé a aprender a bailar, no empecé con los pasos más difíciles. Empecé con algunos pasos elementales que me pueden dar la sensación de que lo puedo hacer. Cuando eras un bebé, no comenzaste a caminar de inmediato. Tus padres te ayudaron con pequeños pasos. Y practicabas paso a paso. ¿Cuántas veces te caíste? Tienes razón. Varias veces te caíste, pero nunca te rendiste y dijiste: *"¡Ya basta!" ¡No puedo hacerlo; no estoy destinado a ser un caminador!"* Ningún bebé hace eso. ¡Te levantas y sigues, y un día te encuentras caminando! Es lo mismo en el folclórico. Paso a paso, y pronto, aprenderás a bailar un baile simple.

Después de que aprendas algunos pasos básicos y una coreografía simple, estarás listo para pasar al siguiente nivel, que es un poco más complicado con distintos pasos y movimientos. Soy bastante lento para aprender, y no me da vergüenza admitir eso. Recuerdo que, en mi grupo, casi todos siempre habían aprendido nuevos pasos antes que yo, y recuerdo que cuando tenía unos 14 años, en ese momento, mi maestro me dijo que no era lo suficientemente bueno y que esto no era para mí. Seguí bailando por un tiempo, pero finalmente lo dejé después de unos meses cuando escuché eso. Sabía que no tenía talento, pero me encantó tanto que tomé una de esas decisiones de las que solo se puede arrepentir y, en ese momento, no tenía a nadie que me pudiera alentar a no rendirme. Eso es precisamente lo que sucede en la vida. Quieres hacer algo que amas, y luego alguien viene y te dice todas las razones por las que no eres lo suficientemente bueno para eso, y si eres mentalmente débil, lo aceptarás como tu verdad, y te rendirás con tu sueño.

> *"¡La opinión de alguien sobre ti no tiene que llegar a ser tu realidad!" - **Les Brown***

Si amas algo y te apasiona hacerlo, sientes la alegría mientras lo haces; no te rindas con lo que quieres hacer. No te rindes con tu sueño. La gente que no se puede imaginar haciendo algo que le encantaría hacer no verá que lo puedes hacer porque cree que, si ella no puede, nadie puede. Tienes que ser valiente y seguir adelante. Mantén ese sueño con todo tu ser y nunca dejes que nadie te lo quite.

Unos años más tarde, decidí volver a bailar. Solo que esta vez, sorprendentemente, tuve el apoyo de mis padres y mis amigos más cercanos. Estas fueron las mismas personas que me dijeron unos años antes que tenía *"dos pies izquierdos"* (lo que significa que no sé cómo caminar, sin mencionar bailar).

Volví e inmediatamente les hice frente a los desafíos. Estuve unos años y varias coreografías atrasado respecto a todos los miembros de ese grupo. Pero no me importó. Me puse a trabajar y bailaba todos los días. Solo teníamos dos prácticas por semana, pero tomé los videos de todos los bailes que no conocía y los estaba aprendiendo en casa. En solo dos meses, aprendí todo y volví a entrar al grupo (hasta entonces, estaba bailando a un lado porque no sabía los pasos).

En la vida, cuando enfrentamos desafíos, a veces puede parecer que no hay salida. Pero no tenemos que aceptar eso como algo terrible, sino como una oportunidad para extendernos, crecer y aprender cosas nuevas; cosas que desplazarán nuestros pensamientos y nos ayudarán a superar cualquier problema que enfrentemos en el camino para lograr nuestros sueños. Siempre tienes una elección. Puedes darte la vuelta y arrepentirte porque no te atreviste a hacer algo, o puedes intentarlo. Hice exactamente eso.

Todos los años a fines de diciembre, montamos un espectáculo anual. Después de meses de práctica y ajetreo, llegó el momento de la verdad. Recuerdo cuán nervioso estaba, especialmente porque no había bailado frente a cientos o miles de personas durante años. Tuve miedo. Me temblaban las piernas. De repente, olvidé los pasos de baile antes de subir al escenario. No te diré los detalles, pero en el primer baile cometí algunos errores enormes y visibles, y durante todo el espectáculo cometí muchos errores y pasos equivocados. Puedes adivinar todos los pensamientos que tuve después de terminar ese concierto y todas las palabras que me vinieron a la mente de que no era lo suficientemente bueno y que bailar no era para mí, etc.

*"Cada adversidad, cada fracaso, cada dolor de corazón conlleva la semilla de un beneficio igual o mayor". - **Napoleón Hill***

La vida te pondrá a prueba. Cuando deseas algo mucho, la vida te enviará varias pruebas para ver cuánto lo quieres; para ver qué tan fuerte eres, y debes saber que cada vez que te encuentras derrotado, recuerda siempre que nadie logró nada sin experimentar derrotas temporales. ¿Cuál es tu meta cuando eso sucede? *¡Levantarte y hacerlo de nuevo!* ¿Qué te mantendrá o te motivará a hacerlo? *¡Tus motivos!*

Mis motivos fueron mi pasión y el amor que sentía por bailar. Esos momentos fueron unos de los momentos más preciosos que he experimentado en mi vida. Y como todos me decían que no podía hacerlo, decidí volver y hacerlo de nuevo. Trabajaba aún más duro no solo en mis pasos o movimientos, sino que me imaginaba el escenario, la música, los bailes e incluso me imaginaba actuando sin errores.

Volví al año siguiente con una de las mejores actuaciones de mi vida. *El trabajo duro me pagó*. Ese momento cuando estaba bailando junto a mi hermana en el escenario, la mirada orgullosa en los ojos de mis padres, el sentimiento de alegría y felicidad que sentí, el gran aplauso que recibimos de la audiencia, fue algo que las palabras no podrían describir. ¡Tienes que experimentarlo! Quiero que sepas que el mejor momento no fue el momento en que actué (aunque ese fue mi sueño y fue un momento absolutamente magnífico), ¡sino el momento en que *decidí hacerlo*! El mejor momento fue el tiempo que pasé en el proceso de volverme una persona capaz de superar obstáculos y hacer lo necesario para lograr esa meta. Lo que quiero decir es que es imperativo disfrutar el proceso.

En 2011, decidí dejar algo que me apasionaba tanto porque pensaba que ya fue hora de hacer otra cosa en mi vida. Y recuerdo la sensación que tuve en ese momento. Fue difícil y, de alguna manera, sentí que no daba todo lo que tenía. Y es curioso cómo la vida puede jugar contigo a veces. Nunca se sabe lo que la vida te puede ofrecer. La vida te traerá precisamente las personas, los eventos y los recursos adecuados en el momento adecuado; Realmente lo creo. Como dije, cuando pensé que había terminado con el folclórico, dos años después, vine a Canadá. Descubrí que había una *Asociación de Cultura Serbia Oplenac en Toronto*, y esa era la mejor manera para mí de socializar y conocer gente nueva y encontrar nuevos amigos.

Cuando llegué allí, el grupo me aceptó de inmediato, y encontré una sensación que nunca antes había tenido. El amor que sentía por el folclórico se hizo mayor que antes. No podía esperar para venir a practicar. Esa pasión ... ¡Así es como debe ser la vida! *¡Necesitas pasión por la vida! Tienes que saber por qué te levantas cada mañana.* ¿Qué te da esa pasión y energía que no puedes esperar para levantarte por la mañana y hacer algo que realmente amas? *¡La vida es un regalo!* Y nuestra meta es encontrar lo que nos apasiona para poder pasar cada momento, cada hora de cada día en ese estado de amor y pasión. Mi pasión es hablar; me encanta hablar con la gente. Para enseñarle, compartir mi experiencia con ella y ayudarle a darse cuenta de lo hermosa que es y a encontrar su sentimiento de pertenencia en este planeta. Eso es algo que me impulsa todos los días, esa sensación de mejorar no solo mi vida, sino también la vida de los demás.

Fue a principios de mayo de 2016; fuimos a Vancouver para montar un espectáculo. Aunque tuve docenas de conciertos en todo el mundo, debo decir; ¡Esa noche fue la más especial de toda mi carrera como bailarín! Nunca olvidaré el momento de pura alegría cuando recibimos un aplauso de más de diez minutos. Al final, la emoción que sentí en mi corazón y las lágrimas de felicidad que tenía en mis ojos. Recuerdo haberme dicho a mí mismo que ahora estoy listo para despedirme del folclórico. El momento en que llegas allí siempre es emocionante, pero como dije, ¡tu mejor momento fue el momento en que decidiste! Recordaba el momento en que decidí regresar, y diez años después, ¡vi que era la mejor decisión sobre el baile que había tomado!

Ahora, estoy encantado y agradecido por todo lo que he experimentado con el folclórico, y todavía bailo. Lo hago por mi alma. He logrado mis metas en el folclórico, y ahora solo disfruto y me divierto. Así debería ser la vida; pura alegría, felicidad y diversión. Cuando bailo, y en medio de la coreografía cometo un error, no me detengo para irme a llorar al lado y sentir pena por ese error. ¡No! ¡Incluso pongo una sonrisa más grande en mi cara y sigo bailando! En la vida, cuando fracasamos, cometemos un error, nos asustamos. Pero ese es el momento en que debes pararte con la cabeza en alto y sonreír con plena fe; sabiendo que resolverás el problema, que superarás esa adversidad y que encontrarás la manera de comenzar el trabajo de tus sueños. ¡Ese es el momento en el que tienes que seguir bailando! Porque al final, van a valer la pena todos los esfuerzos, todas las lágrimas, todo el trabajo duro que pones en esa meta. Los momentos más hermosos no fueron aquellos en que terminé la coreografía, sino los momentos que experimenté durante la coreografía; lo que significa, *¡disfruta el proceso!*

¡La vida es bella! Realmente lo es. Siempre que enfrentes un desafío, recuerda siempre que debes seguir bailando con una sonrisa en tu rostro, porque si perseveras y no te rindes, ¡pronto vivirás tu sueño!

Futuro: esa es una hermosa historia. Y en esa única historia, hay tantas lecciones sobre la vida de que cualquiera puede aprender. ¿Alguna vez lo hablaste con el maestro que te dijo que te rindes?

Sergio: nunca sobre eso, pero lo curioso es que después de mi regreso, en realidad me contrató para trabajar con los niños porque conocía cada paso correctamente y conocía el estilo de los bailes porque tenemos muchas coreografías de distintos partes del país, y cada parte tiene su estilo único de baile. Creo que lo hice porque él me dijo que no podía, y nunca lo culpé. Tal vez no lo sabía entonces, pero ahora sé que él no se dio cuenta de que el trabajo duro supera al talento y luego subestimó mi voluntad de hacerlo. Nunca lo he tomado personalmente. De hecho, desde esta perspectiva, me agrado por eso porque ha moldeado mi vida de alguna manera porque fue una prueba masiva de que soy capaz de hacer muchas cosas más si pongo trabajo duro y pasión en ello.

Futuro: creo que es una buena fórmula para el éxito:

Trabajo duro + Pasión + Determinación = Éxito

Sergio: hay muchas fórmulas, así que esa es una más para alguien que está buscando una fórmula *"secreta"*.

Futuro: hay una cosa que has mencionado de la que creo que deberíamos hablar.

Sergio: ¿qué es eso?

Futuro: dijiste que no lo tomaste como algo personal cuando tu maestro te dijo que no eras lo suficientemente bueno. Así que ampliemos eso para que sus lectores puedan obtener información valiosa que los ayudará a cambiar la forma en que ven algunas cosas.

No lo tomes como algo personal

> *"Hay gente que te amará. Hay gente que te odiará. Y nada de eso no tendrá nada que ver contigo". - **Abraham Hicks***

Este es un tema delicado para hablar porque la mayoría de la gente, y quiero decir alrededor del 95% de la gente toma todo como algo personal. Cada vez que alguien le dice algo, lo toma como algo personal independientemente de su naturaleza, buena o mala.

Sergio: sobre todo si es malo.

Futuro: correcto. Alguien te dice: *"Oye, te ves tan gordo",* lo tomas como algo personal y comienzas a sentir el veneno emocional que necesitas para defenderte y decir algo (probablemente no apropiado) a cambio o puedes tratar de defender tus creencias sobre tu cuerpo. Lo que debes saber es que solo porque esa persona te dijo que eres gordo no dice nada sobre ti; simplemente le convierte en alguien que tiene que poner una etiqueta a los demás. Está lidiando con sus sentimientos. Lo que diga no es personal, aunque pueda parecerlo.

Sergio: bueno, no estoy seguro de que hayas utilizado el ejemplo adecuado, ya que a veces la gente puede decirles a los demás que están gordos simplemente para motivarlos a bajar de peso y estar más saludables. Les dice por su propio bien.

Futuro: pueden decírselo por tu propio bien, pero aun así lo tomas como algo personal sin importar la intención detrás; especialmente si estás lidiando con tus propias emociones sobre (en este ejemplo) tu cuerpo. Pero para explicar mi punto, usemos otro ejemplo. Digamos que alguien te dice: *"Eres tan estúpi-do".* ¿Qué vas a hacer en ese caso?

Sergio: ¿romperles las piernas?

Futuro: eso es gracioso, pero en serio, ¿qué vas a hacer?

Sergio: en este momento, no me importaría porque aprendí sobre este principio hace unos años. Pero si me preguntas sobre quién solía ser, probablemente lo tomaría como algo personal. Sé con certeza que tendría estos pensamientos abrumadores como, *"¿Por qué dijo eso?"* o *"¡Todos me dicen que soy estúpido, supongo que lo soy!"* y muchos más.

Futuro: entonces pensarías en eso toda la noche y no dormirías por eso.

Sergio: probablemente.

Futuro: ¿ves? De eso quería hablar y ayudar a cada uno de ustedes que leen esto. Usando este ejemplo, alguien te puede decir algo sin siquiera conocerte. Tal vez esa persona lo dijo solo para lastimarte, y de alguna manera, sí te lastimó. Te vence porque lo tomas como algo personal. Estás de acuerdo con lo que se dijo, y tan pronto como lo acercas a tu corazón, el veneno emocional te atraviesa, y ahora estás atrapado en tu mente donde experimentas el infierno de pensamientos destructivos.

Lo que debes entender es que nada de lo que hacen los demás es por ti. Tienen sus propias opiniones y creencias que provienen de su mundo. La forma en que ven la vida puede ser distinto de tu percepción de cómo la ves. Lo que dicen de ti no es asunto tuyo. No importa.

Sergio: pero alguna gente está tan cercana que nos importa lo que diga.

Futuro: Futuro: no debes preocuparte por lo que alguien tenga que decir sobre ti. La única razón por la que te importa demasiado es que no sabes quién eres. Si sabes quién eres, escucharás lo que dicen los demás sobre ti, pero no oirás nada porque no te importaría. Comprenderás que todo lo que dicen los demás es un reflejo de quiénes son. Todo lo que te hacen los demás es un reflejo de quiénes son.

Sergio: mejor dicho, todo el acoso por lo que he pasado durante once años no fue más que un reflejo de quiénes eran los acosadores. Para sentirse mejor consigo mismos, ¿me hacían todas esas cosas inapropiadas porque querían ocultar los sentimientos negativos que tenían sobre ellos mismos?

Futuro: debes saber que nunca serás acosado por alguien que esté en un nivel de conciencia más alto que tú. Una persona exitosa nunca se reirá de ti cuando fracasas porque entiende el proceso por el que pasas. Y sí, para sentirse mejor consigo mismos y ocultar sus imperfecciones, todas estas personas te acosaron por eso. ¿Puedes recordar un momento en que sucedería el acoso escolar? ¿Y quién era la persona que te acosaba?

Sergio: mmm, puedo recordar muchas situaciones, pero ahora me haces pensar un poco más a fondo del tema. Recuerdo cuando estaba en la escuela secundaria, por ejemplo, durante la pausa para el almuerzo cuando todos los chicos hablaban, si alguien se burlaba de otra persona y se estaba volviendo algo personal, la persona de que se burlaba diría algo como *"No me digas estas cosas, no soy como el chico apestoso"*, y se refería a mí sin ninguna razón. Esto sucedió en mi clase varias veces, y siempre me preguntaba por qué tenían que referirse a mí. Pero debo admitir que realmente tuve este pensamiento, *"Tal vez porque tenían miedo de que algún día fueran acosados"*, y esa fue la razón por la que hicieron eso.

Futuro: ahora, entiendes incluso mejor que antes. Eso sucedió porque, en esa situación para evitar más burlas o bromas y sentirse mejor consigo mismo, ese chico estaba volteando la historia hacia ti. Pero como puedes ver, no fue por ti; fue por sí mismo. Sabía que era inseguro; tenía imperfecciones y él, como muchos otros que te hacían todo eso, en el fondo temía que algún día él también sería acosado.

Sergio: si solo supiera esto antes, nunca tendría que pasar por todas esas pesadillas y sufrimiento durante once años.

Futuro: te equivocas. Tienes que pasar por todo eso para aprender lo que ahora sabes, para que puedas enseñar a otros sobre esto y ayudarlos a evitar tomar las cosas como algo personal. Ese fue un camino largo por el que tu *Alma que* te llevó para convertirte en quien eres hoy. Así que le agradezcas por ello.

Sergio: por supuesto, le agradezco. Sé lo que dices, pero, aun así, fue un fastidio.

Futuro: serás juzgado por tus palabras aquí, pero no lo tomes como algo personal.

Sergio: ja, ja, por supuesto, no lo haré. Entonces, si alguien dejara de preocuparse por las opiniones de los demás; si dejara de tomar las cosas como algo personal; si dejara de ser lastimado por lo que los demás le hacen, ¿se pondría en posición de nunca volver a lastimarse?

Futuro: Exactamente. Si dejas de tomar las cosas como algo personal, las palabras y las acciones de los demás ya no te pueden lastimar. Tienes inmunidad frente a ellos. Tienes un blindaje que siempre te protegerá.

Cómo te ven los demás no tiene nada que ver con quién eres. Si te ven como realmente eres, nunca te dirían ni te harían nada malo o injusto. Si estuvieran alineados con quienes realmente son, te verían como una manifestación perfecta de tu Fuente, y no te mostrarían nada más que amor. Además, hay otra cosa. Hablábamos de no tomar nada como algo personal cuando se trata de cosas negativas.

Sergio: déjame adivinar, ¿quieres señalar que no debemos tomar nada como algo personal incluso cuando alguien nos dice algo positivo?

Futuro: Justamente eso. Incluso cuando alguien te dice: *"Me gustas, eres un hombre muy bueno"*, puede pensar eso hoy, pero mañana podría cambiar su opinión sobre ti. Hay tanta gente que es amable con las personas que necesita para sus propósitos personales. Si quieres conocer a alguien, mira cómo trata a las personas que no necesita en su vida. Hoy, alguien te dice: *"Eres tan amable"*, y mañana puedes escuchar de la misma persona: *"¡Eres tan idiota!"* Así que no lo tomes en serio, incluso si es algo positivo.

Sergio: ¿te puedo preguntar algo?

Futuro: no me tienes que preguntar eso. Solo pregunta.

Sergio: creo que entiendo este principio de no tomar las cosas como algo personal, pero puede ser mal utilizado de manera que la gente tome las palabras literalmente, y puede volverse impermeable a todo, hasta el punto de que incluso las críticas constructivas o sugerencias positivas se salen igual como agua de la espalda de un pavo. ¿Cómo evitamos excedernos con este principio?

Futuro: esa es una buena pregunta, y tienes razón. No tomar las cosas como algo personal no significa rechazar todo lo que escuchas, significa que aún estás abierto a escuchar a los demás y escucharles honestamente; teniendo en cuenta sus sentimientos y opiniones. Significa permanecer abierto a la crítica constructiva y al desacuerdo sincero con la esperanza de que otros te puedan ayudar a crecer expresando cómo te ven, mostrándote tu reflejo en el espejo de la vida. Esa es una perspectiva saludable sobre este principio.

Sergio: ¡habla claramente! ¿Cuál es tu sugerencia para practicar esto?

Futuro: al igual que con todo, debes reconocerlo y ser consciente de ello. Comienza con la conciencia. Eres consciente del momento y entiendes que tienes el poder de controlar tus pensamientos y sentimientos. Lo que sea que alguien te diga, use tus emociones para darte cuenta de cómo te sientes y, si sientes una emoción negativa, pregúntate por qué sientes esa emoción negativa; y tan pronto como lo contestes, sentirás una emoción positiva y serás libre en tu mente y no lo tomarás como algo personal.

O si alguien te dice algo negativo, responde: *"Lo que dices sobre mí no es asunto mío". No me importa".* y no lo pienses más. Solo déjalo pasar allí mismo. Lo emocionante de cualquier principio conocido por la mente humana es que la gente, en la mayoría de los casos, quiere aprender a usarlo para obtener beneficios a corto plazo en lugar de mirar el panorama general. ***Todo lo nuevo que intentes aprender o aplicar requiere práctica.*** ¡Y no solo práctica, sino mucha práctica! Y práctica una y otra vez; porque en el proceso de aprendizaje, de dominio, vas a cometer errores. Te pondrán a la prueba y no lograrás emplear los principios cuando más los necesites. Y eso está bien. Es parte del proceso de crecimiento. Ese es un camino para dominar cualquier cosa en tu vida. Cuando hablo de ser consciente del momento, eso no es algo que sucederá de repente; Lleva tiempo.

Sergio: es muy cierto eso. Muchas veces estaba en situaciones en las que no reaccioné como esperaba y después de que pasó el momento, me sentí tan molesto y tan enojado conmigo mismo porque supe que debería haber respondido mejor o me comportado mejor. Y recuerdo que mis pensamientos fueron así como, *"No puedo creer que hayas reaccionado así. Pensé que ya aprendiste esto. ¡Maldita sea! Ahora tienes que aprenderlo de nuevo".* Y lo pensaba todo el día, pero ahora, ya no pienso así. Me equivoco sabiendo que a veces es inevitable, y eso está bien. Porque todavía significa que hay algo que aprender, algo que recordar, y esa es lo bello de este proceso de aprendizaje; igual que con no tomar nada como algo personal. Incluso ahora, a veces, tomo una cosa como algo personal, pero esta vez es más fácil cambiar mi enfoque porque soy más consciente del momento de lo que solía ser. Y sí, no sucedió de la noche a la mañana, me di cuenta recientemente que me vuelvo consciente de cada momento de cada día que pasa. Pero esto sucedió después de años de no ser consciente de nada, y mucho menos del momento presente.

Futuro: es un recordatorio consciente y constante a ti mismo a diario de estar al tanto de este momento ahora misma. Tienes que hablar contigo mismo. Con el tiempo te volverás consciente de cada momento, y solo entonces descubrirás tu verdadero poder y capacidad para crear la vida que deseas. Este es mi consejo para ti y tus lectores:

No importa lo difícil que sea en este momento, sea paciente. Estás en el proceso de aprender, ganar sabiduría y recordar quién eres. Con fe, pronto descubrirás el poder que tienes dentro de ti.

Sergio: mmm.

Futuro: sí.

Sergio: creo que tratábamos tantos temas que tendrán un impacto inmediato en otros. Me tardaré algo de tiempo para integrar toda esta información.

Futuro: pero aún tienes algunos temas de los que quieres hablar.

Sergio: de hecho, sí tengo. ¿Podemos hablar de relaciones? Sé que mencionamos algo al respecto en los temas anteriores, pero ¿podemos ampliarlo? Por ejemplo, entiendo que las relaciones son un desafío constante, pero ¿cómo podemos ser felices en todas nuestras relaciones, sin importar cuán duras puedan ser a veces?

Relaciones

Atesora tus relaciones, no tus posesiones".
- Anthony J. D'Angelo

Futuro: usándolas para el propósito correcto.

Sergio: ¿y cuál es ese propósito?

Futuro: depende de ti decidir. Como hemos mencionado en el tema ***"El salto cuántico en las relaciones",*** debe usarlos para el propósito destinado. Son constantemente desafiantes. Requieren que crezcas, expreses, te adaptes y experimentes las versiones grandiosas de ti mismo. Debes usar cada relación que hayas tenido con otras personas, lugares y eventos para decidir quién eres realmente. Sólo puedes hacer eso a través de las relaciones. Por medio de cada relación que tiene que suceder y sucederá en tu vida, es la oportunidad perfecta para que elijas quién eres en ese momento. Puedes elegir ser alguien que permita que la relación te moldee o puedes formarte a ti mismo usando esa relación como una herramienta para mejorar y ser la magnífica versión de ti mismo en ese momento.

La razón por la cual las relaciones son tan grandiosas, y algunos de ustedes incluso pueden llamarlas sagradas, es porque te brindan la oportunidad de crear y producir la experiencia de tu más alta conceptualización de ti mismo.

Sergio: ¿pero por qué fracasan tantas relaciones?

Futuro: se te ha dicho que, en las relaciones, uno debe preocuparse solo por el otro, y cuando te preocupas por el otro, tu enfoque en el otro es lo que hace que las relaciones fallen. Pero en el sentido extremo de esto, las relaciones nunca fallan. Simplemente significa que la razón por la que querías usarlas no funcionó o mejor aún, has entrado en una relación por la razón *"incorrecta"* En un sentido más profundo, las relaciones nunca fallan. Siempre serán la experiencia de quién eras en ese momento y quién eres en este momento.

Sergio: has dicho que las relaciones son una oportunidad para crear la más alta conceptualización de uno mismo. ¿Qué quieres decir con eso?

Futuro: esto puede sonar radical, pero debes ser egocéntrico.

Sergio: ¿qué quieres decir con eso?

Futuro: primero debes amarte a ti mismo y luego amar a alguien más. La mayoría de las personas piensa que, si aman a los demás, otros los amarán y luego serán encantadoras, para poder amarse a sí mismos. Pero la verdad es que la mayoría de las personas no se aman a sí mismas porque sienten que nadie las ama, y eso no es cierto. Otras personas los aman, pero eso no importa porque no es suficiente.

Sergio: ¿quieres decir que esas personas no creen que alguien las pueda amar?

Futuro: correcto. Creen que, si les muestras tu amor, significa que quieres algo de ellas. Luego tratarán de descubrir lo que quieres. Cuando aceptan que podrías amarlas, querrán que pruebes que les amas. Esto podría requerir que modifiques tu comportamiento. Si finalmente llegan a un punto en el que comienzan a creer que realmente les amas, inmediatamente se preocupan por cuánto tiempo durará. Y ahora la acción se convierte en una reacción, y para mantener tu amor, comienzan a alterar sus comportamientos.

Sergio: Como hablamos en el tema sobre el *Pensamiento Original,* en el ejemplo de mi experiencia con mi ex novia; cuando comencé a alterar mi comportamiento para mantenerla todo el tiempo que pudiera. Y por eso, me perdí en esa relación.

Futuro: no solo que te perdiste en esa relación, sino que ella también se perdió a sí misma. Ambos entraron en una relación con la esperanza de que se iban a encontrar a sí mismos, sólo para descubrir que se habían perdido en cambio. Esto puede sonar duro, pero es cierto para cada relación similar, así como la tuya. En el momento en que comienzas a perderte en una relación, te vuelves menos de lo que eras cuando estabas soltero; menos atractivo, menos capaz, menos emocionante, menos feliz y menos alegre. Has renunciado a quién eres para poder mantenerte en esa relación.

Sergio: estoy de acuerdo en esto. He experimentado todo lo que has dicho ahora. Y creo que, gracias a esta experiencia, he aprendido lo beneficioso que es pasar un tiempo a solas o estar soltero por un tiempo para poder recordar quién eres, porque cuando lo recuerdes, estarás listo para entrar en cualquier relación sin preocuparte de lo que otros piensen, hablen o hagan.

Futuro: eso es cierto. Si has pasado un tiempo solo investigando tu mente y su vida, no tendrás que pasar por todos los problemas en los que te has metido antes. Es por eso que una ***relación contigo mismo es el elemento más crucial en este proceso.*** Por lo tanto, tu primera y más importante relación tiene que ser contigo mismo.

Sergio: por eso se ha dicho que no puedes ver a los demás de forma valiosa si no te ves así a ti mismo primero. No puedes ver a los demás como luz antes de reconocerte como alguien que irradia luz. No puedes amar a otros si no te amas a ti mismo primero.

Futuro: ¡exactamente! En segundo lugar, asegúrate de entablar relaciones para un propósito superior; por las razones correctas No entres en una relación porque te sientes solo o para terminar con tu depresión, resolver tu ego, solo por sexo, o porque estás aburrido. Ninguno de estos motivos funcionará a largo plazo. Aunque es posible que las cosas cambien en el camino, eso es menos posible si lo haces por las razones equivocadas.

Sergio: llegué a un punto en el que me di cuenta de que las relaciones a corto plazo no tienen sentido; que todas las razones que mencionaste no funcionarán. Conozco a muchas personas que están entrando en relaciones solo para olvidar la anterior, por ejemplo. Y siempre les digo que se detengan y tomen un tiempo para pensar en lo que estaba mal en la relación anterior antes de que salten a una nueva. La necesidad de esperar es porque hay una gran posibilidad de que terminen con la misma persona con un nombre diferente.

Futuro: ese es un buen punto. Si acabas de salir de una relación e inmediatamente pasas a otra, nada va a cambiar. Sigues siendo la misma persona que eras en la anterior, y tu nivel de vibración determinará el tipo de persona que atraerás en la siguiente. Debido a que no se tomaste un tiempo para cambiar tu nivel de vibración y tu estado de ánimo, entrarás en una nueva relación con los mismos pensamientos, sistemas de creencias, patrones y con el mismo comportamiento que tuviste en la relación anterior. Estarás con la misma persona que en la anterior solo que con un nombre diferente. Tal vez no al principio, pero tarde o temprano notarás las mismas palabras y comportamiento del otro y eso hará que te hagas la pregunta: *"¿Cómo es posible que ella sea igual que mi ex?"* y no sabrás la razón exacta de eso.

Si está leyendo esto en este momento y eres del tipo de persona que salta de una relación a otra, te recomiendo que vuelvas al tema ***"La Soltería Como Un Regalo"*** y lo leas de nuevo porque te ayudará a evitar los errores que cometiste. en relaciones anteriores

Sergio: gracias por fomentar mis temas así.

Futuro: de nada. Tengo que apoyarme tanto como pueda, ¿verdad?

Sergio: ¡Ja, ja, cierto! Entonces, a mi entender, las relaciones a largo plazo son las mejores oportunidades para el crecimiento y la realización mutua.

Futuro: cierto. Si tú y tu persona especial acuerdan a un nivel consciente que van a entablar una relación con el propósito correcto de crear una oportunidad de crecimiento; realización; por vivir alegremente en todo momento; para complementarse entre sí; para aprender a comunicarse, para comprender que habrá momentos desafiantes y difíciles; eso sería un gran comienzo de algo especial que está por venir. Será cómodo cuando todo vaya bien. Pero cuando las cosas no salgan según lo planeado y te enfrentes a los desafíos, no trates de evitarlos; acéptalos porque son la oportunidad perfecta para el crecimiento de la relación en sí, así como para tu crecimiento individual.

No te preocupes por lo que otros piensan, hacen, trabajan o hablan. Recuerda, no importa cuán egoísta pueda parecer, *¡sé egocéntrico!* Ámate a ti mismo primero, y luego podrás darle tu amor a otro porque no puedes darle a alguien algo que no tienes para ti. Comprende que será necesario que ambos se toleren mutuamente, sean pacientes, perseveren en algunos momentos difíciles y se comprometan.

Sergio: cuando dices *"comprometer"*, ¿quieres decir que las relaciones se tratan de dar, no solo de tomar?

Futuro: por eso he dicho que la mayoría de las personas entran en una relación por razones no tan buenas. Si piensas en lo que puedes obtener de ella en lugar de lo que puedes dar, la otra persona te puede resentir por lo mucho que te da y lo poco que recibe de ti. Ambos deben estar de acuerdo en un nivel consciente, de que invertirán tanto como puedan en esa relación y darán algo en lugar de quitar.

Sergio: para resumir esto, ¿dices que, para tener una relación feliz y exitosa a largo plazo, sería prudente hablar entre nosotros sobre el propósito de la relación, los objetivos que podemos establecer para ella y que desarrollemos nuestra relación a través de la comunicación constante?

Futuro: Sí, eso sería prudente. Tal vez no al principio, pero después de pasar un tiempo juntos, sería aconsejable hablar sobre estas cosas que acaba de mencionar. La mayoría de las relaciones no duran porque las personas tienen miedo de hacer preguntas. Y tendrás que hacerlas para mejorar la relación, crecer o que quizás sean resueltos algunos malentendidos que ni siquiera sabes que existen. Debes estar abierto a la comunicación. Si dos personas no pueden encontrar una manera de comunicarse entre ellas sus necesidades y sentimientos, de forma abierta y honesta, la relación no tiene muchas posibilidades a largo plazo. Ahora, no me malinterpretes, esto no significa esperar una discusión para decirle a tu pareja cuánto te molesta que tire su ropa al piso en lugar del cesto. Significa decirle cuándo sientas la necesidad y hacerlo de manera respetuosa pero asertiva.

Sergio: estoy totalmente de acuerdo con esto. La comunicación es esencial no solo en una relación romántica sino en toda relación humana; ya se trate de amistad, negocios o lo que sea. Creo que la única *herramienta* que será útil para mantener la relación sana es hacer la pregunta: *"¿Califica nuestra relación del 1 al 10?"* Escuché esto en un seminario donde *Jack Canfield* fue invitado, y lo encontré muy atractivo porque cuando haces esta pregunta por primera vez, la gente te mirará con una expresión divertida en su rostro. Y cuando repites la pregunta y lo haces honestamente, de hecho, se detendrán por un momento y te dirán lo que piensan. Si, por ejemplo, dicen: *"Creo que aproximadamente 7"*. yo respondería de inmediato: *"¿Qué se necesitaría para que fuera 10?"* y luego esperas una respuesta. Mientras no sea un 10, puedes cambiar continuamente algo para mejorarlo. Tal vez necesitas hacer el almuerzo de vez en cuando o lavar la ropa en lugar de tu pareja, pero esta pregunta puede ser una herramienta excelente para mejorar una relación.

Futuro: esa es una excelente pregunta, pero la gente tiene miedo de hacerla. Mientras tanto, es la única forma de saber dónde te encuentras y cómo tu relación puede mejorar o salir de los problemas; haciendo las preguntas correctas.

Sergio: creo que hemos cubierto muchas cosas sobre este tema, pero tengo una pregunta más. Aunque sé que esto puede ser diferente de una relación a otra, pero ¿qué piensas sobre cómo podemos mantener emocionantes a nuestras relaciones y no aburrirnos?

Futuro: esa es una pregunta interesante. ¿Recuerdas tu primer beso, la primera chica que realmente te gustó?

Sergio: ¡por supuesto que sí, como fuera ayer!

Futuro: eso es lo que debe hacer para mantener apasionantes a tus relaciones todo el tiempo. Siempre haz lo que hiciste con tu primera cita en los primeros seis meses de tu relación. La verdad es que no te casarás con la persona con la que salgas la primera noche. Todos harán lo mejor que puedan para dar una buena impresión en la primera cita. Pero después de algún tiempo, tal vez después de unos meses o quizás años, las parejas comienzan a acostumbrarse y pierden el esfuerzo por mantener las cosas emocionantes; y después de un tiempo se aburren, por así decirlo.

Si puedes mantener ese *espíritu de la primera cita*, te puedo garantizar que tu relación será emocionante toda tu vida. Con el tiempo conocerás a tu pareja cada vez mejor, y cuanto más sepas sobre ella, más creativo podrás ser para hacer algunas cosas que hiciste en los primeros seis meses. Llámala por su nombre favorito. Cómprale una flor que le encanta y llévala a citas de vez en cuando, como si fuera la primera. Haz algo todos los días que los haga felices a ambos. ¡Después de tu trabajo, corre a casa y salta a sus brazos! ¡Bésala como si fuera la primera vez! ¡Se apasionado! Descubre lo que les encanta hacer juntos; nadar, viajar, ir de excursión, mirar películas, jugar al tenis, sea lo que sea, hazlo mientras que disfrutes hacerlo. Hay una cosa que debes darte cuenta; cuando te enamoraste de tu pareja.

No te enamoraste en la primera cita ni en la segunda. No se enamoraron de ti ese día específico. Se enamoró de ti porque cuando te levantas de la cama y vas a la cocina a tomar tu jugo, también le traes un vaso de su jugo favorito. Ella se enamoró de ti porque cuando viene después de un día muy estresante en el trabajo y, aunque tuviste un gran día, no le dirás después de sus quejas: *"Sí, sí, pero déjame contarte sobre mi día"*. ¡No! Te sentarás y la escucharás sin decir una palabra. Ningún momento específico la hizo enamorarse de ti. La razón por la que se enamoró de ti es por la acumulación de todas estas pequeñas cosas; ella despertó un día y se dio cuenta de que te ama.

Las cosas pequeñas que suceden a diario constantemente son las que marcan la diferencia. Eso es lo que hará una relación feliz y emocionante todos los días. Cuando le preguntas a tu chica cómo estuvo su día, y te importa escucharlo. Si le preparas un café mientras ella está hablando y estás involucrado en la conversación; eso es lo que hará que su relación sea menos aburrida. Hay tantas maneras en que puedes intentar ayudar a mantener tu relación emocionante, pero debe descubrirlas por tu propia cuenta.

Sergio: estoy muy feliz de saber esto ahora porque estoy seguro de que puedo tener las mejores relaciones gracias a este conocimiento. Gracias por estas palabras.

Futuro: aprecio tu gratitud y estoy feliz de saber en qué tipo de persona te estás convirtiendo. Estás en el camino correcto, pero no necesitas agradecerme porque estas palabras son todas tuyas. Solo recuerda, cada relación es una oportunidad perfecta para ver y decidir quién eres.

Sergio: entiendo eso.

Futuro: ¿quieres pasar al siguiente tema?

Sergio: sí, quiero. De hecho, quiero hablar sobre dar. Tú has dicho que cuando entramos en una relación como una persona completa, debemos mirar lo que podemos dar en lugar de lo que podemos sacar de ella.

Futuro: ¿y quieres hablar sobre dar?

Sergio: pero no sobre dar algo a una relación, sino de dar en la vida en general.

Futuro: entiendo, pasemos a eso

Aprende a dar

En primer lugar, sigamos con las relaciones un poco más. Cuando eres una persona completa y te amas a ti mismo, entiendes que tienes un amor más que suficiente para ti mismo y también puedes dárselo a los demás. Y al dar tu amor a los demás, notarás que este regresa a ti desde diferentes fuentes. Aprende a dar todo en tus relaciones. Da un cumplido. Sé amable. Di algo dulce todos los días y haz algo por tus seres queridos que les ayudará a cambiar sus ánimos. Sé servicial y hazlo sin la expectativa de que recibirás algo a cambio; hazlo con todo tu corazón y mente. Solo la verdadera entrega de corazón, sin expectativas, es algo que te proporcionará alegría; o mejor aún, *la intención detrás de dar* siempre debe ser crear felicidad tanto para el receptor como para ti. Y debes saber que el retorno es directamente proporcional a la entrega cuando es incondicional y desde el corazón.

¡Los niños saben dar! Solo míralos. Lo que sea que les des, buscarán a alguien para dárselo. Ofrecen una sonrisa; dan amor y alegría Dan de su corazón puro y sin una sola expectativa de recibir algo a cambio. Y eso continúa hasta que comienzan a crecer y a aprender de sus padres, maestros y del entorno en general que el amor es condicional; que no hay suficiente y no solo eso, sino que no hay suficiente dinero, comida, alegría, paz, ¡lo cual no es cierto! Se sienten tan influenciados por estos pensamientos y palabras de otros que comienzan a creerlo también y, poco a poco, dejan de dar incondicionalmente. Si quieres aprender a dar, debes despertar a ese niño inocente en ti y practicarlo sin la expectativa de que recibirás algo a cambio.

Te diré esto, no importa lo que creas o lo que otros te hayan dicho, *la verdad es; hay más que suficiente amor, felicidad, dinero, alegría, paz, gente, agua, comida, ¡lo que sea!* ¡Este planeta tiene abundancia de todo lo que se te ocurra! ¡Es una fuente ilimitada de todo lo que quieras! ¡Solo necesitas recordar cómo amar y dar incondicionalmente!

Sergio: recuerdo mis pensamientos acerca de dar hace unos años. Pensaba que, ante todo, tengo que recibir algo para dar a cambio. En otras palabras, si veía a una persona sin hogar en la calle, siempre pensaba que no tengo suficiente para mí, y mucho menos para darle. Además, por no amarme a mí mismo, sé que no le di nada a los demás. No tengo miedo de admitir esto, pero era un terrible amigo, hijo, hermano, novio, compañero de trabajo, compañero de equipo, todo debido a mis expectativas de recibir primero algo para dar.

Futuro: me alegra que seas lo suficientemente valiente como para hablar abiertamente de estas cosas de tu propia vida. Se necesita valor para hablar de estas cosas. Se necesita valor para enfrentar el pasado y aprender de él. Puede que hayas sido así antes, eso ya no es importante. La pregunta es, ¿quién eres ahora? ¿Qué clase de hijo, hermano, novio, compañero de trabajo, amigo eres ahora? Eso es importante. ¿Cuál es la intención detrás de dar ahora?

Sergio: ahora soy una persona diferente. Me di cuenta de que comencé a dar pensamientos, palabras o aprecio más de lo que había ofrecido antes. También estoy dando dinero sin expectativas. Estoy dando todo sin esperar tener algo a cambio.

Futuro: ¿y cómo se siente eso?

Sergio: ¡se siente genial! He notado en los últimos meses que cuanto más doy, más recibo felicidad. E incluso si no la recibo en ese momento, no me importa. Estoy dando mi amor a todos. Incluso si a alguien no le gusto, le envío una oración silenciosa a través de mis pensamientos y le deseo todo lo mejor.

Futuro: eso es bueno de escuchar. Llegaré a eso un poco más tarde. En primer lugar, quiero aclarar algo de lo que todos deben darse cuenta. *Si vas a recibir algo en tu vida, ¡la forma más fácil de hacerlo es dar exactamente lo que deseas!* En otras palabras, si quieres más alegría en tu vida, dale alegría a los demás; si quieres más dinero, ayuda a otros a ganar más; si quieres más amor, da tu amor incondicionalmente a los demás; si quieres más felicidad, haz que los demás se sientan felices cuando te rodean. Si quieres ser genial en cualquier área de tu vida, ayuda a otras personas a sentirse bien, de la mejor manera que puedas.

Para volver a tus palabras, cuando dijiste: *"Le envío a esa persona una oración silenciosa".* Esa es una manera perfecta de cambiar tu estado de ánimo y luego impactar a esa persona también. Enviar tus pensamientos silenciosos de agradecimiento a los demás, incluso a aquellos a quienes no les gustas, los afectará de manera positiva (que no sabrán lo que sucedió).

Sergio: eso es verdad. Una vez estaba en un autobús, y vi a esta señora, que obviamente estaba triste, y sin ninguna razón, le sonreí, me miró y de alguna manera sonrió a cambio. Inmediatamente, le envié mis pensamientos de felicidad silenciosamente; *"Lo que sea que estés pasando en este momento, aguanta porque eres lo suficientemente fuerte como para sobrevivir. Te deseo el día más increíble y que seas feliz tan pronto como puedas".* No puedo recordar las palabras exactas, pero recuerdo que cuando salí del autobús, ella me estaba mirando con una sonrisa más grande y de alguna manera, sabía que mis pensamientos la habían impactado positivamente.

Futuro: efectivamente. Tus pensamientos son tan poderosos que pueden tener un impacto como ese. La mejor manera de recibir lo que deseas es tomar la decisión que en cualquier momento que desees algo; le darás exactamente eso a alguien desde el fondo de tu corazón. No importa si es un cumplido o una flor o una sonrisa; da algo cada vez que te pongas en contacto con alguien. *¡Cuanto más das, más recibirás!*

Sergio: es tan simple que a menudo malinterpretamos muchas de estas cosas.

Futuro: ¡lo es! ¡Es tan simple si aprendes a dar algo sin expectativas!

Sergio: ¿*"dar y recibir"* está relacionado con el principio de *" Causa y Efecto"*?

Causa y efecto

"Causa y efecto son dos lados de un hecho".
- Ralph Waldo Emerson

F*uturo: lo* es. Básicamente, con tu entrega incondicional, *estás causando el efecto* de ella. Tú das amor (esa es una causa) y recibirás amor (ese es el efecto de tu acción).

Sergio: en otras palabras, cada acción dará como resultado una reacción específica o cada causa dará como resultado un efecto de esa causa.

Futuro: Precisamente. Cada pensamiento que tienes, cada palabra que dices y cada acción que tomas es una **causa**; con eso, crearás un futuro que será el **efecto** de ello.

La mayoría de ustedes no son la causa de su vida, sino el efecto de su vida. Eso significa que estás permitiendo que la vida te suceda. Pase lo que pase, lo aceptas tal como es. Si pierdes un trabajo, probablemente pienses que tienes *"mala suerte"* y que las cosas negativas siempre te están sucediendo a ti y ni siquiera sabes por qué están sucediendo. No entiendes que siempre obtienes lo que creas, y siempre estás creando con tus pensamientos, palabras y acciones. Para cada pensamiento, palabra y obra hay una causa que se inicia como una ola de energía en todo el Universo, lo que a su vez crea un efecto deseable o indeseable.

Por ejemplo, si me insultas, puedo sentirme ofendido como resultado, y al insultarme, estás enviando tu energía negativa al campo del Universo, que afectará de tal manera que alguien más te ofenderá tarde o temprano. Por eso es esencial que seas testigo de tus pensamientos, palabras y acciones.

Sergio: yo: entendí esta ley hace unos años cuando me encontré en la ruina y sin ninguna relación en mi vida. Fue el resultado de todos mis pensamientos, palabras y acciones egoístas que tuve en aquel entonces. Para ser más específicos, cuando trabajaba como entrenador de salud, en un momento, tuve cerca de 55 clientes. ¡Y no me importaba ni uno solo! Lo único que me importaba era cómo venderles los productos y tomar su dinero. Como resultado, me dejaron y, por supuesto, no querían comprarme, y estoy seguro de que sintieron que no me importaban; y no solo eso, ¡sucedió que más tarde no pude encontrar un solo cliente! Es como si lo que fuera que estaba haciendo no funcionaba en absoluto. Y creo que la razón era que todavía tenía estos pensamientos de que solo quería dinero.

Futuro: ese es un ejemplo perfecto de *"lo que siembras es lo que cosechas"*. Plantaste la semilla de tomar lo que puedas sin dar nada a cambio. No existe tal cosa como *"algo por nada"*. No funciona de esa manera.

Sergio: lo sé. Es por eso que terminé sin nada. Perdí a mis amigos y todas mis relaciones con mis clientes y otras personas en mi vida. Pero estoy feliz de haber pasado por eso. Estoy realmente agradecido por esa experiencia. Aprendí a apreciar y valorar a todas las personas con las que estoy en contacto. ¡Gracias a esa experiencia, aprendí cómo administrar el dinero adecuadamente, cómo desarrollarme, cómo ser amable y cómo dar! Además, aprendí que quiero ser la causa de mi experiencia, no el efecto de la misma.

Futuro: eso está bien. Se ha dicho que ***"Causa y Efecto" es la ley de Dios***. Es la ley de todas las leyes. Y esa es una prueba más de que cada adversidad trae consigo la semilla de un éxito equivalente. En tu caso, debido a todo lo que pasaste en ese entonces, te convertiste en quien eres hoy. Y sí, has aprendido a dar. Y ese es el mejor regalo que puedes dar a los demás. Dales algo. Una sola sonrisa o una palabra amable puede cambiar todo el día de esa persona y créelo o no; ¡puede cambiar su vida!

Ahora déjame decirte algo que has notado muchas veces en tu vida diaria. Las personas siempre culpan a sus circunstancias por lo que son. Culpan a todos los eventos que les suceden y piensan que hay coincidencias en este mundo. ¡No hay coincidencias en este mundo! Todo lo que has experimentado es el efecto de tus pensamientos, palabras y acciones. ***Te conviertes en lo que piensas todo el día.***

Si no tienes una meta y no tienes idea de hacia dónde vas, probablemente dejarás que la vida te arroje algo; y te sentirás impotente para hacer cualquier cosa. Como resultado, tu vida se convertirá en una frustración y tu mente se llenará de pensamientos de miedo, ansiedad y preocupación. Eso es porque has plantado todas estas semillas negativas en tu mente. Para revertir eso, debes comenzar a plantar las semillas del amor, la felicidad, la alegría, la gracia, la paz, la bondad, la compasión.

No pasa nada por accidente. Todo está conectado. Es posible que no entiendas por qué te sucedió este evento negativo. Pero si observas profundamente en tu mente, en tu corazón, verás que durante un período prolongado tuviste pensamientos sobre perder tu trabajo. Que no tendrías suficiente dinero para pagar las cuentas, que terminarías solo, que no harías nada valioso en tu vida, y luego, cuando estos eventos adversos se convierten en una realidad en tu vida, te preguntas *"¿cómo me está pasando esto a mí?"* Porque durante mucho tiempo estuviste plantando semillas de patrones de pensamiento y creencias negativas y el Universo no tuvo más remedio que responder a tus pensamientos y sentimientos y manifestar lo que estabas pensando y sintiendo. La *Ley de Causa y Efecto* siempre funciona. Sin excepción. No importa si estás plantando semillas de pensamientos positivos o negativos; responderá de acuerdo a tus sentimientos. Por eso funciona la *Ley de la Atracción*. Está vinculada con la ley de la causa y el efecto.

Tal vez te sientes poco saludable y gordo. Ese es el efecto, o puedes decir el resultado de las acciones que estuviste tomando con el tiempo. tu dieta era pobre, no hacías ejercicio durante años y, como resultado de estos hábitos poco saludables, un día te miras en el espejo y te disgusta tu aspecto. Puedes terminar odiándote a ti mismo por eso.

Sergio: ¡increíblemente cierto! Te conté sobre mi historia de ser gordo hace un año. Me preguntaba cómo sucedió eso, pero cuando me miraba en el espejo, era brutalmente honesto. Sabía que mi dieta no era buena, y no me ejercité durante meses, y como resultado, terminé siendo gordo. Ahora que estoy en forma y saludable, estoy tratando de explicar a los demás que este es el efecto de mi cambio. En otras palabras, decidí ser la causa de mi experiencia y tomé el asunto en mis propias manos. ¡Coloqué todos mis pensamientos, palabras, acciones, sentimientos y energía en alineación con quien quiero ser y el efecto de esta causa ha comenzado a aparecer en todas las esferas de mi vida!

Futuro: eso es asombroso. Ese es mi mayor consejo para todos ustedes que leen esto: ***sean la causa de su experiencia***. No dejes que la vida suceda y luego preguntarte por qué te está sucediendo a ti. Porque si le preguntas a los que son felices, prósperos y alegres, cómo obtuvieron todo eso, te dirán todo lo que has leído aquí; estaban plantando estas semillas positivas. Solo aquellos que no entienden cómo controlar sus pensamientos, palabras, acciones y emociones pensarán que todo lo que está sucediendo en el mundo es causado por alguna *"oportunidad"* o *"suerte"*.

Quienes entiendan esta ley sabrán que son los creadores de su realidad. ¡Para poner en práctica esta ley, deberás comenzar a plantar las semillas de esperanza, amor, alegría, éxito y paz en tu vida diaria! ¡Algunos árboles en este mundo necesitan cinco años para crecer del suelo! ¡Imagina! ¡Cinco años! Si plantaras una semilla y comenzaras a regarla y cultivarla, y si en algún momento durante esos cinco años dejaras de regarla, el árbol moriría en el suelo. Pero si continúas cultivándola y regándola todo el tiempo, ¡el árbol que ha estado en el suelo durante cinco años crecerá 30 metros en seis semanas! Y la pregunta es, ¿creció el árbol en seis semanas o cinco años? La respuesta es obvia. En esos cinco años, el árbol estaba ocupado creciendo.

Sé paciente con tu vida. Tienes la semilla dentro de ti que está a punto de mostrarse. Pero tienes que cultivarla. Tienes que poner cada pensamiento, palabra y obra en esa semilla. ¿Y cuál es la semilla dentro de ti? ¡Es tu futuro! ¡En este momento tienes todo tipo de cosas encerradas dentro de ti que están a punto de aparecer y manifestarse en tu vida si continúas cultivándolas!

Sergio: ¿quieres decir, si seguimos *causándolas*?

Futuro: exactamente. ¿Quieres verte en forma y estar saludable? Encuentra un buen plan de entrenamiento que creas que funcionará para ti. Pídele a alguien que te enseñe cómo comer adecuadamente. Aplica eso en tu vida diaria y pronto verás el efecto. ¿Quieres más éxito en otras áreas de tu vida? Bueno. Pídele a alguien que te muestre el camino sobre cómo tener éxito en los negocios y aplica eso. Sé firme. Sé consistente. Debes cultivar esa semilla que has plantado. Puede sonar un poco duro, pero tomará tiempo lograr lo que quieres. Y eso es lo más difícil de hacer; ¡esperar! Cada vez que sientas que quieres rendirte, recuerda la historia sobre el árbol. No dejes que las circunstancias actuales te definan. No dejes que la vida te solamente te suceda. ¡Toma el control de tu vida a partir de hoy plantando las semillas del éxito en todas las áreas de tu vida! ¡Haz algo hoy por lo que tu futuro yo te agradecerá!

Sergio: estoy haciendo exactamente eso.

Futuro: lo sé. Y me alegra que lo estés haciendo; porque una vida más fabulosa te espera a la vuelta de la esquina. Ten en cuenta la *Ley de Causa y Efecto* en todo momento y confía en mí, nunca te fallará si perseveras y la usas para obtener los mejores beneficios posibles, no solo para ti sino también para los demás.

Hacer un esfuerzo adicional

No solo vayas, ¡ve más lejos! Haz un esfuerzo adicional. Cuando siembras las semillas del éxito, a veces tendrás que hacer un esfuerzo adicional para tener éxito.

Sergio: bien. Eso también es algo de lo que quería hablar, ***"Ir más allá"***. Sé a ciencia cierta que si estás haciendo algo; digamos que tu trabajo es hacer algo específico, y lo terminas, se siente bien, tú sabes. Tu supervisor estará satisfecho porque hiciste lo que se suponía que debías hacer, pero si lo haces y haces algo que no sea tu trabajo, puede ser extremadamente satisfactorio. Sé por experiencia personal que hacerlo puede ser tu boleto para una promoción. Y si tu jefe no reconoce el esfuerzo extra que estás poniendo en ese trabajo; debes saber que alguien te notará y te llevará a trabajar para ellos. Puedes terminar abriendo tu propio negocio, o incluso si no sucede nada de eso, el Universo te pagará inesperadamente, especialmente si haces un esfuerzo adicional sin expectativas.

Para darte un ejemplo: solía trabajar en un restaurante como camarero, ¡y disfrutaba trabajar allí! La razón era directa; estás sirviendo a otros, y puedes conocer a todo tipo de personas interesantes y tener algunas de las conversaciones más agradables que nunca. Así que cuando llegué allí, y sabía cuál era mi área, me aseguré de que todas las personas que se sentaban en mi área estuvieran felices, satisfechas y salieran del restaurante con mejor humor que cuando entraron. Ese era mi objetivo. Los saludaba con la mayor sonrisa. Les preguntaba cómo se sentían, conversaba con ellos y siempre traté de darles cumplidos o palabras de aliento; o incluso un breve discurso motivacional. Los trataba como si fueran las personas más importantes del mundo. Y el 99% de las veces, tuve la mayor propina de entre todos mis colegas, y me hacía feliz cuando salían del restaurante con una gran sonrisa. Regresaban e incluso le pedían al propietario que yo volviera a servirles, fue la mejor prueba de que no solo estaba haciendo " *mi trabajo* ", sino que también estaba haciendo un esfuerzo adicional.

Futuro: milla extra es un término para aquellos que quieren más de la vida. Significa que no solo haces lo que se supone que debes hacer, sino que haces más. Haz algo extra hoy que te beneficiará mañana, y tendrás éxito. Tu ejemplo es bueno. Hacer un esfuerzo adicional puede y te beneficiará más de lo que piensas. Me encantó cuando dijiste que tal vez nadie te notará en tu trabajo, pero el Universo lo ve todo. ***¡El universo se da cuenta de todo lo que haces!*** Tu supervisor no lo notará, el Universo lo hará y te devolverá cuando menos lo espere. Te lo puede recompensar con una oportunidad inesperada en forma de una nueva oferta de trabajo o en la forma de alguien que quiera colaborar contigo en un nuevo negocio.

Como dijimos, la mayoría de las personas tienden a hacer cuanto necesitan; pero si notaste a todas estas personas que intentan encontrar un camino sin hacer nada productivo, siempre encontrando una manera de evadir el trabajo, no están haciendo nada significativo en su vida. A menudo son infelices, frustrados, odian su trabajo y siempre hacen lo suficiente para no ser despedidos. Debe saber que, si quiere más, tienes que hacer más.

Tu mente se desarrollará de acuerdo con el trabajo que pongas en ello, y notarás que siempre hay algo en lo que trabajar para que puedas crecer mentalmente y expandir tu conciencia. Cuando haces más de lo que se te paga por hacer, agregas más valor a todo su ser, y eso es lo que lo separará de los demás, y dará como resultado más oportunidades para tus servicios. Pero ahí está la parte compleja. Algunos de ustedes pueden comenzar a hacer el trabajo extra, y después de unos días, vuelven a sus viejos hábitos. Eso no funcionará, mi amigo. Si adoptas este hábito de hacer más como tu filosofía de vida, pronto se te abrirá la puerta a nuevas oportunidades y los demás te envidiarán, pensando que también merecen más, sin saber cuánto trabajo extra has puesto en todo lo que haces. Es fácil decir que nadie apreciará tu trabajo extra, pero eso es solo una excusa para no trabajar más duro. Hacer un esfuerzo adicional intencionalmente siempre valdrá la pena, tarde o temprano.

Sergio: ¡lo creo! ¡Realmente lo hago! En este momento, mientras escribo este libro, todavía tengo un trabajo de tiempo completo en una empresa de construcción. El propietario es un tipo muy bueno, pero no sabe cómo apreciar a sus trabajadores, especialmente a aquellos que trabajan muy duro. Mi trabajo es cargar y descargar los remolques, organizar a los trabajadores en función de lo que necesitan hacer, y eso depende de los pedidos de nuestros clientes y estar seguro de que todo vaya como se supone. Eso no me gustó en absoluto. Solía despertar con temor y odio y no quería seguir con ese trabajo en absoluto. Pero algo ha cambiado en los últimos meses.

Voy a alejarme de este tema para poder decirte mi punto y también para aclarar qué tipo de cambio ocurrió. Hace aproximadamente dos meses (creo que fue a finales de julio de 2018), no recuerdo el día o el momento exacto en que sucedió esto, pero de repente, me dije a mí mismo *"¡Estoy feliz!"* Literalmente, no sucedió nada notable. No recibí ninguna gran oferta de otra compañía, no conocí al amor de mi vida, no tenía una idea innovadora, no recibí dinero ni gané la lotería, y no puedo explicar cómo sucedió esto o por qué, pero simplemente sin razón, me di cuenta de que era feliz.

Desde ese día hasta ahora, comencé a ver todas las cosas en mi vida de manera diferente. Para ser específico, porque este es un tema del que estamos hablando en este momento, noté que mi actitud sobre el trabajo ha cambiado como consecuencia de ese cambio interno. En otras palabras, no amo mi trabajo. Quiero dejar eso en claro. Pero comencé a apreciar mi trabajo y a estar agradecido por él porque entiendo que ese es el lugar en el que Dios me puso para poder aprender a manejar conflictos, presiones y todas las demás cosas en ese nivel y estar listo para el siguiente nivel en el que Dios está a punto de ponerme. Se supone que debo estar allí. Hay una razón para eso. Y decidí ir a ese lugar de trabajo y dar lo mejor de mí. Mientras esté allí y haga un esfuerzo adicional, sé que el Universo me devolverá de una forma u otra, sabiendo que mi jefe podría no apreciar mi arduo trabajo, sabiendo que mi jefe ni siquiera verá lo que estoy haciendo y lo duro que estoy trabajando. Pero intencionalmente me he puesto en esa posición de aprender a convertirme en un líder que conocerá el camino, mostrará el camino y lo más importante, ¡guiará el camino!

He comenzado a hacer algunas cosas que no son parte de mi trabajo que se supone que deben hacer otros trabajadores. Incluso comencé a organizar y administrar los pedidos de los clientes, lo que se supone que debe hacer mi jefe. Empecé a hacer las cosas como si fuera el dueño, y lo estoy haciendo con la máxima concentración, no hasta el punto de que me voy a agobiar por completo y me voy a agotar a mí mismo, pero estoy dando lo mejor de mí porque sé que el Universo está mirando e incluso aprendí a hacerlo y estar feliz y satisfecho. Estoy agradecido por todo lo que estoy pasando; entendiendo que es parte del proceso y que estoy en camino a una vida mejor.

Futuro: primero, quiero decirte que tu deseo puro y honesto por la felicidad, durante un largo período, te ha llevado al momento de *"despertar"*. ¡Y es solo una cuestión de elección cuánto tiempo permanecerás en ese estado, pero te insto a que tomes una decisión consciente para ser feliz por el resto de su vida! Cuando la gente dice: *"No me gusta mi trabajo"* u *"Odio mi trabajo"*, y les preguntas, *"¿por qué sigues ahí?*, buscarán una excusa como que necesitan pagar las cuentas; comprar comida; esperan que algo mejor suceda algún día; no pueden encontrar nada mejor; y muchas otras excusas Si bien pagar facturas y proporcionar comida y una casa para ti y tu familia es importante, pero eso debe usarse como motivación para salir y encontrar algo que al menos puedas disfrutar un poco. *Trabajar duro en algo que no te gusta se llama* **estrés**. *Trabajar duro en algo que amas se llama* **pasión**. La realidad es que la mayoría de las personas están estresadas porque trabajan muy duro en algo que odian. Y debido a que lo odian y no creen que haya algo bueno en su trabajo, no están dispuestos a hacer un esfuerzo adicional y mejorar su situación.

Sergio: no puedo culparlos. Es entendible. Es difícil estar dispuesto a trabajar extra en el empleo que no les gusta; especialmente si sabes que nadie lo apreciará o pasará desapercibido y sin ninguna recompensa.

Futuro: entonces, ¿por qué empezaste a hacerlo?

Sergio: como mencioné, tengo un objetivo importante, y mi trabajo actual es una de mis motivaciones para trabajar más duro en mis sueños para alejarme de él tan pronto como pueda.

Futuro: entonces volveremos a un propósito definido en tu vida, a lo que quieres hacer en tu vida. Al final de este libro, hablaremos sobre los fundamentos, o puede llamarlos principios de vida; pero por ahora, sigamos con esto. No hay nada más que pueda decir sobre la importancia de hacer un esfuerzo adicional. Entiendo de qué estás hablando cuando dices que es difícil estar motivado o inspirado para hacer algo por lo que al principio no seas recompensado. Es por eso que debes presionarte un poco a ti mismo y tener fe en que serás recompensado tarde o temprano de una forma u otra. Una de las razones por las cuales las personas no quieren hacer un esfuerzo adicional, o cambiar su situación actual no solo en sus trabajos, sino también en su vida, es porque están demasiado cómodos con su situación.

Zona de confort

Sergio: ¿quieres decir que se acostumbraron tanto que incluso si saben que no hay felicidad y progreso en el lugar donde están, sienten que tienen *"seguridad"* allí, y están tan cómodos que se asustan de hacer algún cambio, porque el cambio los pondría en un lugar desconocido fuera de su zona de confort?

Futuro: eres una criatura de hábito. Cuando te acostumbras a hacer lo que siempre haces y sabes cómo hacerlo, te conviertes en un maestro en ello, sin importar cuánto te guste o no. Para la mayoría de las personas, sería difícil cambiar la forma en que hacen algo que hicieron durante años de una determinada manera o cambiar su lugar de trabajo o profesión. Si tu trabajo es la principal causa de tu estrés, pero tienes tanto miedo de abandonarlo debido a las facturas, hay pocas o ninguna posibilidad de que hagas trabajo adicional, excepto si es requerido por tus supervisores y hay casi cero posibilidades de que intentes ir tras otra cosa. ¡Incluso si decides ir tras otra cosa, siempre terminarás donde estabas antes porque tu mente se ha mantenido igual! *Para cambiar cualquier cosa en tu vida, ¡tienes que cambiar tu mente!*

Sergio: ya hablaste de este punto antes. Lo sé. Me he puesto cómodo donde estoy ahora, pero sé que eso no es algo que haré por mucho tiempo. Tengo la convicción que llegaré al punto de soltar algo para obtener lo que quiero. En otras palabras, me he puesto deliberadamente en una situación de incomodidad para crecer, aprender y seguir adelante; para exigir más de la vida.

Futuro: ¿qué hiciste exactamente para salir de tu zona de confort?

Sergio: bueno, hice muchas cosas. Comencemos con mi plan de entrenamiento, por ejemplo. En los últimos meses aprendí (porque estudié todos los días) que para construir el cuerpo que quiero; ¡Necesito trabajar más y permitir que mis músculos *fallen*! Para que los músculos crezcan, ¡deben fallar al principio! Creo que eso también es cierto en la vida; *a veces necesitamos tocar fondo y experimentar una derrota temporal para tener éxito.* Ya dijimos esto, pero siempre es bueno repetirlo algunas veces y recordar esta afirmación. Antes de levantar pesas, me sentía cómodo. Cuando comencé a sentir dolor e incomodidad, me detuve. No fui más allá de eso. Es por eso que mis músculos no aparecieron y crecieron sin importar cuán buena fuera mi nutrición.

Otro ejemplo es que comencé a levantarme temprano, para ser exactos a las 4:30 am todas las mañanas, excepto los domingos por la mañana. Todos estos días duermo en promedio durante aproximadamente cinco horas como máximo, solo los domingos me permito dormir ocho o nueve horas para poder recuperar fuerzas y descansar completamente porque el descanso es una gran parte del desarrollo de mi cuerpo y mente. Al levantarme temprano, me pongo incómodo a mí mismo y he vuelto a algunos rituales matutinos como la meditación, escribir mis intenciones para ese día y agradecer todo lo que tengo y tendré. No pospongo la alarma, no importa cuán cansado o somnoliento esté; porque para hacer algo que nunca he hecho, tengo que ser alguien que nunca he sido. Sabía que para escribir este libro; tendría que encontrar un tiempo para escribir, sin importar lo que pasara. Así que ideé un plan para armar mi vida; está destinada a ser difícil y fuera de mi comodidad.

Me levanto a las 4:30 a.m. Siempre estoy en el gimnasio a las 5:05 am para mi entrenamiento. Entendí que para **ganar en el día; tengo que ganar primero en la mañana.** La meditación, establecer intenciones, la gratitud y el ejercicio son parte de mis rituales matutinos. Después de eso, voy a trabajar, y trabajo alrededor de 8.5h o 9h por día. Después del trabajo, llego a casa e inmediatamente voy a hacer un rápido entrenamiento cardiovascular. Después de eso, me ducho, y me siento a escribir hasta que tengo sueño. Ahora, esto puede no parecerte algo especial, pero para mí, esta es una manera de estar incómodo de una manera en la que nunca he estado. Porque tienes que encontrar tiempo para tus amigos, familiares, otras actividades y eventos inesperados; si quisiera hacer todas estas cosas que amo y disfruto, tendría que sentirme incómodo.

Antes, sólo escribía cuando me inspiraba. Ahora escribo incluso si no siento que quiero hacerlo; porque mis sueños y metas dictan mi tiempo de despertarme y acostarme, y me encanta. Amo esta autodisciplina. Me encanta la incomodidad. Se siente genial. Al principio, pensaba que la incomodidad era mi enemiga, pero ahora la he aceptado y la disfruto. Me encanta estar en lo desconocido. Para hacer algo que nunca he hecho. Realmente creo que la *zona de confort es nuestro mayor enemigo* además de nuestra propia voz negativa.

Futuro: *cada* vez que haces algo que nunca has hecho antes, será incómodo al principio. Y estoy de acuerdo contigo; tu zona de confort es tu enemigo. Una de las mayores ironías es cuando intentas vivir tu vida manteniéndote cómodo; la vida te enviará más y más molestias. La vida te arrojará piedras y seguirás luchando. Tendrá más problemas, inconvenientes, resistencia y dolor porque te preocupa más sentirte cómodo que aprender a crecer y esforzarte. ¡No estás aquí en este hermoso planeta Tierra solo para estar aquí, vivir tu vida y morir! ¡Estás aquí para aprender o mejor dicho para recordar quién eres! ¡Para crecer! ¡Para alcanzar las alturas que creías que nunca podrías alcanzar! ¡Para hacer lo imposible! ¡Para romper los límites! Y si no te pones a ti mismo en situaciones incómodas, la vida se asegurará de darte muchas razones para salir de tu zona de confort.

Eso es lo que me gusta de tu historia y de ponerte intencionalmente incómodo a ti mismo porque tienes dos opciones en la vida. O te comprometes a un crecimiento constante y a expandir tu conocimiento y conciencia y ponerte fuera de tu zona de confort, o haces todo lo posible para mantenerte cómodo y enfrentar las luchas y los problemas de la vida que lo acompañan. Hablamos de esto en la sección *Causa y Efecto*. Te vas a comprometer a ser la *causa de tu vida* o ser *el efecto de ella*. O te comprometes a un crecimiento constante, o te comprometes a estar en el mismo lugar toda tu vida donde hay problemas y luchas.

Debe saber que la razón por la que a la mayoría de las personas les gusta sentirse cómodas es que tu cerebro está diseñado para mantenerte a salvo. ¿Te has dado cuenta de que cada vez que te acercas al borde de una roca realmente alta en la montaña o incluso en tu balcón, y ves lo alto que es, comienzas a tener esta sensación en tu estómago de que te puedes caer? Y comienzas a sentir miedo y tu cerebro dice: *"retrocede porque podrías caer y terminar herido o incluso muerto"*. Cada vez que te enfrentas a algo nuevo y desafiante, tu mente te dará una señal para retroceder. Está diseñada para hacer eso. Cuando retrocedes ante los desafíos de la vida; de probar cosas nuevas, hacer algo que nunca has hecho antes, tu cuerpo, que es tu mente subconsciente, se acostumbra a ello.

Cada vez que quieras hacer algo nuevo, tu cerebro y tu cuerpo se resistirán y te dirán: *"Vamos; nunca has hecho esto antes; no lo has intentado en los últimos 20 años, ¿qué te hace pensar que puedes hacer ahora? No es seguro; ¡es incómodo! Retrocede".* y debido a que tu fuerza de voluntad no es lo suficientemente fuerte en ese momento, vas a renunciar a esa oportunidad; no aplicarás a ese trabajo; no comenzarás esa relación; no irás a ese lugar soñado. En tu corazón, sabes que eres más que esto, y quieres ir tras de ello, pero el cuerpo es más fuerte que tu mente, y ese es el mayor desafío. Creo que mencioné en capítulos anteriores que una de las cosas más difíciles de hacer para cambiar tus hábitos y hacer lo que te gusta es ***enseñarle a tu cuerpo cómo se verá tu vida antes de la experiencia real.*** ¡Y ahí es cuando entra tu Imaginación!

Si tú puedes cerrar los ojos antes del próximo momento y simplemente establecer la intención de lo que quieres de él, tendrás un impacto en ese momento. Pero no solo en ese momento, sino también en tus momentos futuros. Así es como puedes enseñarle a tu cuerpo cómo será el próximo momento antes de que suceda; también, el siguiente y el siguiente. Y cuando lo hagas una y otra vez, tendrás el impulso que te ayudará a romper viejos hábitos y hacer lo que te gusta hacer. Otra forma de romper patrones y entrenar a tu cuerpo para que no se resista a tu mente es aplicando el principio de invertir el ciclo de *"pensar antes de actuar"* y en realidad *"actuar antes de pensar"*. Así es como saldrás de tu zona de confort.

Toda persona exitosa te dirá que no hay placer en sentirse cómodo. Ese no es un lugar donde quieres estar. Especialmente no toda tu vida. Mire a los atletas, por ejemplo, los mejores entre ellos como Michael Jordan, Muhammad Ali, Wayne Gretzky, Usain Bolt, Novak Djokovic, Serena Williams, Michael Phelps y muchos otros; todos tenían una loca ética de trabajo que los empujaba fuera de su zona de confort todos los días. Dicen que Michael Phelps está loco, que entrenar natación dos veces al día es una locura; que el cuerpo humano no puede soportarlo y que colapsará. ¿Qué hizo él? Era implacable, no le importaba lo que otros decían; se estaba empujando a sí mismo fuera de la zona de confort, rompiendo sus límites y las limitaciones que otras personas le imponían, y ¿qué pasó en el Campeonato Mundial o en los Juegos Olímpicos? ¡Ganó todas las medallas de Oro en todas las disciplinas que estaba compitiendo! ¿Puedes imaginar eso? ¿Crees que construyó su camino hacia el éxito manteniéndose cómodo?

Sergio: no, no creo que haya logrado todo sintiéndose cómodo.

Futuro: entonces, para todos ustedes que están leyendo esto, es hora de dejar de postergar las cosas que sabes en tu corazón sabes que deben hacerse. Sal de tu zona de confort y haz lo que tengas que hacer.

Sergio: por experiencia personal, estar fuera de tu zona de confort significa que tendrás que ir solo por un tiempo para llegar a donde quieres estar. Y la gente tiene miedo de estar sola. Pero permíteme compartir una historia más de mi experiencia personal sobre salir de la zona de confort.

En 2014, cuando decidí venir a Canadá, compré un boleto y todo estaba listo. Mis padres me preguntaron por qué no quería ir a algún lugar de Europa, ya que tenemos algunos familiares en otros países y estaría más cerca de ellos en caso de que algo sucediera; y si decidía regresar, sería fácil para ellos venir a recogerme. Creo que lo que les dije fue impactante para ellos porque no podían entenderlo, pero aceptaron mi decisión de todos modos. Mi respuesta fue bastante sorprendente para mí también. Les dije que la razón por la que iba tan lejos, al otro lado del océano, era que quería ponerme en una situación en la que no tendría a nadie en quien confiar, donde tendría que encontrar una manera de sobrevivir y hacer algo por mi vida todo por mí mismo Si estuviera en Europa, estoy seguro de que me sentiría cómodo sabiendo que, si algo salía mal, podría volver. En Canadá, no había vuelta atrás. Mis padres no tenían una visa para visitarme, así que estaba solo, haciendo todo lo posible para vivir y hacer algo con mi vida. Incluso entonces, sabía inconscientemente que para moverme; tenía que meterme en lo desconocido, en algún lugar me sentiría incómodo. Y sí, estaba solo al principio. Por eso creo que la gente tiene miedo de entrar en lo desconocido.

Futuro: ya hablamos sobre esto, así que no es necesario repetirlo. Pero no importa si tienes que caminar solo por un tiempo. Es mejor caminar solo por un tiempo persiguiendo tu sueño y yendo en la dirección correcta que seguir a tus amigos que le apuestan a nada y van en la dirección equivocada. Confía en mí, *preferirías apuntar a las estrellas y no pegarles, a no hacerlo en absoluto. Preferirías salir de tu zona de confort y fallar que no perseguir ese sueño en absoluto. No quieres vivir con la idea de lo que habría pasado si hubieras hecho más con tu vida.*

Sergio: eso suena un poco aterrador.

Futuro: está destinado a sonar aterrador. A veces necesitas asustar un poco a la gente para intentar despertarla.

Sergio: cuando mencionaste esto ahora, solo hay algo a lo que le tengo miedo, o lo tuve hasta ahora, ya que no estoy seguro de si lo he perdido o no.

No mueras con tus sueños aún dentro de ti

F*uturo:* ¿y eso es? Hablar libremente.

Sergio: he escuchado esto antes, no estoy seguro de la fuente de estas palabras y no son mías, pero las memoricé tan profundamente que me prometí a mí mismo de que haré todo lo posible para nunca llegar al punto donde las diré en voz alta:

"Cuando descubrí de qué se trataba la vida, era hora de irme".

Este es mi mayor temor y mi motivación más poderosa para darme prisa todos los días, así que no llegaré al final de mi vida para darme cuenta en mis últimos momentos de qué se trataba la vida. Incluso ahora, mientras escribo estas palabras, tengo la piel de gallina. No tengo miedo de perderlo todo, de no lograr mis objetivos, o incluso de morir, pero tengo miedo de pasar a través de la vida solo para llegar al final y darme cuenta de que ni siquiera viví.

Futuro: tienes razón, eso da miedo. La mayoría de las personas pasan por la vida tratando de ganarse la vida sin vivirla. Siguen adelante inconscientemente sin saber quiénes son ni a dónde van. Pero al momento de tu muerte, en tus últimos momentos de esta experiencia de vida, te das cuenta de quién eres. Es entonces cuando la mayoría de las personas se dan cuenta de que no vivieron en absoluto y ese es un momento en el que hablarán sobre todos sus arrepentimientos. Y ese mi amigo, es uno de los momentos más tristes que puedes presenciar; ver a tus seres queridos ir a otra dimensión, sabiendo que ni siquiera vivieron.

Sergio: eso es tan ... no lo sé, hombre. Muchas veces, cuando pienso en el hecho de que aún no estoy donde quiero estar, pienso que no hay forma de que llegaré al final de mi vida solo para darme cuenta de que ni siquiera viví. ¡Esa es mi promesa para mí mismo! Daré todo lo que tengo para estar completamente despierto en esta vida y vivir según mis propias reglas o al menos morir en el intento.

Futuro: esa es la actitud correcta. Verás, has usado esas palabras como motivación, pero debes saber que no todos van a reaccionar como tú hiciste. Muchos tienen miedo incluso de intentarlo porque han experimentado tantas derrotas que no creen que pueden hacer algo significativo ahora. ¡Pero mi punto es que *debes hacerlo*!

Debes intentar una vez más ir tras ese sueño nuevamente. Para dar al menos ese primer paso, no importa cuán pequeño o grande sea. ¡Dale una oportunidad! Hay muchos de ustedes que tienen ese libro dentro, esperando ser publicado y leído por millones cuyas vidas se verán afectadas por él. ¿Quién tiene esa increíble canción esperando para salir y ser interpretada y cantada para millones que la escucharán? Quizás tengas un proyecto que mejorará el medio ambiente en tu comunidad. Quizás tu sueño es proporcionar agua en los lugares más críticos donde no existe. O quieres convertirte en el próximo mejor jugador de baloncesto de tu generación. Escúchame y lee estas palabras cuidadosamente; *¡debes perseguir tus sueños y no dejar que mueran dentro de ti!* ¡La única emoción que quieres evitar es la emoción del arrepentimiento!

Sergio: muy cierto. La sensación de arrepentimiento es una de las peores que puedes tener. Para ilustrar esto a través de un ejemplo tonto, ves a una chica, e incluso si ella te sonríe, tienes demasiado miedo de ir hacia ella, y cuando no lo haces, te arrepientes porque no te atreviste. Ni siquiera quiero mencionar las cosas mucho más grandes en la vida que esta. No profundizaré más en esto ya que lo hablamos en la sección de " *Asesino de sueños* ", pero puede ser aterrador solo pensar en estas cosas.

Futuro: ¿qué sugieres que podrían hacer tus lectores para encontrar esa chispa de motivación de perseguir sus sueños y no llegar al final con muchos arrepentimientos?

Sergio: creo que todos tenemos que tener algo escrito, que cuando lo leamos, nos haga pensar en nuestros objetivos y de alguna manera nos obligue a trabajar en nuestros sueños.

Futuro: ¿quieres decir como tu texto, "cuando me di cuenta de qué se trataba la vida, ya era hora de irme?"

Sergio: exactamente. Si ponemos eso en nuestra mente subconsciente y decidimos que, pase lo que pase, haremos todo lo posible para que esas palabras no se manifiesten. En otras palabras, deberíamos tener un objetivo definido o un propósito principal por el que nos estamos esforzando; pero también creo que, además de nuestro sueño, deberíamos permitir que nuestro mayor temor nos recuerde que si no damos lo mejor para lograr ese sueño, nuestro miedo se hará realidad. Tal vez suene un poco duro, pero esa es solo mi perspectiva.

Futuro: puedo estar de acuerdo en eso; me suena muy razonable. Estoy profundamente conmovido por tu deseo de darle al mundo una expresión completa de ti mismo y hacer del mundo un lugar mejor.

Brindar el mejor servicio posible.

"He aprendido a imaginar una señal invisible alrededor del cuello de cada persona que dice: ¡Hazme sentir importante!" - **Mary Kay Ash**

Sergio: no siempre fui así. Pero sí, definitivamente quiero ser de servicio. Me di cuenta en los últimos meses que he amado a las personas más de lo que he amado antes; incluso a los que no les gusto. Vale la pena amar a cada persona en este planeta. Cada persona puede ser el cambio que quiere ver en el mundo. Y para ser honesto, puede sonar egoísta de cierta manera, pero ayudar a otros y brindarles el mejor servicio posible también me ayudará a lograr mis sueños y metas. Al ayudar a suficientes personas y darles lo que desean, el Universo me proporcionará lo que quiero. Pero, no te dejes engañar por esto; tenemos que asegurarnos de dar sin condiciones. Además, debemos dar con la intención de ayudar verdaderamente a otros desde nuestro corazón y no solo para nuestro beneficio.

La mejor manera de vivir tu propósito es ser servicial. Ya sea que trabajes en un restaurante, vendas helados en la calle, enseñes a los niños en la escuela, hagas que tu entorno sea más limpio o proporciones comida para aquellos que no tienen ninguna; hagas lo que hagas, hazlo con la intención más clara posible. Hazlo con la actitud de que vas a brindar la mejor calidad posible y la mayor cantidad de servicio posible. Usaré la empresa con la que estuve involucrado hace unos años como ejemplo. Es una compañía de salud que tiene algunos productos fantásticos que pueden ayudarte a alcanzar objetivos específicos, como perder exceso de peso, mantener peso o ganar músculo, entre otros objetivos. Personalmente, conozco algunas personas muy exitosas de ese campo que brindan excelentes servicios, que hacen que las personas se mantengan leales sin importar lo que pase.

Sin embargo, lo que he descubierto es que anteriormente, todas esas personas exitosas eran los mejores clientes de sí mismas. Esto significa que realmente se estaban cuidando al usar estos productos. También fueron disciplinadas y buenos líderes porque estaban guiando con el ejemplo, haciendo lo que se les pedía. Debido a la forma en que se trataron a sí mismas, pudieron replicar el mismo tratamiento con sus clientes y distribuidores. Siempre brindaron el mejor y más honesto servicio posible. Escucharon atentamente las necesidades de sus clientes y pudieron poner a disposición planes y programas de nutrición para lograr mejor sus objetivos.

En la mayoría de los casos, la mayoría de las personas se detendrán aquí. Harán lo que *"se supone que deben hacer"*, y eso es todo. Pero no estos líderes; siempre iban más allá. Organizaron los planes grupales de entrenamiento cardiovascular y de pesas que ayudarían a sus clientes a alcanzar sus metas deseables más rápido. Siempre estaban haciendo un seguimiento adecuado con los clientes, manteniéndose en contacto y estando allí para ellos. Incluso se hicieron amigos debido a la relación a largo plazo basada en la confianza y la honestidad. La razón por la que tuvieron éxito fue que brindaron de todo corazón el servicio que sus clientes necesitaban.

Futuro: tu ejemplo es una buena ilustración de lo que hablamos anteriormente sobre liderazgo, éxito y hacer un esfuerzo adicional. Todo eso es necesario para proporcionar la mejor calidad de servicio posible. No es suficiente tener un producto adecuado. La gente no compra los productos; están comprando tu emoción. Puedes escuchar orador favorito *TD Jakes* en casa todos los días o en tu teléfono, y lo estás haciendo, pero la razón por la que quieres ir a escucharlo en vivo es la emoción que despierta dentro de ti.

Sergio: gracias por revelar mi orador favorito.

Futuro: ¡de nada! La razón por la que lo escuchas es porque proporciona el tipo de servicio que necesitas en este momento en particular. Además, la razón por la que lo escuchas todos los días durante el último año es por la calidad del contenido que proporciona, ¿estoy en lo cierto?

Sergio: sí, lo estás. Otro ejemplo de buen servicio es este: en los últimos dos o tres meses me inscribí a un plan de comidas de una empresa con sede en Toronto. Les compro comida saludable y equilibrada porque no tengo tiempo para prepararla. Además, no sé cómo hacer nada más que unas pocas cosas. Esta compañía hace comida todas las semanas, ¡comida diferente que sabe increíblemente bien! Y recuerdo haberles dado algunas sugerencias sobre cómo mejorar y, personalmente, les he pedido varias veces que realicen algún ajuste de acuerdo a mis necesidades, como agregar más proteínas, menos carbohidratos y también eliminar algunas verduras que realmente no puedo comer. Y hacen todo eso, y debido a su compromiso de tenerme como su cliente, en primer lugar, he sido y siempre seré leal a ellos debido a la calidad del servicio.

Futuro: hay muchos buenos ejemplos de proporcionar el mejor servicio, pero la esencia es que tendrás que aprender a hacerlo. Como cualquier cosa en la vida, se necesita mucho trabajo, consistencia y disposición para cometer errores porque los estos te mostrarán lo que funciona y lo que no. Eso es algo que tú también, mi querido *Presente*, tendrás que enfrentar cuando publiques este libro y crees programas que transformarán la vida de otras personas.

Sergio: ¿qué quieres decir?

Futuro: cuando te conviertas en un autor publicado, asumirás la responsabilidad de las palabras en este libro. Habrá muchos que aceptarán tus palabras como verdad y comenzarán a vivir sus vidas a través de los principios descritos aquí. Y ahí es donde tendrás que saltar cuando te pidan ayuda. Liderar con tu ejemplo puede ser suficiente para algunos, pero para otros, tendrás que aprender a enseñarles personalmente a cómo aplicar algunos o todos estos principios de los que estamos hablando ahora. ***Tu trabajo no es vender el libro, sino ayudar a quienes lo comprarán. Ahí es cuando comienza el verdadero trabajo.***

Tendrás que hacer un seguimiento, estar ahí para ellos, responder millones de preguntas, crear seminarios que serán transformadores y efectivamente servirán. Tendrá que usar todas las plataformas sociales para estar en contacto con sus clientes; millones de ellos. Esto se debe a que en el momento en que cada uno compra su libro, se convierten automáticamente en sus clientes. Con algunos de ellos, cometerás errores. Algunos de ellos estarán decepcionados. Algunos incluso tendrán más éxito de lo que habían imaginado. Algunos buscarán su guía para mostrarles paso a paso lo que deben hacer. Será mucha presión porque entrarás en una nueva temporada de tu vida. ¿Pero serás capaz de manejarlo? ¿Estarás listo para lidiar con todas las cosas buenas que vendrán con este libro y también con las malas? Elija sus pensamientos con cuidado y prudencia porque crearán su realidad, de la cual estoy seguro de que sabe todo.

Sergio: me haces querer repensar la publicación de este libro. Suena aterrador cuando hablas de eso.

Futuro: tú eres el que lo piensa. Lo sabes en tu mente subconsciente. La razón por la que estoy hablando de esto es que lo estás pensando en este momento, y sabes exactamente lo que viene y lo que tendrás que hacer para pasar a la siguiente fase. Usted sabe todo lo que he mencionado, y está listo para proporcionar la mejor calidad y cantidad de servicio posibles como autor y orador inspirador, líder y embajador de la transformación.

También debes saber que las personas van a experimentar la sabiduría de tu transformación. Ustedes son las celdas a través de las cuales debe pasar su mensaje. Estás en el negocio de la energía; ¡la verdad es que siempre te estás vendiendo! Su mensaje vibratorio es más importante que cualquier palabra que salga de su boca.

Sergio: confía en mí, sé que tendré que trabajar muy duro para estar al servicio. Y eso es lo que quiero. Realmente quiero eso con todo mi corazón; estar de servicio Dar a las personas algo en lo que creer y vivir sus vidas como lo deseen. Creo que proporcionar mi mejor servicio mejorará sus vidas y también disparará su éxito. Para mí, no habrá mayor recompensa que mirar a alguien que ha cambiado su vida, darme las gracias.

Futuro: ¿puedo asumir con seguridad que estás listo para el siguiente nivel?

Sergio: ¿cuál será el punto de escribir todas estas palabras y usar mi *Imaginación* para ponerme en un estado de preparación si no estoy listo para el siguiente nivel? ¡Claro que soy yo! No puedo esperar para saltar a otra aventura, a la próxima temporada de mi vida.

Futuro: nada me hace más feliz que saber que estás listo para el siguiente nivel. Hemos recorrido un largo camino para llegar a este punto. Ya ha escrito muchas cosas que serán útiles para sus lectores, pero ¿hay algo más de lo que deba hablar antes de pasar a los capítulos finales de este libro?

Sergio: hay algunas cosas más en mi mente que quiero incluir aquí antes de concluir.

Futuro: no hay problema. ¿Qué te gustaría hablar?

La identidad basada en la popularidad

Sergio: sé que hemos tocado un poco el tema de las redes sociales de hoy, pero me gustaría ampliar en más detalle. Específicamente, me gustaría hablar sobre algo que yo llamo ***"Identidad Basada en la Popularidad"***.

Futuro: ¿qué quieres decir con eso?

Sergio: bueno, estamos viviendo en un mundo donde todos (no solo los niños) quieren ser populares en las redes sociales. Si no tienen suficientes *seguidores* o *me gusta,* piensan que no son populares. Intentan identificarse según la popularidad que pueden generar en las redes sociales y, muy rápidamente, pierden su camino. Y esto es catastrófico en el sentido de que toda esa generación se puede desorientar tratando de encontrarse a sí misma basándose únicamente en su presencia en línea.

Futuro: Ya hemos hablado sobre eso, pero entiendo tu necesidad de explicarlo en más detalle. Creo que quieres decir que si alguien tiene suficientes seguidores y "me gusta" entonces esa persona "existe". Digamos que tú eres el que ansía ser popular según las reglas de las redes sociales. Si hay suficientes personas como tú y tienes suficientes seguidores, entonces *"tú eres".* Estás tratando de identificar tu identidad en función de lo que los demás piensan y hablan sobre ti. Hemos dicho muchas veces en este libro que uno no desea crear una imagen falsa de sí mismo para complacer a los demás. Y desafortunadamente, eso es lo que la mayoría de los jóvenes están haciendo hoy en día. Se les acusa de tener caprichosos, por así decirlo, egoístas, desenfocados, perezosos, lo que sea. Todos quieren esta *"popularidad"* en las redes sociales, y al tener eso, piensan que estarán felices y satisfechos. Pero en verdad, se están volviendo cada vez más infelices y deprimidos; y eso es aterrador.

Los niños pequeños son tan impacientes hoy por culpa del mundo en que vivimos. ¡Quieren todo al instante! Piden que la comida llegue directamente a la puerta porque son demasiados perezosos para salir y comprar los alimentos para cocinar su propia comida. Son demasiado vagos para caminar 150 metros para ir al mercado más cercano, así que toman un carro. Si no reciben 50 "me gusta" hoy, se sienten deprimidos Eso es una locura. Ven a todas estas estrellas de *reality shows* y las están usando como modelos a seguir. Ven a todas estas celebridades en Instagram, Facebook y Twitter, e intentan copiarlas para ser como ellas, incluso si eso significa que tienen que perder su propia identidad. Muchos niños toman cientos de *selfies* en un día para encontrar la imagen *perfecta*. Y todavía tienen que tomarse el tiempo para usar filtros y editarla antes de publicarla.

Y luego, todo lo que buscan es cuántos "me gusta" y comentarios aparecerán en las notificaciones. Algunos incluso llegan a vestirse como si fueran a una fiesta; sosteniendo una copa de vino en la mano, tomando fotos de sus piernas con zapatos bonitos, luego publicando las fotos en Instagram con el título *"Disfrutando la noche con una persona especial"*. Pero la verdad es que están solos en casa sintiendo lástima de sí mismos. Pero para mantener actualizados estos "me gusta" y sus seguidores, publican imágenes falsas porque creen que las fotografías que publican en las redes sociales son representaciones de quiénes son. Eso es una locura. Es una adicción moderna, más peligrosa que cualquier otra. Y esto ni siquiera se limita a las redes sociales, sino también a los *smartphones*. ¡Las redes sociales están diseñadas para ser adictivas! Tenemos que entender eso.

No puedo expresar lo triste que me siento cuando veo a todos estos niños tan apegados a sus teléfonos inteligentes que ni siquiera pueden tener un solo momento sin estos.

Sergio: es triste. Es frustrante cuando estás sentado en el restaurante con cinco, seis o más personas y casi todas miran sus teléfonos. Estamos tan cerca pero tan lejos el uno del otro. Me sucedió muchas veces que solo miraba a las personas que me rodeaban y me preguntaba cómo es posible que estén todas en sus teléfonos, y si nos quedamos durante una hora, las conversaciones durarán unos 15 minutos, los otros 15 minutos comeremos y otros 30 minutos van a mirar los teléfonos. Si vas con amigos y familiares a hacer una barbacoa en algún lugar fuera de la ciudad donde estés rodeado de la naturaleza hermosa, como montañas a un lado y un río al otro; es un momento perfecto para conectarse con ella y disfrutar de su belleza, pero la mayoría de las personas siempre están mirando sus teléfonos perdiéndose de todas estas cosas simples y hermosas a su alrededor.

No es sorprendente que los niños de hoy sean tan pésimos comunicadores. No aprendieron a hablar en persona. Están sentados en el mismo salón de clases y hablando por teléfono. Quiero decir, eso es absurdo. Se enseñan imágenes de otras personas y tratan de imitarlas y ser *populares* como ellas. Todo esto me vuelve loco. Solo pensar en eso me enoja.

Futuro: más despacio, amigo. Entiendo tu molestia, pero no te servirá de nada cuando estés frustrado. Debes dar un buen ejemplo para inspirar a otros a través de tu personalidad y comportamiento. Ese es el mundo en el que crecen los niños de hoy. Prefieren pasar toda la noche viendo Netflix que leer diez páginas de algún libro de crecimiento personal que mejorará su vida. Pasarán diez horas en su teléfono sin tratar de hablar dos frases con sus amigos. Sustituir la felicidad a largo plazo por pequeñas alegrías es algo que la mayoría de los niños hacen en estos días. La impaciencia es su segundo nombre, literalmente. Prefieren pasar la mayor parte de su día en la computadora y el teléfono que salir a divertirse. El tiempo en que las viejas generaciones pasaban afuera jugando juegos creativos, disfrutando de noches hermosas y tomando el riesgo de ser castigado por sus padres por llegar a casa demasiado tarde se han ido.

Sergio: creo que mi generación y tal vez la de dos o tres años atrás son las últimas que saben lo que significa estar afuera todo el tiempo y ni siquiera pasar un minuto en el teléfono. Una de las razones es que teníamos teléfonos celulares, pero no eran tan buenos como los de esos días. Solo podíamos enviar mensajes y llamarnos. Recuerdo el momento en que mis padres no podían llevarme de regreso a la casa porque quería estar afuera todo el día. ¡Y ahora, veo a todos estos niños a quienes sus padres les resulta difícil sacarlos porque quieren quedarse adentro todo el día!

Estar en casa todo el día y no hacer nada es lo que provoca que los niños de hoy se vuelvan perezosos y procrastinadores. Es por eso que dije que el cambio tiene que empezar en casa con los padres y con el sistema escolar que también tiene sus fallas.

Futuro: relájate un poco. Lo que debes hacer es encontrar personas que enseñen a sus hijos a tener un ***propósito en vez de buscar la popularidad***. Y eso no será una tarea fácil. En lugar de buscar aprobación, los niños de hoy tienen que aprender a una edad temprana cómo encontrar su propósito en la vida. Esa es la solución a tu problema.

Sergio: entonces tenemos que volver a descubrir cuál es nuestra visión y qué queremos hacer o en qué queremos convertirnos.

Futuro: puedo ver más frustración aquí.

Sergio: sí, estoy un poco frustrado y no puedo ocultarlo. Es mucho más fácil ayudar a los adultos que ayudar a los niños, especialmente si no trabajas con ellos. Sólo si estás trabajando con ellos puedes esperar tener alguna influencia positiva y ayudarlos a descubrir su propósito en la vida.

Futuro: Mi querido amigo, no es tu trabajo en esta vida arreglar el planeta y todos los problemas que existen en él. En un sentido más profundo, todo es perfecto tal como es. Imagínate si solucionaras todos los problemas que existen, ¿cuál sería el propósito de los demás? Imagínate que, si ayudaras a todos los niños del mundo a descubrir su propósito, ¿qué harán los demás? ¿padres, maestros, entrenadores, instructores religiosos? Amo y respeto tu deseo de servir. Pero estoy seguro de que sabes que todo está sucediendo por una buena razón. ¿Quién sabe cómo será el futuro? Puedes tener predicciones basadas en lo que ves en el mundo, pero ¿puedes estar seguro de que siempre será así? ¿o que el mundo estará como está ahora? ¿o que su ecología se está muriendo y el planeta se destruirá a sí mismo? ¿o que ocurrirá un gran desastre como se describe perfectamente y elocuentemente en las películas más famosas? Te diré esto: solo nuestro *Creador* sabe lo que sucederá. Y eso está bien. Déjaselo a Él porque solo Él sabe lo que está haciendo.

Sergio: eso es más fácil decirlo que hacerlo.

Futuro: sé que lo es, así que quiero que me escuches ahora. Tienes que hacer todo lo posible para ayudar no solo a los niños sino a todas las personas con las que te pongas en contacto. Ayúdalos a darse cuenta de quiénes son y quiénes quieren ser. Si ese es tu propósito, puedes hacer lo que sea con la ayuda de los demás que eventualmente se unirán a ti en este viaje. Y juntos lograrán mucho más de lo que pueden hacer solos. Es noble de tu parte que quieras ayudar a los demás, para servirles y estar aquí para ellos. Es sorprendente que tengas ese proyecto de enseñar a los niños los principios básicos de la vida a través de todo tipo de actividades.

Te estoy diciendo que lo hagas con todo tu corazón. Es comprensible que desees hacerlo ahora, pero primero, debes ayudarte a ti mismo con la publicación de este libro para que el mundo pueda leer tu mensaje. ¿Y adivina qué? Quién sabe cuántos padres leerán este libro y sentirán tu dolor (que has mostrado en algunas partes de nuestra entrevista) y decidirán cambiar la forma en que hablan y actúan. ¿Quién sabe cuántos padres, entrenadores y maestros leerán esto y se darán cuenta de que su trabajo es mucho más que simplemente hacer lo que se supone que deben hacer?

No estoy seguro de que sepa, al menos todavía, qué impacto significativo puede tener y tendrá este libro. Estás hablando de una manera que permite a las personas estar físicamente en este momento a hacer un cambio, pero olvidas que solo el hecho de escribir y publicar este material te llevará a ciertos lugares donde puedas tener un impacto mucho mayor del podrías imaginar.

Sergio: ¿qué pasa si mi ego se interpone en el camino al tratar de disfrutar esa *"popularidad"* y pierdo el sentido de mi propósito?

Futuro: me alegro de que hayas preguntado eso. Verás, no solo los niños quieren ser famosos. Los adultos también quieren ser aceptados y amados por todos. Es una cosa natural. ¿Pero adivina qué? Nunca pasará. Nunca serás amado y apreciado por todos. Tienes que aceptar eso, y está bien. Para volver a ti; ¿Crees que, si de repente recibes toda esta atención y te vuelves popular, eso te cambiaría?

Sergio: para ser sincero, no lo creo. He caminado solo el tiempo suficiente para darme cuenta de que no necesito hacer feliz a nadie. Lo único que creo que haré si se trata de eso es que usaré toda esa atención a mi favor para tener un impacto aún mayor en la vida de otras personas. Me acercará a las personas de influencia que puedan ayudarme a lograr mis objetivos.

Futuro: eso es lo que dice tu conciencia actual. Los desafíos vendrán cuando llegue ese día. Tendrás que aprender a lidiar con el éxito porque el éxito debe ser administrado. Tendrás que lidiar con tu ego, con las posibilidades de volverte perezoso porque las finanzas ya no serán un problema. El retraso, el teléfono sonando la mayoría de veces, recibir miles de correos electrónicos y muchas cosas más. No será fácil, pero estoy seguro de que vas a saber manejar todo.

Sergio: no quiero hablar de algo que aún no ha sucedido. Estoy un poco asustado por todas estas cosas que mencionaste. Tengo todas estas preguntas, dudas y temores, pero también estoy mucho más entusiasmado con lo que viene. Y eso es lo que me impulsa. Fe de que Dios sabe lo que está haciendo y todo lo que me está pasando es exactamente como se supone que debe ser.

Futuro: la fe es el punto de partida de todos los logros. Para cerrar este capítulo, diré solo una cosa más; usa tu autoridad y posición para capacitar a tus niños para que tengan un propósito en vez de buscar la popularidad. La popularidad puede durar cierto tiempo, y puede pasar como si nada. El propósito se queda para siempre.

Ahora, ¿hay algo más que te gustaría preguntar antes de ir al capítulo final?

Sergio: ¿quieres decirme que estamos cerca de terminar?

Futuro: por supuesto. No te diste cuenta porque el tema se ha desarrollado muy rápido y te inspiraste mientras escribías el libro.

Sergio: vaya, tienes razón. Y de alguna manera no quiero parar. Esto es tan divertido. Sé que puede parecer una locura, pero disfruto tener estas conversaciones o entrevistas contigo o con mi *Imaginación* y quiero que duren todo lo que se pueda.

Futuro: sé que lo haces. Pero primero, debe absorber toda esta información, porque estoy seguro de que leerás y volverás a leer tu libro cientos de veces.

Sergio: ya lo estoy haciendo.

Futuro: eso está bien. Acabas de empezar. Este no es el único libro que escribirás, y sé que al desarrollar este método de usar tu *Imaginación* y aprovechar tu poder cuando quieras, escribirás muchos más que serán de gran valor como este, o tal vez incluso mayor. Y no solo eso, pero al usar tu *Imaginación* para hacer esto, ya has aprendido a usarla para otras cosas en tu vida también; como tus relaciones, trabajo, finanzas y otras áreas de tu vida.

Sergio: eso suena emocionante. Pero honestamente, por cualquier razón, no quiero detener esto, porque disfruté mucho este proceso. El solo hecho de aprovechar este poder mientras escribo me emociona tanto que no puedo esperar para utilizarlo completamente en otras áreas de mi vida. Ahora puedo ver cuán poderoso es esto, pero también me da miedo saber que se puede usar con el propósito equivocado.

Futuro: Lo creas o no, la *Imaginación* se utiliza con fines incorrectos tantas veces que ni siquiera te das cuenta. Pero eso no es algo que deba preocuparte. Debes concentrarte en cómo enseñar a otros a usarlo para su bienestar. Donde vaya tu enfoque, allí fluirá tu energía. Concéntrate en el lado positivo de todo, incluidas las personas, los eventos, las relaciones, las circunstancias, etc.

Sergio: lo sé. Lo haré. Bueno. Entonces, antes de terminar este libro que es triste pero inevitable, ¿podemos hablar sobre dos cosas más? ¿Cómo podemos manejar nuestro tiempo de la mejor manera y cuáles son los obstáculos para conectar nuestra mente con el poder universal a través de nuestra *Imaginación,* desde tu perspectiva?

Gestión del tiempo

F*uturo:* ¿de qué quieres hablar primero?

Sergio: hablemos sobre la *gestión del tiempo,* y luego hablaremos sobre los obstáculos que he mencionado.

Futuro: el tiempo ha sido un tema desde el comienzo del mundo y siempre lo será. En realidad, **el único momento que existe es ahora.** Si crees que el pasado, el presente y el futuro existen al mismo tiempo, tienes razón. Cuando dices: *"ahora son las 5:45 pm",* eso se debe a que las personas necesitan encontrar algún método para poner la hora en una forma medible, o tal vez sería más comprensible si dijera que el tiempo generalmente se define por su medición, lo que el reloj dice; ¡así es! No intentaré profundizar en esto porque requeriría que habláramos de la física cuántica, lo que no tengo la intención de hacer; pero por ahora, es mejor entender que el único momento que realmente existe es ahora.

Lo hemos dicho varias veces a lo largo de este libro, pero nunca es malo recordar esta noción. Para hablar específicamente sobre tu tema, tendremos que hablar en términos relativos para explicar cómo hacer el uso más práctico de tu tiempo diario.

Lo que tú llamas *gestión del tiempo* puede ser descrito como una forma de decidir cómo utilizar mejor el tiempo diario para lograr objetivos a corto o largo plazo. Puedes ponerlo en términos de cómo usar tu tiempo para hacer todo lo que quieras o necesites hacer en un día, como ir a trabajar, ver a tus amigos, estar con tu familia, hacer ejercicio, leer un libro y muchas más actividades que requieren una gran cantidad de tiempo y energía. Además, la gestión del tiempo puede ser una de las habilidades más excepcionales que hay que desarrollar.

En primer lugar, debes planificar tus días. Puedes hacerlo la noche anterior, lo que sería lo más óptimo, o puedes hacerlo tan pronto como despiertes. Una vez que lo hayas hecho, estableces tus prioridades para ese día. Por ejemplo, si deseas tener un entrenamiento productivo, sería recomendable establecer tu plan sobre cuánto tiempo durará, qué ejercicios harás, cuántas series y repeticiones, etc. Si tienes una reunión importante en tu empresa, debes planear con precisión sobre qué te gustaría hablar y tratar de encajarlo dentro del tiempo establecido. *La productividad de cualquier cosa comienza con la clara intención de saber lo que quieres de esa cosa específica que desear realizar. En otras palabras, hacer más en menos tiempo.*

Toda persona exitosa en este mundo conoce el valor de administrar su tiempo correctamente. Todos tenemos la misma cantidad de tiempo en un día (cuando digo esto quiero decir en tu mundo relativo, porque en otras dimensiones no hay tiempo e incluso espacio; de lo que no hablaré en este momento porque no es el tema de este libro). La forma en que administras el tiempo que tienes en un día determina el nivel de éxito que alcanzarás. Por lo tanto, debes saber cómo administrar el tiempo adecuadamente y no perder el equilibrio en tu vida. La mayoría de la gente piensa en la gestión del tiempo como parte de su trabajo, pero no como parte de su vida en general. Piensan que es importante administrar su tiempo sabiamente solo en su trabajo, pero se olvidan de cómo administrarlo en su vida.

Sergio: en otras palabras, se sienten tan abrumados que olvidan establecer el equilibrio en sus vidas.

Futuro: ¡exactamente! *El equilibrio es la clave.* Uno de los mayores problemas que tienen la mayoría de los emprendedores no es solo cómo pueden hacer lo suficiente, sino también cómo mantener una apariencia de equilibrio sin sentirse demasiado sobrecargados. No se trata solo de alcanzar y perseguir objetivos durante todo el día. También se trata de la calidad de vida. ¿Estás laborando demasiado duro en tu trabajo, pero no en tu relación con tu esposa o hijos? Si careces de equilibrio en tu vida,te sentirás estresado. Incluso si puedes hacer malabarismos con tus responsabilidades de manera efectiva, sin un equilibrio adecuado, eventualmente alcanzarás tu punto de quiebre, y para aquellos que no entendieron lo que significa llegar al *punto de quiebre,* les sugiero que regresen y vuelvan a leer ese capítulo.

Es esencial no solamente seguir un sistema que te ayudará a hacer las cosas, sino también uno que priorice el tiempo personal y familiar. ¿Qué es lo que te gusta hacer todos los días? ¿Pasas tiempo solo para poder meditar? Tal vez te gusta salir con tu perro y disfrutar de una caminata, estar con tu pareja o pasar tiempo con tus hijos, leer o estar con tus amigos; sea lo que sea, debes encontrar un equilibrio en todas estas áreas, lo que puede ser difícil a veces dependiendo de cuáles sean las prioridades de cada uno.

Sergio: eso es verdad. Esto me parece muy importante; hacer todas las cosas que me hacen sentir feliz y realizado. Lamento interrumpir aquí, pero ¿puedo hablar sobre el cambio reciente que hice? Creo que va a ilustrar el ejemplo de usar el tiempo sabiamente para ser más efectivo y productivo.

Futuro: este es tu libro, y lo he dicho muchas veces, no tienes que disculparte por nada, especialmente cuando puedes contribuir con tu ejemplo personal. Anímate y cuéntanos qué tienes que decir.

Sergio: lo sé, pero aun así odio interrumpirte cuando estás en la cima de tu creatividad y dando lo mejor de ti para proporcionar el mejor valor posible.

Tal como hablamos a lo largo del libro, es muy difícil hacer algunas pequeñas cosas que mejorarán dramáticamente nuestras vidas solo porque queremos hacerlo solo cuando nos da la gana. Entonces me di cuenta de que, durante unos años, quería volver a la meditación, la visualización y algunas cosas más, como escribir mis metas del día. Aprendí que, si gano mis primeras dos horas del día, puedo ganar todo el día. El primer cambio que hice fue levantarme temprano, alrededor de las 5:00 a.m. e ir al gimnasio a las 5:30 a.m., para entrenar hasta las 6:30 am ó 7:00 am y luego ir a trabajar. Después del trabajo, podía tener suficiente tiempo para hacer otras actividades, como ejercicio cardiovascular, jugar balonmano o baloncesto, o ir al parque, estar con mis amigos, mi novia y otras cosas. Pero sabía que aún faltaba algo. Por primera vez, estaba feliz de haber comenzado a despertarme temprano, no porque quisiera, sino porque tenía que hacerlo. Entonces *llegó ese día*; no sabía qué me golpeó, y descubrí que estaba feliz sin ningún motivo. Inmediatamente, decidí despertarme incluso antes porque sabía que quería volver a mi rutina matutina para que todos los días fueran lo más productivos y efectivos posible. Eso incluye la meditación, escribir las metas del día, leer mis objetivos, escuchar discursos motivadores y tener momentos de gratitud. Por supuesto, hacer ejercicio en el gimnasio es imprescindible.

Así que decidí levantarme todas las mañanas a las 4:14 a.m. (no hay una razón particular por la que puse la alarma a esa hora exacta, excepto que amo los números 4 y 14) y hacer las cosas que sabía que mejorarían mi vida drásticamente y harían que me sintiera más feliz durante todo el día, para ser más productivo y efectivo. Y no solo en mi trabajo sino en todo lo que tengo que hacer a diario.

Todas las mañanas, cuando suena la alarma a las 4:14 am, me levanto de la cama, me pongo los audífonos y pongo un discurso motivador porque quiero que mi mente se llene de cosas positivas desde los primeros segundos luego de despertar. Mientras hago mis cosas en el baño, como cepillarme los dientes y lavar mi cara con agua fría, escucho un discurso motivador y tengo una breve charla con el espejo donde me veo tan perfecto como estoy en este momento. Una vez que termino, vuelvo a la cama y apago los audífonos porque es muy temprano, alrededor de las 4:30 a.m., y es muy tranquilo, luego, hago meditación durante 10 minutos (pongo la alarma para que suene en diez minutos). Después de eso, agarro el libro que tengo sobre mi mesa en mi habitación y empiezo a escribir las intenciones para ese día. Después de eso, agarro las afirmaciones que guardo en mi billetera y las leo en voz alta y clara. Después de todo eso, me tomo unos minutos para expresar mis sentimientos de gratitud. Todo esto dura alrededor de 30 minutos. Agarro mi maleta del gimnasio con mi ropa y mi comida para el día (está lista desde la noche anterior) alrededor de las 4:55 am, me voy al gimnasio y estoy allí hasta las 5:05 am. Como tengo la intención de ser productivo y tengo un plan de entrenamiento para los siguientes meses, no pierdo tiempo en el gimnasio. Estoy concentrado y determinado y, porque tengo el objetivo de cómo quiero que se vea mi cuerpo, estoy dando lo mejor de mí, sin detenerme. Por lo general, termino a las 6:30 a.m., y ese es el momento en que me tomo 10-15 minutos para hacer un proceso rápido de visualización, porque descubrí que después del gimnasio es el mejor momento para visualizar mis objetivos, pues ya se han logrado probablemente porque ese es el momento en que estoy realmente feliz y abierto a visualizar. Cuando termino de hacer ejercicio, tomo un batido de proteínas y estoy listo para el día.

Técnicamente todas las mañanas tengo alrededor de dos horas y media solo para mí; es *"mi momento"*. Desde el instante en que comencé a hacer esto hasta ahora, nunca he tenido un solo día malo en mi vida. Sí, hubo algunos desafíos, situaciones difíciles, pero debido a mis rutinas matutinas y mi capacidad de ponerme a mí mismo en el mejor estado de ánimo antes del trabajo, he podido manejar las cosas con facilidad. No me encontré más productivo y efectivo en el trabajo, pero me encontré más feliz y casi sin estrés. Debido a que me levanto temprano, tengo tiempo más que suficiente para escribir este libro, salir y hacer otras cosas que amo. Estar con mis amigos, pasar tiempo con mi novia, hacer otras actividades que disfruto y muchas cosas más. Sí, hay menos horas de sueño, pero creo que la meditación ayuda mucho en lugar de dormir.

Además, y esto es grandioso, no miro mi teléfono durante las primeras horas. Quiero decir, no leo correos electrónicos, publicaciones en redes sociales o noticias. Por supuesto, estoy usando mi teléfono para configurar la música mientras hago ejercicio, pero en las primeras 3 o 4 horas no reviso mensajes, correos electrónicos, redes sociales o noticias. ¡Nada! Porque sé que hacer estas cosas en la mañana, cuando mi mente está más abierta a la información, puede afectar negativamente mi día y mi vida. Como resultado de todo lo que he mencionado, me convertí en una persona más feliz que nunca y me encontré mucho más organizado y productivo; esa es una de las claves para tener buenas *habilidades de gestión del tiempo.*

Futuro: ese es un ejemplo perfecto de cómo una buena organización de tu vida diaria puede llevarte a una vida más equilibrada, exitosa y plena. Saber lo que quieres y lo que tienes que hacer para lograr todo eso es y siempre será el primer paso. Así que resumiré lo que sea necesario para desarrollar esta habilidad de *gestión del tiempo* para hacer más en menos tiempo y poner fin a la pereza y la procrastinación. Quizás repita algunas cosas que has mencionado, pero será para entender el punto. Lo primero que se debe hacer para administrar el tiempo sabiamente es:

Planifica tu día la noche anterior

Esto significa que sabrás lo que tienes que hacer mañana y cuando lo sepas, será más fácil administrar tu tiempo adecuadamente. Por supuesto, siempre habrá excepciones cuando ocurra algo inesperado. Está bien; si planificas tu día, siempre puedes adaptarte a las nuevas situaciones que ocurran. A veces tu día no irá según lo planeado, así que tendrás que hacer algunos ajustes. Cuando aprendas a planificar tu día, será más fácil planificar tu semana e incluso todo el mes.

Establece tus prioridades del día

Establecer tus prioridades te permitirá saber qué es lo que debes hacer ese día. Tener una conversación con tu vecino sobre el juego de anoche puede no ser tan importante para ti, como lo es ir al gimnasio porque tienes un objetivo específico que alcanzar. O ir a tomar un café con un amigo puede no ser tan necesario, como tener una reunión con tu jefe sobre un aumento a tu salario. Como mencionaste en tu ejemplo, ordenaste tus prioridades cuando la mayoría de las personas dormían, y eso es bueno. Debido a que tienes muchos intereses y deseas hacer tantas cosas durante el día, que la forma en que administras tu tiempo es buena, siempre y cuando no te sientas demasiado abrumado o sobrecargado de trabajo.

Adopta buenos hábitos y deja ir los malos

Como dijo *Sergio*, ganar la mañana puede ser uno de tus mejores logros. Es muy exacto, y cada persona exitosa en este mundo sabe que cuando ganas tu mañana, ganarás tu día. Hacer pequeñas cosas como dar gracias, establecer tus intenciones, leer tus afirmaciones, leer algún buen libro, establecer metas, meditar durante los primeros treinta minutos luego de despertarte, te colocará en el mejor estado de ánimo posible.

Los primeros treinta minutos luego que te despiertas son los más importantes; ese es el momento en que tu mente está más creativa y abierta a la información. La mayoría de ustedes toman sus teléfonos inmediatamente después de abrir los ojos y miran los correos electrónicos que han recibido, comentarios o imágenes en las que están etiquetados en las redes sociales o leen noticias negativas; no es de extrañar por qué tantos se sienten negativos durante todo el día. Mirar tu teléfono a primera hora de la mañana inmediatamente después de despertar sin decir *"buenos días"* a tu esposo o esposa es una señal de adicción. Es un mal hábito. Quieres adoptar los buenos hábitos que mejorarán su vida a través del tiempo.

Al establecer tus prioridades, sabrás lo que es importante para ti y lo que no. Luego puedes decidir qué hábitos puedes agregar para ser más feliz, productivo y realizado. Para *Sergio,* tener sus dos horas, o dos horas y media, por la mañana es lo que lo lleva a un estilo de vida más feliz y saludable. Además, él no mencionó, pero lo sé; cada noche tiene la costumbre de leer al menos algunas páginas de algún buen libro. Los primeros y los últimos 30 minutos de tu día son los más importantes. Te insto a que los uses solo para ti.

Si sabes que tienes que hacer diez llamadas telefónicas hoy para vender un producto, no pierdas el tiempo saliendo con tus amigos a tomar un café solo porque ellos no tienen nada que hacer. No estoy diciendo que no debes tener tiempo para tus amigos, pero debes saber cuándo puedes salir con ellos y cuándo es el momento para tus otras prioridades. Si no valoras tu tiempo, nadie lo hará.

Conciencia de ti mismo

Esta es una de las habilidades más fáciles de desarrollar porque requiere solo un poco de tu atención y esfuerzo. Te permite hacer todas las cosas durante el día de la manera que más te convenga reduciendo tu resistencia. El manejo del tiempo se trata realmente de cómo nos gestionamos a nosotros mismos. Se trata de cómo nos enfocamos, cómo nos disciplinamos y cómo nos apegamos a los hábitos que sabemos funcionan. Si observas uno de tus días, rápidamente sabrás si sabes lo que estás haciendo o no. Tomar papel y lápiz y escribir puede ayudar a desarrollar la autoconciencia.

Haz tu trabajo más creativo durante la hora pico de energía en tu día.

¡Grandioso! ¿Eres una persona mañanera, de la tarde o tal vez una persona de la noche? Para *Sergio,* su mejor momento para el trabajo creativo es temprano en la mañana o por la tarde noche. Le gusta tener su propio tiempo cada maña-na, pero en el momento en que entra en la empresa, ¡comienza a trabajar como un loco! Además, cuando escribía este libro, siempre lo hacía por las tardes, y lo sé porque soy su personaje ficticio que proviene de su *Imaginación.* ¿Cuál es el momento en que tienes más energía? Haz entonces tu trabajo más importante y creativo.

Enfócate

Mientras trabajas en muchas cosas durante el día, mantente enfocado en cada una de ellas porque eso va a determinar tu nivel de producción y eficiencia. Cuando haces ejercicio, ¿con qué frecuencia miras tu teléfono? ¿Estás enviando mensajes de texto a alguien? Cuando *Sergio* está haciendo ejercicio, está concentrado, no mira su teléfono, trabaja en un ejercicio tras otro, se toma un poco de tiempo para descansar entre las series y listo. Cuando estás en el trabajo, ¿estás enfocado en la tarea que tienes frente a ti o estás mirando por la ventana imaginando estar en algún lugar divirtiéndote con tus amigos? Estar fuera de foco reducirá tu productividad y eso te puede causar problemas en tu trabajo o tus relaciones. Estar enfocado es la clave para ser productivo.

Aprende a decir "No"

Lo creas o no, esta es una de las partes esenciales de aprender a tener no solo excelentes habilidades de gestión del tiempo, sino también a mejorar tu vida en muchos niveles. El hecho de que seas una buena persona no significa que tengas que decir *"sí"* a todos y todo. Alguien te pide un favor y sabes que tienes trabajo que terminar, pero solo porque eres demasiado amable para rechazar a tu vecino, vas a intentar ayudarlo y luego te vas a apresurar para hacer el trabajo que se suponía debías terminar horas antes Quién sabe cuántas veces te has arrepentido cuando has dicho " *sí* " en lugar de " *no* ". Aprender a decir " *no* " te evitará problemas más adelante.

Trabaja efectivamente con otros

Si deseas maximizar tu productividad y la gestión del tiempo, necesitarás trabajar con otros y aprovechar el poder de la sinergia. Un grupo de personas trabajando en una causa común logrará más juntos de lo que lo harían por separado. No te equivoques al pensar que cualquier compañía dependerá únicamente de ti; porque es una creencia falsa Cualquiera es reemplazable. Además, no deseas abrumarte a ti mismo y trabajar demasiado hasta agotarte. Aprende a confiar en los demás y enséñales a hacer el trabajo que llevará menos tiempo, será más productivo y efectivo.

Ser intencional

De esto se trata este libro; de *ser intencional antes de cada intervalo en tu día.* Usa esta técnica, que es descrita de manera elocuente en el capítulo **'Momentos intencionales',** y aplícala para administrar tu tiempo de manera adecuada y efectiva. Créeme; no hay mejor manera de usar tu tiempo que saber exactamente lo que quieres en cada intervalo de tu día; ya sea hacer ejercicio en el gimnasio, pasar tiempo con la familia, tener una reunión importante en el trabajo o simplemente caminar por el parque. Saber lo que quieres te hará más intencional, efectivo y productivo.

Estas son algunas vías que pueden llevarte a desarrollar tu habilidad de manejo del tiempo. No hay nada nuevo que decir sobre esto porque se ha dicho muchas veces y puedes encontrar mucha más información en Internet. Hay muchos libros escritos específicamente para describir todo este tema de administrar tu tiempo adecuadamente. ¿Te gustaría agregar algo?

Sergio: no, creo que esto es más que suficiente por ahora. Hemos recorrido un largo camino y hemos cubierto muchos temas y muchas cosas que serán de valor para cualquiera que lea este libro. Aunque, creo que hemos cubierto algunos de los obstáculos para conectar todo nuestro ser con nuestra *Imaginación* a lo largo de los otros capítulos, aun así, me gustaría revisarlos una vez más en un capítulo separado, para que los lectores sepan con lo que tienen que tratar con el fin de utilizar todo el potencial de su *Imaginación* ilimitada.

Obstáculos para conectar todo tu ser con tu Imaginación

F*uturo:* es una buena idea poner los obstáculos en un solo capítulo; aunque, todos los que han llegado hasta aquí probablemente deben haberlos notado a lo largo del libro. Tu *Imaginación* está vinculada a tu *Alma* y conectada al *Universo*. Conectar todo tu ser a tu *imaginación* tendrá algunos obstáculos hasta que se convierta en parte de ti.

Resultado final

¿Recuerdas el primer capítulo cuando *Sergio* te dio la primera tarea de ponerte a ti mismo en una posición de imaginar tu *Futuro Ser?* Eso es exactamente lo que tienes que hacer. Cuando imaginas tu futuro por delante de la experiencia real, deberías poder verlo desde el resultado final. Nuevamente, debes saber lo que quieres, ya sea desde este preciso momento o de algún momento futuro. Cada vez que pienses en tus metas, tus sueños y tu futuro, piensa desde el final. No trates de imaginar lo que podría suceder en el proceso porque eso es lo que está bloqueando tu deseo interno de mantenerte conectado con tu *Imaginación*. Recuerda, en tu *Imaginación*; puedes ir a cualquier parte, puedes ser cualquier cosa, puedes ser, hacer o tener lo que quieras.

No hay límites para tu *Imaginación*. Amplía tus puntos de vista, juega con ella, diviértete mientras lo haces. Intenta ver tus metas y sueños con los ojos abiertos. Si sueñas con dar ese famoso discurso, encuentra algunos videos en YouTube de los oradores que realmente admiras. Oradores que son tus modelos a seguir. Míralos y mientras lo haces, imagínate estar en ese escenario en lugar de ellos; hablando sobre los temas que te gustaría hacerlo; siéntelo mientras tienes los ojos abiertos. O si quieres convertirte en un cantante famoso, pon algún concierto e imagínate cantando frente a la gran audiencia. Si quieres convertirte en un autor publicado, ve a la librería e imagina tus libros en los estantes; a las personas que los compran y los llevan con ellas.

Sergio: eso es exactamente lo que hago cuando estoy en una librería.

Futuro: haz lo que creas que te pondrá en un estado sentimental de que ya has logrado ese objetivo o sueño. Lo que sea que estés soñando, imagina el resultado final que desea experimentar. Por supuesto, imaginar el resultado nos llevará al próximo obstáculo posible, y es hacer coincidir tu *Intención* con tu *Imaginación a* través de sus sentimientos.

Armoniza tu intención con tu imaginación a través de tus emociones

Cuando estableces la intención de ese momento, para ese día, para ese objetivo o sueño, debes ser capaz de encajarlo, o tal vez sea mejor decir de conectarlo con tu *Imaginación*. ¡*Tienes que sentirlo!*

Sergio: mientras hablabas de en quién me puedo convertir, se me puso la piel de gallina en todo el cuerpo; fue como un hormigueo de energía que surgía a través de mí. ¡Se sintió tan bien!

Futuro: eso se debe a que tu sueño se armoniza con tu *Alma*. Lo que estaba diciendo era simplemente Tu *Alma* sabe el sueño que tienes dentro de ti. Es por eso que pudiste sentirlo tan poderosamente, porque combinaste tus deseos con quien tú eres. Al imaginar tus objetivos, les estás dando cierto poder para atraerlos. Al imaginarlos y hablar de ellos, estás elevando el nivel de vibración en tu cuerpo. Pero cuando pongas suficientes sentimientos en tu *Imaginación*, estarás empoderado, emocionado y sentirás la emoción que será la señal que vendrá de tu *Alma*. Una señal que dirá: *"lo que estás imaginando está a punto de aparecer en tu vida si te mantienes enfocado en ello"*.

Mantente enfocado

Esto es más fácil decirlo que hacerlo. Muchas distracciones mantienen tu enfoque fuera de tus intenciones durante todo el día. ***Estás viviendo en un mundo basado en distracciones.*** tus televisores, teléfonos inteligentes, video-juegos, fiestas, sentarte con sus amigos y otros estímulos externos te van a mantener desenfocado. No es de extrañar que puedas distraerse fácilmente de la tarea que tienes por delante.

Sergio: esto es muy cierto, me resulta difícil meditar y leer durante todo el día, especialmente con todo el ruido que me rodea y ¡eso es algo que solía disfrutar mucho! Entonces, me di cuenta de que el único momento en que puedo meditar y leer en completo silencio y sin distracciones es temprano en la mañana, entre las 4:00 a.m. y las 6:00 a.m., y así lo he estado haciendo. Y se siente bien. Cuando escribía este libro, solía hacerlo de noche, pero estaba tan inspirado que no permití que ninguna distracción me quitara la atención. Sé lo que estás diciendo, pero, aun así, creo que, si nos mantenemos conscientes del momento, las cosas que no queremos no van a llamar nuestra atención.

Futuro: eso es exactamente lo que estaba a punto de decir. Estar consciente del momento y estar presente es la clave para mantenerte enfocado. Sí, tu teléfono va a sonar. Alguien te va a enviar un mensaje de texto. Tendrás algunas otras distracciones, pero si mantienes tu concentración en el momento y lo haces una y otra vez, a través de la práctica, aprenderás a concentrarte; y esto te llevará al siguiente punto que es importante para mantenerte conectado con tu *Imaginación*. No es solo estar presente en el momento, sino ser consciente de cada intervalo de tu día, de lo que ya hemos hablado en el capítulo *'Momentos intencionales'*.

Está atento a cada intervalo de tu día.

Sergio: sé que hemos hablado sobre esto y, mientras escribo este libro, estoy tratando de implementar todos estos principios en mi propia vida, me resulta difícil ser consciente de cada intervalo de mi día. Es fácil parar por la mañana un par de veces y establecer mis intenciones para ese intervalo. Sin embargo, de alguna manera a lo largo del día, pierdo esa conciencia y, casi siempre, lo recuerdo después que el intervalo ha pasado, y digo *"Debería parar y establecer la intención, estaré más concentrado la próxima vez"*, y de alguna manera me siento enojado conmigo mismo.

Futuro: no te enfades contigo mismo. Es normal olvidar, estás aprendiendo. Todavía estás en proceso de crecimiento. Tomará algún tiempo desarrollar la conciencia de cada intervalo de tu día por completo, y lo bueno es que estás consciente de que a veces lo olvidas. Mientras lo intentes, está bien. Te llegará con la práctica y recordándote continuamente cada intervalo. Una de las razones por las que pierde de vista cada intervalo es porque pasas alrededor de 8-9 horas diarias en tu trabajo y probablemente, porque has establecido tus intenciones para ese período, olvidas que hay más intervalos después de tu trabajo. Sería útil usar tu teléfono y poner un recordatorio, para la hora en que generalmente terminas de trabajar, de que tiene otros intervalos que debes tener en cuenta.

Sin embargo, lo bueno es que, una vez que establezcas la intención para un intervalo, ¡no te beneficiará solo en ese intervalo sino también en otros similares en el futuro! Le estás dando órdenes a tu mente y le estás enseñando a tu cuerpo a reaccionar de cierta manera que será de beneficio para ti. Cuando haces eso continuamente, tu mente y tu cuerpo sabrán cómo reaccionar de manera predeterminada porque tienes intervalos similares tanto hoy como ayer.

Sergio: entonces, por ejemplo, si establezco la intención de que quiero sentir alegría en mi trabajo; ser un mejor compañero de trabajo, empleado y líder; y lo hago repetidamente, ¿se proyectará en el futuro porque le he enseñado a mi cuerpo y a mi mente a pensar, hablar y comportarse de esa manera que será de mayor beneficio para mí?

Futuro: exactamente. Puede suceder que simplemente te olvides de establecer la intención de tu trabajo hoy, pero debido a que constantemente estableciste tus intenciones en las últimas semanas, meses o años, ya le enseñaste a tu cuerpo cómo reaccionar y comportarse, por lo que ahora por defecto te sientes bien, eres un mejor líder y estás creciendo cada día. Has usado tu trabajo, por ejemplo, pero esto es cierto para cualquier otra área de tu vida.

Sergio: ¡esto es tan poderoso que ni siquiera puedo expresarlo con palabras! Antes sabía que la clave para tomar el control de mi vida era establecer intenciones para cada intervalo del día, pero ahora esta es una prueba más de que creo que mi *Imaginación* me ha aportado deliberadamente, para asegurarme de que estoy en el camino correcto.

Futuro: ¡Para ti y todos los que lean esto, sean pacientes! La conciencia que estás desarrollando a través del tiempo, recordándote constantemente a ti mismo que debes estar presente en cada momento de tu día al hacerlo, surgirá pronto. Verás los signos de estar alerta. Lo último que quiero que hagas para eliminar o superar los obstáculos de conectar completamente tu ser con tu *Imaginación* es **ser la causa de tu vida.**

Sé la causa de tu vida

La mayoría de ustedes ha vivido su vida como *efecto de ella*. Ahora, te estoy invitando a *ser la causa de tu vida*. Sé intencional. Ten en cuenta cada intervalo, cada momento de tu día. Todo lo que quieras hacer, hazlo intencionalmente. Sea cual sea tu meta o sueño, ¡ten la intención! ¡Centra tu atención en esa intención y cáusala! Aprende más sobre la *Ley de Causa y Efecto*; hay grandes maestros entre ustedes que viven hoy. Encuéntralos para enseñarte. Si te permites ser el efecto de tu experiencia, no podrás mantenerte conectado con tu imaginación. Para cambiar esto, necesitarás esfuerzo y cierta fuerza de voluntad para ponerte en el estado de ver constantemente tu vida como una manifestación de tus sueños más grandes. Ese es mi deseo para ti.

Ahora, ha llegado el momento para que tú y yo terminemos esta entrevista que has comenzado.

Sergio: ¿lo es?

Futuro: sí. Lo es.

Sergio: pero no quiero hacerlo. ¡Esto es muy emocionante y lo estoy disfrutando mucho! ¿Realmente necesitamos parar aquí y ahora? Hay tanto que quiero preguntar, y mucho que quiero saber; tantos temas, intereses e ideas.

Futuro: ciertamente. Sé exactamente cómo te sientes. Pero por ahora, mi trabajo contigo termina hasta que tengas la inspiración para tu próximo libro o proyecto. Puedes llamarme rápidamente cuando lo desees. Digamos que puedes activar tu *Imaginación* a voluntad propia. Ese es quizás uno de tus mayores logros hasta ahora porque te permitirá ir a los lugares que pensabas que no era posible y crear lo que quieras solo porque sabes cómo usar tu *Imaginación* para tu beneficio. Así que sé feliz y agradecido por este libro y todo lo que hay dentro de él. Además, necesitarás algo de tiempo para absorber toda esta información, y tal vez te llevará más tiempo del que crees para aceptar esto como tu trabajo. Verás de lo que estoy hablando en unos meses después de publicar este libro.

Sergio: confía en mí; estoy más agradecido de lo que puedes imaginar. No hay un solo día en el que no piense en esto y cuán agradecido estoy; porque de alguna manera, este es el trabajo de mi vida. No hay mejor razón para ser feliz que saber que este libro cambiará la vida de alguien; que alguien va a entender cuán poderosa es nuestra *Imaginación* y la usará para crear la experiencia que desea. Honestamente, estoy agradecido porque lo voy a usar en mi vida para lograr mis metas y vivir mis sueños. No hay nada más que pueda decirte excepto ... *¡Gracias!*

Futuro: no hay necesidad de agradecerme porque yo soy tú. Fue un placer servirte. Ahora te dejo con una tarea más, y es escribir el último capítulo de este libro.

Sergio: ¿puedes escribirlo?

Futuro: puedo, pero no lo haré. Lo dejo en tus manos. Hemos discutido muchos temas aquí y fuimos de un punto a otro. Tienes tanta información valiosa que todos los que lean esto pueden usar para cambiar su vida. Pero al final, hay una cosa que la mayoría de la gente no entiende e incluso tú, mi *Presente* no se dio cuenta hasta hace poco.

Sergio: ¿y eso es?

Futuro: ¿sabes por qué algunas de las personas más exitosas en cualquier área están en la cima?

Sergio: quizás.

Futuro: dime.

Sergio: creo que sé a qué te refieres. Estás hablando de los *Fundamentos de la Vida*.

Futuro: ¡así es! ¿Cómo lo supiste?

Sergio: es gracioso; tenía la sensación de que tú hablarías de eso. Hace talvez unos meses vi en YouTube un programa de televisión de la NBA llamado " *The Open Court*" donde discutían todo tipo de temas sobre la NBA a lo largo de la historia, como los mejores equipos de cada década, los súper equipos, los campeonatos y el baloncesto. como una forma de salir de la calle y muchos otros temas realmente geniales. Y recomiendo, para todos los que aman la NBA como yo lo hago, encontrar este programa y verlo.

A lo largo del programa, escucharás muchos datos e información interesantes de los jugadores que fueron leyendas de su época. Pero para volver a nuestro punto, en uno de los episodios estaban hablando de los mejores jugadores de todos los tiempos y, por supuesto, un nombre estaba en la cima y es Michael Jordan. No recuerdo quién estaba hablando; creo que fue Kenny Smith (quien ganó dos campeonatos con los Rockets de Houston), y él hizo una pregunta, *"entonces, ¿por qué Michael Jordan fue el mejor entre todos los que habían jugado este juego?"* y los otros jugadores estaban hablando y creo que fue Isaiah Thomas (el legendario armador de Bad Boys Pistons) que dijo *"Porque estaba trabajando en los **fundamentos** todos los días de su carrera"*. Él hablaba del salto de tiro, el juego de pies, movimiento sin la pelota, manejo de la pelota, etc. Pero recuerdo claramente ese momento porque me golpeó muy fuerte y sabía que para cambiar mi vida tenía que volver a los fundamentos básicos de ella que dejé de hacer.

Futuro: te he dicho que sabes de lo que estoy hablando. Gracias una vez más por usarme para escribir esta hermosa obra de arte. No puedo esperar para volver a trabajar contigo pronto. Te dejo para que termines este último y quizás más importante capítulo de este libro.

¡Hasta que volvamos a trabajar!

Fundamentos

Sergio: pocos días antes de comenzar a escribir este libro con la ayuda de mi *Imaginación*, vi el programa que describí en el capítulo anterior. Rápidamente recuerdo que la razón por la que no vivo la vida que quiero es que dejé de trabajar en algunos fundamentos que me hicieron ser una persona más feliz de lo que soy ahora. Ese fue el momento en que dije que volvería a las cosas básicas que me cambiaron la vida. Debo decir que cada uno de nosotros tiene unos principios diferentes sobre los cuales se basa nuestro éxito, pero te diré cuáles son los míos. Para algunos de ustedes, serán suficientes para llevarlos a la siguiente fase de su vida, mientras que otros tendrán que trabajar en sus fundamentos para vivir la vida que desean.

Piensa en los *fundamentos* de esta manera: imagina que quieres construir una hermosa casa de varios niveles (tu vida). Una vez que el sitio esté preparado y listo para construir, el primer paso es la colocación de los cimientos (los fundamentos). Es crucial que esta base sea fuerte; porque es sobre esto que se construirá el resto de la casa.

Esto me lleva a algunos fundamentos de la vida, y añadiré que hemos hablado de ellos a lo largo del libro, así que aquí señalaré cada uno:

Establecer objetivos y tener una visión clara

Todo comienza con saber lo que quieres. Si no sabes lo que quieres, ¿cómo sabrás por qué haces lo que haces todos los días? ¿Por qué te levantaste esta mañana? Establece tus objetivos a diario. Establece objetivos a corto y largo plazo y haz un seguimiento de ellos. Cuando volví a escribir mis objetivos y a mantener mi visión y pensar en ello, otros fundamentos volvieron naturalmente.

Sé consciente de cada momento y sé intencional en todos ellos

El propósito de este libro es la *'Autoconciencia'*. ¡Estar en el ahora! Quédate atento a cada momento, y con el tiempo y la práctica, se convertirá en parte de ti. Establecer tus intenciones antes de cada intervalo de tu vida diaria te llevará a la vida que deseas. Estarás en control de tu día.

Siempre aprender y ampliar tu conocimiento

Leyendo, estudiando, investigando, viendo videos inspiradores, seminarios, sea cual sea la fuente de conocimiento que puedas usar, ve por ella. Han pasado cinco años desde que comencé a leer todos los días. Desde diciembre de 2013 hasta ahora, no ha habido un solo día en el que no haya leído al menos algunas páginas de un buen libro. En los últimos tres años, no hubo un solo día en el que no haya escuchado algunos audiolibros o discursos inspiradores durante al menos una hora a lo largo del día. Ten sed de más conocimiento, sé constante aprender todos los días y aplica ese conocimiento. ¡No solo lo acumules, úsalo!

Meditación

¡Esto es grandioso! Ni siquiera puedo expresar cómo la meditación me ayudó en 2014 a calmarme; para ser más pacífico y de mente abierta. Estuve meditando durante siete meses todos los días, y creo que no tenía un solo signo de nerviosismo o ansiedad. Literalmente, nada podía enojarme. Luego me detuve sin ninguna razón, y mientras escribía este libro, volví a meditar, y de inmediato resulté estando más tranquilo y tuve menos tiempo para dormir.

Imaginación (visualización)

Pasar al menos 10 a 15 minutos diarios, poniéndome en el mejor estado de ánimo posible y cerrando los ojos. Imaginar mi futuro o esos objetivos específicos que quiero lograr es algo que creo que todos debemos hacer porque es muy poderoso. Y solo a través de la visualización podemos enseñar a nuestro cuerpo cómo será el futuro antes de que realmente suceda.

Gratitud

Nunca he dejado de estar agradecido. Siempre lo estuve. Todas las mañanas cuando me despierto, digo gracias. Estoy agradecido por despertarme cada mañana. Luego hago una lista de cosas por las que estoy agradecido y las siento. Pongo mis emociones en ello. Porque cuanto más agradecido estés, más atraerás a tu vida lo que deseas.

Entrenamiento y dieta

Solía ir al gimnasio durante unos meses y luego dejaba de ir durante otros meses y repetí ese proceso una y otra vez. Lo mismo ocurrió con mi dieta. Pensé que estaba comiendo sano, pero no estaba cerca de eso. No es de extrañar por qué no había visto los resultados. Cuando realmente decidí poner de mi parte en esto y dar todo de mí en el gimnasio y ser disciplinado con mi dieta, comencé a ver los resultados. No se trata del entrenamiento o la dieta; ¡se trata del sentimiento! Y me siento genial. El ejercicio y un plan de nutrición adecuado te llevarán a una vida más saludable y feliz.

Sé tú mismo

¡Uno de los fundamentos más importantes es ser fiel a ti mismo! ¡Ser siempre y a toda costa tú mismo, en cada momento de tu vida! Realmente creo que el deseo de Dios para nosotros es precisamente esto.

Ser útil

Si te propones ser servicial todos los días, no importa cuán grande o pequeño sea ese servicio, te colocarás a ti mismo en la posición de vivir la vida que deseas.

Ser amable

Sé amable y respeta a los demás. Un simple acto de amabilidad puede no cambiar el mundo, pero cambiará a la persona con la que eres bondadoso. Además, te cambiará.

Disciplina

Al final, todo se reduce qué tanto lo quieres. ¿Qué tan dispuesto estás a ser disciplinado en todo esto? ¿Tienes la disciplina para seguir adelante cuando duele? Como me encanta despertar a las 4:04 am (primero eran las 4:14 am y luego puse la alarma a las 4:04 am) para hacer mi rutina matutina antes del trabajo. Hubo momentos en que estaba cansado de no dormir y tenía excusas (razones válidas) que fácilmente podían hacerme dormir más, pero mis metas y mis sueños comenzaron a dominar mi mente subconsciente, y sé que no quiero romper mi disciplina, así que seguí adelante sin importar lo cansado que estuviera. La disciplina es tu mejor amiga; te cuidará como nada más lo hará.

Cuando estaba pensando en mis fundamentos, me di cuenta de que en el momento en que los traje de vuelta a mí, comencé a sentirme empoderado, inspirado, feliz, amado, amable y muchos más sentimientos positivos. Y realmente creo que cuando todo está dicho y hecho, tu éxito en cualquier área recae en establecer una base adecuada. Tienes que permitirte a ti mismo aplicar los fundamentos una y otra vez cada día. Levantarte a una hora específica, hacer ciertas cosas que la gran mayoría de las personas no harán. Cuando te levantas y lees o haces ejercicio, la mayoría de las personas duerme. Cuando se van a la cama, tú todavía estás trabajando en tu sueño.

Cumplir con tus compromisos, preparar sus comidas saludables, leer todos los días y estar siempre consciente del momento presente. Sigue siendo intencional tanto como puedas, siéntate durante 10 minutos para meditar y establece tus objetivos una y otra vez. Mantente fiel a ti mismo todos los días. Brinda el mejor servicio que la mayoría de la gente no dará, y así sucesivamente. Esas son las cosas que, unidas, van a crear un día de acciones eficientes. Cuanto más encadenes esos días, más probable será que puedas establecer tu propio éxito.

Conclusión

La imaginación es tu mayor posesión. No hay límites, excepto los que establezcas para ti mismo. *La Imaginación* es ilimitada. Es un campo de todas las posibilidades. Cualquier cosa que pienses, puede ser representada en tu *Imaginación*. Lo he visto en el trabajo en mi vida, especialmente en los últimos meses. Me llevó solo seis semanas escribir todo este libro, y creo que fue posible porque permití a mi *Imaginación* funcionar de la mejor manera. Me apasionaba y, como saben, la pasión es la llama que nos impulsa a expresar quiénes somos. Mi *Futuro* dijo que cuando estaba escribiendo, estaba usando el lado más creativo de mi *Imaginación* y eso se debía a mi pasión por la escritura y mi deseo de cambiar no solo mi vida sino la vida de todos los que pondrían sus manos sobre este libro. Además, mi *Futuro* dijo que, si puedo usar mi *Imaginación* conscientemente a diario, puedo crear la vida que quiero. Eso significa que puedo ir a cualquier parte, ser cualquier cosa, puedo hacer lo que mi corazón desee. Eso significa que puedes hacer, ser o tener cualquier cosa que alguna vez soñaste. Es verdad; somos seres infinitos con un potencial ilimitado. ***Nuestra imaginación es ilimitada. No tiene fin.***

Si nuestra *Imaginación* es un vasto espacio como el *Universo*, ¿no significa eso que están conectados? Y si lo son, ¿eso significa que de alguna manera tenemos acceso a cada pensamiento que haya existido desde el primer momento de este mundo hasta ahora? ¿Que el *Universo* y la *Imaginación* son una biblioteca ilimitada de cada pensamiento que haya existido?

Honestamente, no tengo las respuestas a estas preguntas. Pero por alguna razón, creo que nuestra *Imaginación* está conectada con el universo mismo; y es por eso que tengo acceso a algunos pensamientos que no sabía que tenía en mi mente. He leído este libro varias docenas de veces solo porque no podía creer lo que estaba indicando. Pero ahora puedo entender hasta cierto punto. Y esto es sólo el principio. Acabo de empezar.

Solo porque estoy escribiendo sobre esto no significa que lo haya dominado. No lo he hecho. Como tú, acabo de vislumbrar este poder. Yo también tengo que aprender cómo usarlo en cada momento, todos los días, conscientemente y estar al tanto de ello. Y puedo decirte que es difícil, al menos hasta ahora mientras escribo esto (septiembre de 2018). Es difícil monitorear cada pensamiento, palabra y acción a lo largo del día, ser consciente de cada intervalo y establecer la intención usando mi *Imaginación* para tener un resultado predecible y tener el control de mi vida.

Pero no me detendré. No puedo parar. Continuaré aprendiendo y creciendo cada día e investigando sobre este fenómeno para entender más al respecto. Tan pronto como lo entienda, volveré a todos ustedes que están leyendo esto para compartir lo que he encontrado. Por ahora, prometamos todos juntos que haremos todo lo posible para usar nuestra *Imaginación* para vivir la vida que deseamos.

Todos estamos en el proceso de transformarnos en una mejor expresión de nosotros mismos. Tengo el deseo absoluto de que este libro haga exactamente eso; para ayudarte a transformar tu vida. También espero que hayas disfrutado leyendo este libro y que hayas aprendido algo que te ayudará a recordar quién eres y a vivir la vida de tus sueños. Como he dicho, no sabía cuán poderosa era nuestra *Imaginación* hasta que aproveché su poder al escribir este libro.

Quiero agradecerles a todos por comprar este libro y dedicar su tiempo para leerlo, estudiarlo y aprender de él.

Te diré lo mismo que me dijo mi *Futuro*:

¡Hasta que volvamos a trabajar juntos!

Sobre el Autor

Proveniente de un pequeño pueblo de Pozega, Serbia, *Srdjan* decidió ir a Canadá en junio de 2014 después de experimentar un momento muy crítico y difícil en su vida durante el cual perdió casi todo lo que era valioso para él. Sin saber qué hacer con su vida, fue lo suficientemente consciente como para escuchar esa voz invisible que todos tenemos dentro y que susurraba *"Ve a Canadá y comienza tu vida de nuevo"*. Así lo hizo. Ir allá no fue una tarea fácil y adaptarse a la vida en Toronto fue difícil para él porque no podía hablar inglés, ni conocía a nadie en Canadá. Después de algunos años de adaptarse a un nuevo país, nueva ciudad, gente y cultura, llegó a un punto en el que quería vivir su sueño. El sueño de convertirse en maestro, trabajando con personas que buscan mejorar su situación de vida.

A fines del verano de 2017, *Srdjan Bogicevic* creó un sitio web donde colocaría videos de capacitación destinados a ayudar a las personas a superar su *soledad,* porque él estuvo solo durante varios años. Solo en sus pensamientos. Solo en sus sentimientos. Solo en todas las batallas internas que tuvo que pelear. Al abrazar la soledad y aprender a aceptarse finalmente a sí mismo, estaba listo para comenzar a enseñar a otros a recordar quiénes son. Parte de ese proceso fue escribir blogs inspiradores, y esa fue la primera vez que *Srdjan* descubrió su talento para escribir. Poco sabía en ese momento que pronto (dos años después), experimentaría una revelación en su mente que le daría la idea de escribir un libro usando su *Imaginación* para encontrar las respuestas sobre la vida que estaba buscando. Respuestas, que recibiría de un personaje imaginario, su *Futuro yo*.

Así que siguió su visión y después de varios meses de trabajar en el libro, ha llegado el momento de que ese sueño se haga realidad. ***El Arte de la Imaginación*** es *el* primer libro de *Srdjan,* quien espera que tenga un impacto significativo en cualquiera que esté dispuesto a leerlo y aplicar los principios descritos en él. Ahora, está en camino de crear otros proyectos que están conectados con *El Arte de la Imaginación* usando su *Intención* combinada con la *Imaginación* para que puedas tener aún más conocimiento sobre cómo desarrollar tu conciencia. Con la ayuda del *Futuro Yo*, puedes estar seguro de que van a nacer más libros.